박물관학의 기초

진화하는 지식의 시스템

기초

키어스튼 F. 라탐 · 존 E. 시몬스 지음 · 배기동 역

박물관학의 기초

진화하는 지식의 시스템

기초

키어스튼 F. 라탐 · 존 E. 시몬스 지음 · 배기동 역

이 책을 박물관학 교수이자 어드바이저, 과학자, 큐레이터, 박물관장을
역임하면서 학생들과 동료들에게 박물관의 새로운 비전을
열정적으로 제시한 故 필립 스트롱 험프리(1926-2009)에게 바친다.

차례

역자 서문

　이 책을 번역하게 된 것은 박물관에 대한 가장 기초적인 개념과 운영의 원론을 일목요연하게 정리하여 박물관학을 시작하는 사람이나 박물관에 관심이 있는 일반인들이 박물관을 쉽게 이해할 수 있다고 생각하였기 때문이었다. 그동안 박물관학 개설 관계 책자들은 이 분야의 선구자인 이난영 선생의 저술을 필두로 하여 다수의 개설서들이 저술 또는 번역으로 출간되었다. 기왕에 책에 비해서 이 책은 크기도 작지만 필수적인 내용들을 대단히 알차게 정리하여 박물관에 대해서 균형 있게 이해할 수 있도록 만들었다는 점이 특징이다. 그리고 마지막으로 미래박물관의 방향에 대해서도 잘 정리하고 있다.

　박물관은 오랜 세월동안 문화유산의 보고로 인식되어 오고 사회적인 가치를 제고하여 왔지만 이제 이용자의 관점에서 박물관이 사회에 어떻게 소통하여야 하는 가를 고민하여야 할 때이다. 박물관의 일반적인 특성 뿐 아니라 사회 속에서 어떠한 위치에서 기능을 하여야 할 것인가에 대한 적절한 설명을 담고 있다. 이 책의 저자는 오랫동안 박물관에서의 경험을 토대로 이루어진 강의를 정리한 것으로서 무엇이 현대 박물관의 이해에 필수적인 내용인지를 잘 정리하여 보여주고 있다. 이 책에서 제기하고 있는 기초들은 앞으로 우리 사회가 필요로 하는 창의성을 함양 뿐 아니라 감성적 쉼터로서의 박물관으로 발전하는데 필요한 철학적 바탕의 역할을 하게 될 것으로 믿는다.

이 책을 번역을 위해서 한양대학교 연구교수인 김현아 박사가 거친 원고를 세련되는 문장으로 바꾸느라 많은 수고를 하였다. 박물관 용어가 아직도 보편화되지 못한 탓에 쉽게 이해되지 않는 생소한 단어들이 있지만 내용의 전달에서는 큰 문제가 없을 것으로 기대하고 싶다. 관련 법과 시행령, ICOM윤리, UNESCO권고안 등을 사용자편의를 위해 부록으로 넣었다. 새로운 장르의 출판을 결정하여 준 주류성의 최병식 대표에게 감사드리고 이준 편집장의 인내와 노고가 힘이 되었다. 이 책이 박물관에 대한 미래지향적인 인식을 높이는데 도움이 되기를 바라는 마음이다.

배기동

서문

1970년대 이래로 박물관학 연구는 급격하게 발전했다. 미래의 박물관학 학생들은 어느 대학 캠퍼스건 온라인에서건 석사학위와 대학원 인증 프로그램들 중 선택해서 배울 수 있게 될 것이다.

박물관학에서 무엇을 가르쳐야하는가는 앞으로도 지속적으로 토론이 이루어져야겠지만, 한 가지 확실한 것은 학생들은 박물관학을 언제나 새롭고 그리고 다양한 방법으로 접근하려 한다는 것이다. 박물관 전문가들은 오랜 세월 동안 다른 학문적인 이슈나 하루하루 박물관에서 근무하면서 겪은 수십 년 동안의 경험을 바탕으로 학생들을 가르쳐야 한다.

키어스튼 라탐과 존 시몬스는 이 책을 통해 박물관이 관람객들에게 보다 나은 서비스를 제공할 수 있도록 변화·성장할 수 있게끔 인도한다. 두 사람은 세계화라는 상황 속에서 박물관학에서 언급되는 여러 가지 이론과 박물관이 관람객들에게 어떻게 정보를 제공하고 있는지의 실제를 제대로 엮어낼 수 있는, 즉 박물관학을 개설할 수 있을 만큼 독보적인 능력을 지닌 전문가들이다. 이 책에서 제시되는 개념과 아이디어는 필자들로부터 나온 것으로 이들이 박물관에서 일하면서 깨우친 노하우와 대학에서 학생들을 가르쳤던 경험을 토대로 이루어져 있다. 박물관을 동적인 조직으로 보고 이를 분석하기 위해 박물관을 도서관학적인 관점에서 언급하였다. 그래서 박물관을 사물 기반 교육을 강조하는 도서관이자 기록 보관소 그리고 그 밖의 정보관련 기관을 포함하는 문화복합 관련 조직으로 봤다.

오늘날 박물관은 사회적으로 다양한 역할을 수행하고 있다. 교육기관, 연구기관, 문화유산의 보존 기관, 지역사회의 경제적 엔진이자 신뢰할 수 있는 오피니언 리더로서의 역할을 부여받고 있다. 만일 박물관이 과거를 이해하고 우리가 미래로 항해하는데 지속적인 도움을 줄 수 있는 곳이라면 미래의 박물관 전문가들은 글로벌 사회에서의 박물관이 어떤 역할을 해야 하는지, 성공적인 박물관인이 되기 위해 요구되는 능력이 무엇인지 그리고 여러 학문 분야들이 융복합 되어 있는 박물관의 특성을 잘 이해하지 않으면 안 될 것이다. 이 책에는 박물관학에서 꼭 알아야할 중요한 기초 개념들이 언급되어 있다. 이를 통해 학생들이 박물관학 분야에서 성공적으로 자신의 경력을 쌓아갈 수 있는 기초 역량을 다질 수 있을 것으로 믿는다.

포드 W. 벨
미국박물관협회 회장

서언

왜 이 책을 쓰게 되었나?

첫 번째로 우리는 박물관과 박물관연구가 무엇인지 알 수 있는 압축된 개설서가 필요하다는 것을 알았다. 랄프 H. 루이스의 『박물관 매뉴얼 (1976)』이나 엘리스 버르코의 『박물관작업 개론(1975년 초판, 1997년에 삼판)』이 출판된 이래로 세월이 많이 흘렀다. 이 책들이 출간된 이후 많은 좋은 책들이 나왔지만- 특히 메리 알렉산더와 에드워드 P. 알렉산더의 『움직이는 박물관』과 같은 책-그 어떤 책도 이론과 실재를 종합하거나 박물관과 박물관 연구에 대한 전반적인 내용을 개설하지는 못했다. 두 번째로 이 책을 쓰게 된 계기는 우리들 중 한사람이 2010년과 2011년 사이에 켄트 주립대학의 도서관 정보과학프로그램(MLIS)에 완전히 새롭고 전문적인 박물관 석사학위 과정을 만들었기 때문이다. 세 번째 이유는 도서관 정보과학(LIS) 대학이 박물관을 학위커리큘럼 프로그램에 넣기 시작하였기 때문에 이 관점에서 박물관을 이해할 필요성이 대두되었다. 마지막으로 박물관학 대학원과정을 경험한 우리 스스로가 예전에 공부할 당시에 이런 개설서가 있었으면 싶었기에 이 책을 쓰게 된 것이다.

이 책의 목적은?

이 책이 박물관학 대학원 과정의 가장 핵심적인 교과서가 되기를 바란다. 독자들에게 박물관이 처음 생겨나기 시작한 이래 현대의 모습으로 변화되기까지의 역사와 박물관이 어떻게 기능하며 그리고 박물관학 이론의 근거가 어디에 있는가를 이해할 수 있도록 한 개설서이다. 이를 통해 박물관학이라는 복잡한 분야로 많은 사람들이 들어올 수 있도록 도와주고자 한다.

이 책은 어떻게 다른가?

비록 LIS대학원 교육과정의 관점에서 쓰인 것이기는 하지만 이 책은 박물관학 개설 강좌를 운영하는 모든 학습기관에서 사용할 수 있도록 저술되었다. 이 책의 특별한 장점 중 하나는 박물관을 시스템으로 보고 박물관을 문서중심의 조직으로 생각하도록 한 것이다. 그렇게 함으로써 박물관과 박물관연구를 하나로 만들고 다양한 분야에서 만들어진 이론에 비추어 박물관 운영을 검증할 수 있게 됐다. 우리는 박물관을 도서관, 아카이브, 컬렉션 기반의 교육·정보·오락을 제공해주는 기관으로 보게 될 것이며, 박물관이 이러한 범주에 속하는 것이 당연함을 알게 될 것이다. 단, 박물관에 대한 우리의 관점이 글로벌하기는 하지만(여러 나라 박물관들과 작업을 같이 하였다), 우리는 미국 박물관에 대해 더 잘 알고 있기 때문에 미국의 사례를 많이 들었다. 그리고 이 책에서는 (다른 책에서 흔히 다루는) 박물관을 어떻게 운영하는가에 대한 단계별 매뉴얼을 언급하지 않았다.

이 책을 활용하는 방법

이 책은 켄트 주립대학의 '박물관연구의 기초'라는 강좌 주제에 따라 배열되었다. 왜, 무엇이, 누가, 어디서 그리고 어떻게 등의 단순한 질문으로부터 장별 주제가 나왔다. 장별 주제를 강의하면서 이 책의 제목과 순서가 개론을 가르치기에 가장 적합하다는 것을 확신한다. 내용의 이해를 돕기 위해 사진과 도표 등을 제공 했고 '현장 체크'라는 코너를 두어 박물관의 이론과 실제를 함께 확인할 수 있게끔 개인적인 관점에서 서술하였다. 참고 문헌은 최소한으로 제시하였다. 그러나 박물관학이 급격히 발전하는 분야이기 때문에 강사들이 다른 책들과 함께 이 책을 적극 활용할 것을 권한다. 특히 오늘날 활발히 논의되는 이슈들을 집중적으로 다룬 책들에 관심을 두기를 바란다. 지난 1970년 이후 박물관학 분야의 문헌들이 엄청나게 늘었는데, 박물관학에 관심 있는 사람들로서는 책을 폭넓게 그리고 많이 읽을 것을 권하고 싶다.

이 책에는 무엇이?

이 책은 박물관을 설명하는 여러 개념과 정의를 검토하고 우리가 생각하는 최선의 박물관이란 무엇인가로 시작한다. 그리고 박물관이 무엇에서부터 시작되어 발전하여 왔는가를 언급하였다. 제2부에서는 박물관을 하나의 시스템으로 보고, 이것이 보다 더 큰 시스템 안에서 어떻게 작동하고 어디쯤 위치해 있는가를 이야기 하였다. 많은 박물관연구 교과서들이 박물관을 독립적인 별도의 기관으로 다루고 있지만, 우리는 독자들에게 박물관이 사회라는 시스템의 한 부분으로서 기능함을 밝혔다. 제3부에서는 박물관의 핵심 기능을 컬렉션의 보존과 연구 그리고 소통으로 보고 오늘날 이야기되는 중요한 박물관의 이슈들에 대해 설명하였다. 또한 박물관의 유물들이 사회적으로 얼마나 의미 있는 물적 자산인가에 대해서 논하였다. 대부분의 박물관연구 교과서들은 유물을 단순히 컬렉션을 구성하는 물건으로 취급하는 경향이 있다. 어떻게 유물을 다뤄야 하는가에 대한 내용이 대부분이다. 그러나 우리는 물질적인 면과 유물이 지닌 의미를 다 같이 생각해야 한다. 유물이 박물관화 되었을 때 어떤 가치가 도출되는가에 대해서 고민해야 한다. 이것이 박물관학의 핵심이며 획기적인 변화라 할 수 있다. 박물관이 유물 중심에서 관람객과 유물 간의 관계로 관심을 돌렸기 때문이다. 제4부에서는 '누가?' 라는 물음으로 출발하는데, 박물관에서 일하는 사람들(제7장)과 관람객(제8장)에 대해 다루었다. 제5부는 '어디서?' 라는 주제로 전 세계 각지에서 새롭게 만들어지고 있는 박물관의 개념들에 대해 설명하였다. 이 책의 마지막인 제6부에서는 독자들에게 미래의 박물관이 어떤 모습일지 그리고 이를 위해 우리가 어떤 노력을 해야 하는가를 생각할 수 있도록 꾸며 보았다.

우리는 누구인가?

키어스튼 F. 라탐은 인류학을 공부하고 역사행정과 박물관학 분야에서 석사 학위를, 도서관정보경영학 영역에서 박사 학위를 받았다. 라탐은 다양한 종류와 규모의 박물관에서 근무한 경험이 있어 높은 전문성을 가지고 있다. 시립박물관 컬렉션을 조사 연구하는 큐레이터, 우주역사박물관의 컬렉션 큐레이터, 과학관의 프로그램 기획자, 생활역사박물관 통역사, 캔자스 대학박물관의 박물관학프로그램 부장 직무대리 등을 역임한 바 있다. 또한 라탐은 베타니 대학, 캔자스 대학, 북부보존과학센터, 미시간 주립대학 그리고 볼링 그린 주립대학 등에서 객원교수를 지냈다. 2010년에는 켄트 주립대학 조교수로 재직하면서 도서관 정보과학 대학에서 정보학이라는 관점으로 박물관학을 디자인하고 개발하고 가르쳤다. 라탐은 박물관학, 문서학, 생활경험 유물학 그리고 현상 조사방법 등에 대한 광범위한 저술활동을 하였다. 대표적으로 『컬렉션 관리의 보이지 않는 면』(2007), 『아카이브와 경험: 의미를 즐기는 법』(2007), 『박물관의 시: 불가사의한 박물관 경험의 총체적인 모델』(2007), 『기록물로서의 박물관 유물: 박물관 경험을 이해하는데 버크랜드의 정보개념을 사용』(2012), 『물건의 두께』(2011 우드와 공저), 『경험의 목적: 박물관을 찾는 관람객의 목적이 변하고 있다』(2013 우드와 공저) 등이 있다.

존 시몬스는 분류학과 생태학 이학사이며, 역사행정과 박물관학 석사학위를 가지고 있다. 그는 동물원 관리인으로 시작하여 캘리포니아 과학원, 생물다양성연구센터 그리고 캔자스 대학 자연사박물관의 박물관학 프로그램 책임자로 일하였다. 현재는 켄트 주립대학, 주니아타대학, 콜롬비아 국립대학, 북부보존과학센터의 겸임교수이며 펜실베이니아대학의 지질학 및 미술관의 컬렉션 겸임 큐레이터로 근무하고 있다. 그리고 국제 박물관자문회사인 뮤제올로지아라는 회사를 운영 중이다. 시몬스는 2001년 미국박물관협회로부터 최고 자원봉사상을 받았으며 캔자스대학에서 가장 뛰어난 대학원생 지도자상을 받기도 했다. 그리고 자연사컬렉션학회로부터 자연사컬렉션 보존과 경영에 대한 업적을 인정받아 켈로린 L.로즈 상을 수상했다(2011). 저서로는 『파충류 컬렉션과 컬렉션 관리』(2002), 『크고 작은 물건들: 컬렉션 관리 정책 』(2006), 『박물관의 역사』(2010), 『관찰과 증류

(distillation)-개념, 묘사 그리고 자연에 대한 인식』(2012, 쥴리안 슈나이더와 공저) 그리고 『컬렉션 관리에 닥칠 위기 해결책으로서의 예방보존』(2013) 등이 있다.

감사의 말씀

교과서를 만드는 일은 많은 이들의 참여가 필요하다. 이 책에 도움을 주신 모든 분들께 감사드린다. 우선 출판인인 ABC-CLIO에게 감사드린다. 이 책의 필요성을 인정해 주었고 책 개발 과정에서 벌어진 여러 가지 복잡한 일들을 너그러이 이해해 주었다.

중요한 조언과 유용한 의견을 주신 코리 이안나기, 랜디 브라운, 에밀리 윅스, 에리 우드, 테레사 고포스 그리오 브래드 테일러, 블라쉬 울스 그리고 이름 모를 많은 리뷰어들에게 특별히 감사를 드린다. 창의적인 그래픽 작업과 사진을 선정하고 포맷을 해준 줄리안 슈나이더에게도 감사의 마음을 표하고 싶다.

K.F. 라탐: 지난 2년 동안 인내를 가지고 이 책에 대한 이야기를 들어준 켄트대학의 동료들과 친구들에게 감사드린다. 이 책의 형태와 구조에 대해 질문하고 피드백을 준 학생들에게도 고맙다는 말을 전하고 싶다. 존 아가타, 박물관연구를 도서관 정보과학 영역에 포함시켜 준 그렉 비어리, 캐롤

로니 브로디에게도 감사드린다. 특히 나의 동료들, 지난 20년 동안 박물관이 무엇이고 어떻게 운영되는지를 가르쳐 준 나의 동료들에게 이번 기회를 빌려 감사의 인사를 하고 싶다. 이 책은 나의 친구이자 공저자인 존 시몬스가 없었다면 불가능했을 것이다. 그는 나의 선생이자 멘토 그리고 벗이었다. 마지막으로 나의 남편 마크, 나의 귀여운 아이 칼란, 농구나 닥터 후 또는 셜록 홈즈에 대해서 이야기 하는 편이 나았을지도 모르지만 엄마가 박물관학에 대해 끝없이 이야기 하는 것을 들어주어서 고맙다.

J. E. 시몬스: 이 책을 저술하는 동안 조력해주고 인내해준 줄리안 슈나이더에게 감사드린다. 그녀의 빠르고 정확한 도움과 지원이 없었다면 불가능하였을 것이다. 내가 켄트대학에서 박물관학을 가르칠 수 있도록 해준 키어스튼 F. 라탐에게도 감사하다. 이보 마로에빅의 아이디어를 소개해 주고, 이 책을 함께 저술할 수 있게 해준데 대해 특히 감사를 드린다. 박물관과 학교 강의실에서 일한 것이 거의 사십년이 다 되었는데, 학생이었을 때보다도 선생으로서 배우는 것이 더 많다는 것을 깨닫게 된다.

제1부

들어가며

1

박물관(그리고 박물관학)의 정의

박물관이란 무엇인가?

박물관학의 겉과 속을 들여다보기 전에 기본적인 개념들을 먼저 이야기할 필요가 있다. 대다수의 사람들은 아마도 박물관에 대해 상식적인 수준에서만 생각할 뿐 깊게 고민해본 적이 없고 명확히 무엇인지도 모를 것이다. 이 케케묵은 논쟁은 박물관의 요소-박물관을 사회의 독특한 기관으로 만드는 복잡하고 다양한 특성-를 어떻게 정의할 것인가와 관련되어 있다. 이 책에서 내내 언급할 이 정의에 도달하기 전 단계로 우선 '박물관'이라는 단어의 어원과 현재 받아들여지고 있는 의미가 어떤 거들이 있는 가로 시작할 것이다. 박물관학의 요건에 대해서는 이 섹션의 후반부에서 논하도록 하겠다.

박물관이라는 단어의 어원

박물관(museum)이라는 단어는 그리스에서 여신 뮤즈가 사는 장소를 뜻하는 무세이온(mouseion)에서 유래했다. 뮤즈는 문학, 과학, 예술에 영감과 황홀감을 불어넣어 주는 여신들로 시인·뮤지션·역사가·무용수·천문학자들이 지녀야할 지식의 원천이라고 믿었다. 뮤즈들의 신전인 무세이온

(mouseion, 기원전 3세기 알렉산드리아에 프톨레마이오스 소테르가 설립했다)은 오늘날의 기준으로 박물관보다 대학에 가까웠고 최초의 체계적 교육기관이었다. 비록 무세이온(mouseion)이 지금처럼 공공에 개방되지는 않았지만 연구자들과 학생들에게는 열려있었다. 박물관(museum)이라는 단어는 15세기 박물관의 창시자라고 불리는 이탈리아 피렌체 메디치 가문의 수집품을 언급하면서 사용되었다(후퍼-그린힐 1992). 또 영어로 박물관(museum)이라는 말이 출판물에 쓰인 것은 1615년 조지 샌디스(George Sandys, 1578-1644)의 여행 책에서이다. 알렉산드라아의 폐허가 된 뮤즈 신전에 대해 "필라델푸스에 의해서 설립된 유명한 뮤사이움(Musaeum)", 그리고 "명성 있는 도서관(알렉산드리아 도서관)"이라 적혀있다. 그 후 1600년대부터 박물관이라는 단어는 오브제를 수집하고 전시하는 기관을 칭하는 단어로 사용되고 있다.

박물관의 정의

박물관(museum)이 다양하게 정의된다는 것은 박물관을 박물관답게 만드는 일반적인 정의가 없다는 뜻이기도 하다. 오랫동안 사람들은 박물관의 목적에 궁금증을 가져왔지만 아직까지도 그 의문이 풀리지 않고 있다. 이유는 참으로 단순하다. 박물관은 사회적인 트렌드, 믿음, 문화적 패러다임에 부응해야 하는 너무도 역동적인 기관이기 때문이다. 그래서 하나로 명확히 정의내리기 힘들고, 박물관이라는 기관에 대한 궁극적인 해석과 정의에 공감대가 형성되기 어려운 것이다. 그러므로 하나의 정의를 도출하기 전에 다양한 정의에 대해서 생각해 볼 필요가 있다. 이 정의에 도달하기 위해 이 책에서는 전문 조직으로서의 박물관과 박물관의 여러 실제 사례들을 설명하게 될 것이다.

1-1. 박물관으로서의 고고학 경관: 파라샛 힌 피마이 역사공원(태국 피마이)

1-2. 동물원이 박물관인가? 호주 시드니의 타롱가 동물원에서 화창한 날을 즐기고 있는 기린

1-3. 식물원이 박물관인가? 네덜란드 라이든의 호루투스 식물원은 세계에서 가장 오래된 식물 정원 중 하나이다.

전문 조직으로서의 박물관

박물관이 무엇인지 알고 싶을 때, 박물관과 관련된 주요 조직과 단체의 정의를 참고하기 마련이다. 이런 조직들은 같은 직업군의 사람들이 모여 정보를 주고받고 관련된 규정을 만들고 서로 소통하고 다른 기관과의 교류를 통해 신념을 공유하기 위해 만들어지기 때문이다. 세계의 주요 박물관 조직에서 제공하는 박물관의 정의는 다음과 같다.

국제박물관협회(International Council of Museums, ICOM)의 정의는 다음과 같다(2007년 21세기 General Conference 적용).

'박물관은 사회와 사회발전을 위해 봉사하는 비영리적이며 항구적인 기관으로서 교육, 학습, 즐거움을 목적으로 인류와 인류환경의 유·무형 문화재를 수집, 보존, 연구, 교류, 전시하여 대중에게 개방한다.'

미국박물관협회(AAM; American Association of Museum)는 박물관에 대한 공식적인 정의를 내리지는 않았지만 고고(학)공원, 동물원, 식물원과 같은 기관을 박물관에 포함시켰다. AAM 승인 위원회에서는 1970년대부터 '박물관은 영구적인 비영리기관으로 조직되며, 그 목적이 본질적으로 교육적이고 문화적인 가치를 지니는 데 있고, 유형의 유물을 사용·관리·소유하는 전문가들과 함께 일정한 계획을 세워 공공에게 전시한다.'고 정의하였다. 따라서 AAM의 박물관 인증 기준에서도 박물관의 개념을 엿볼 수 있다.

- 법적으로 비영리기관으로 설립되거나 부분적으로 비영리기관이거나 정부

기관일 것

- 사실상 본질적으로 교육적일 것

- 공식적으로 정해진 목적이 있을 것

- 오브제를 사용하거나 해석하여 대중에게 정기적인 프로그램과 전시로 보여
  줄 것

- 적절한 형식으로 기록하고 적합한 방식으로 보존하여 소장품 관련 프로그램
  을 운영할 것

- 위의 기능을 적절한 물리적 시설 / 장소에서 수행할 것

- 공공에 개방한지 적어도 2년이 될 것

- 연간 적어도 1,000시간 이상 개관할 것

- 소장품의 80퍼센트가 등록되어 있을 것

- 박물관 지식과 경험을 가진 전문적인 정규 직원이 적어도 한 명 있을 것

- 날마다 운영할 수 있게 지휘권을 가진 대표가 풀타임으로 있을 것

- 효율적으로 운영할 수 있는 재정 공급이 충분할 것

캐나다박물관협회(2013)에서는 박물관을 이렇게 정의한다.

박물관은 대중들의 흥미를 기반으로 탄생한 기관이다. 따라서 박물관은 관람
객들에게 진정성 있는 문화와 자연유산을 공유할 수 있는 기회를 제공하고, 이
로써 즐거움을 증진시킬 뿐만 아니라 관람객들의 이해를 도와야 한다. 박물관
은 유·무형의 사회와 자연의 증거들을 수집, 보존, 연구, 해석, 전시하는 곳이며
교육기관으로서 비평적 탐구와 연구를 위한 포럼을 개최해야 한다.

그리고 영국박물관협회(2013)에서는 박물관을 다음과 같이 명시한다.

박물관은 사람들이 영감을 얻고 즐거움을 느끼며 학습할 수 있도록, 즉 소장품을 탐구할 수 있게끔 해야 한다. 박물관은 사회의 신념을 담고 있는 인공물과 견본들을 안전하게 보호하고 사람들이 이에 접근할 수 있도록 하는 기관이다.

전문조직은 아니지만 미국의 박물관에 대한 법적 정의는 아래와 같다.

공공 혹은 사적인 비영리 단체나 기관으로서 교육이나 미학적인 목적으로 설립되어 전문 직원에 의해 운영되어야 하며 유물의 소장과 보존, 활용은 물론 전시를 통해 공공에 정기적으로 개방한다(Museum Services Act 1975).

이처럼 다양한 정의들 속에서 우리는 공통점을 발견해 낼 수 있다. 전시, 교육, 여가의 주체는 모두 대중이라는 점이다. 박물관에서 하는 일이 무엇이건 간에 공공의 이익을 위해서, 대중의 흥미를 위해서 박물관이 존재해야 한다는 것이다. 그리고 이러한 활동들은 정기적으로 이루어져야 하며, 잘 훈련된 직원에 의해 실행되어야 함을 밝히고 있다.[1]

---

1) 한국의 '박물관 및 미술관진흥법' 제2조에 박물관, 미술관 그리고 자료들에 대해서 정의가 제시되었다. 제2조에는 ' --- 자료를 수집, 관리, 보존, 조사, 연구, 전시, 교육하는 시설'이라고 정의되었다. 그런데 법에 박물관과 미술관이 병기되어 있어서 개념이 중복되는 감이 있다. 미술관은 박물관의 한 종류이다.

박물관 모델들

앞의 정의들은 박물관을 이해하는 데 도움이 되기는 한다. 그러나 이 책에서 언급하려고 하는 박물관 정의에 도달할 만큼 섬세하지는 않다. 박물관은 매우 복잡한 기관이기 때문에 박물관을 크게 '기능'과 '종류'로 나누어 정리할 필요가 있다. 일반적으로 박물관의 기능과 종류는 아래처럼 정리된다.

기능 : 수집, 보존, 교육, 해석, 전시, 연구, 공개
종류 : 예술, 아트센터, 인류학, 수족관, 수목원, 식물원, 어린이 전용, 식물표본, 역사, 전통 가옥, 자연사, 과학센터, 과학과 기술, 천체 투영관, 갤러리, 동물원

나누고 분류하는 것은 인간의 본성이다. 다양한 종류의 박물관들은 각기 특성과 그에 맞는 문화를 이어왔다. 예술박물관을 한마디로 표현할 수는 없겠지만 다른 종류의 박물관과는 다른 그들만의 어떤 확실한 공통점을 가지고 있을 것이다. 예술박물관의 소장품들은 동물원이나 역사박물관과는 다소 다르다. 예술박물관에서만 다룰 수 있는 흥미로운 이슈가 있고 예술에 대해 물을 수 있는 질문이 있으며 박물관과 예술과의 관계, 아름다움의 개념에 대한 이야기 등을 할 수 있다. 이를테면 자연사박물관은 세상의 자연증거들을 수집·분류하고 생물학적으로 연구하며, 이를 수장하고 보존하는 방식에 있어 다른 곳과는 차별되는 특수성이 있다.

동시에 모든 박물관은 공통적으로 유사한 기능을 수행한다. 수집, 분류, 소장품 관리, 대중에게 이를 해석하여 전시로 보여주는 일 등. 물론 차이점도 있지만 박물관의 종류를 불문하고 기본적인 업무는 공유한다.

애덤 고프닉(Adam Gopnik)는 박물관의 모델을 흥미롭게 나누었다. 그는

『Mindful Museum』(2007)에서 박물관을 다섯 종류로 나눴는데, 이 순서가 바로 박물관의 진보 과정이라고 보았다.

옛것을 볼 수 있는 사원으로서의 박물관(Mausoleum) - 오래된 것을 보러 가는 장소, 심미적·학술적인 목적으로 스스로를 찾아 가는 장소 ; 무엇보다도 과거와 연결된 장소 ; 개인을 위한 조용한 경험

생산성 높은 박물관(Machine) - 기계처럼 작동하는 것은 아니지만 생산적임 ; 변화하는 곳이며 배우러 가는 장소 ; 정보를 습득하고 학습하여 변할 수 있는 곳

은유, 메타포로서의 박물관(Metaphor) - 사치와 화려함, 로맨틱 ; 박물관은 사회에서 중추적인 역할을 하는 장소

쇼핑센터 같은 박물관(Mall) - 오로지 오락에 집중 ; 복잡하고 과한 상품성, 소장품은 상품이 됨

영감과 의미를 창출하는 박물관(Mindful) - 사물에 대한 인식 ; 오브제가 가지고 있는 명백하고 주요한 가치 ; 오브제는 고유한 경험을 담고 있는 실체 ; 소통을 장려하지만 정보를 강요하지는 않음

고프닉은 박물관에서 감성충만(mindful)이 될 수 있도록 매진해야 한다고 지적한다. 당신이 동의하거나 그렇지 않건, 오늘날의 박물관은 위의 어느

한 모델로는 묘사되지 않는다. 관람객들을 위해 여러 가지 다양한 역할을 하고 있는 까닭이다.

박물관의 기능은 소장품의 종류를 이해하는 것과는 다른 차원의 일이다. 박물관의 운영시기, 전시의 주제, 직원들, 관람객들의 성향 그리고 박물관에서 운영하는 프로그램에 의해 박물관이 어떤 기능을 하는지가 결정된다. 결국 하나의 박물관을 여러 기능을 가진 기관으로 설명할 수 있는 것이다.

박물관의 법적 기구

법적인 측면에서도 박물관을 고민해봐야 한다. 미국에서 박물관은 공공 또는 사적 기관으로서 존재할 수 있다. 이 정의는 누가 소장품을 소유하고 있으며 이를 관리하는 법적인 책임이 어디에 있는지 구분하는 데 중요하다. 사립 박물관은 개인에 의해 만들어지고 이사회와 운영진들에 의해 관리되지만 공공 박물관은 연방, 주와 지역 정부에 의해 설립·운영된다. 대부분의 사립 박물관은 비영리 기관이다. 비영리라는 것은 면세 기관이며, 조직의 수익이 조직에 다시 투자된다는 뜻이다. 이와 달리 영리를 추구하는 사립 박물관에서는 벌어들이는 돈이 박물관의 소유자나 주주들에게 지급된다. 비영리와 영리 박물관의 주요한 차이점은 비영리 박물관의 소장품은 공익 재단에서 소유하게 되는 반면, 영리 박물관의 소장품들은 법적으로 판매할 수 있는 자산으로 여겨진다는 점이다.[2]

2) 영리적인 목적으로 설립된 박물관들을 ICOM이 정의하는 박물관의 범주에서 논하기는 어려운 일이다. 왜냐하면 공공의 목적을 위한 기구로서 박물관으로 정의하기 때문이다. 그러나, 현대박물관의 발전 과정에서 다양한 운영형태가 출현하였고 한국에서도 이러한 경계가 모호한 경우가 많아서 앞으로 법적으로나 명칭으로 정의가 확실하게 이루어지는 것이 바람직하다. 현재 전 세계적으로 사회변동에 따르는 박물관에 대한 정의에 대한 새로운 논의가 진행 중이다. (참조: www.icom.museum)

박물관을 공부할 때 재단(trust), 협회(association), 조합(corporation)의 차이를 이해하는 것 또한 중요하다. 재단은 재단 수혜자들을 위해 이익을 내야 할 의무가 있다. 이것은 신탁관리자(넓은 의미에서)가 박물관을 적절하게 경영할 법적 책임이 있음을 의미한다. 반면 협회는 공통의 목적을 달성하기 위해, 이에 동의한 기관들의 모임이다. 일반적으로 협회는 재산을 받거나 가질 수 없다. 조합(회사)은 미국에서는 특정 주의 법 아래에서 설립·운영되는 법적 독립체로써 개인과 마찬가지로 자산을 소유할 수 있다. 조합관리자들은 재단의 관리자와 같은 신탁관리자로써의 의무를 가지고 있지 않다. 단지 조합의 의무에 충실하면 된다. 그래서 재단에 의해 설립된 많은 박물관들은 비영리 조합의 박물관만큼 유연하게 운영되지 못한다. 재단의 한계가 그렇기 때문이다. 그러나 미국에 있는 대부분의 박물관들은 비영리 기구이며 소장품은 공공재단이 가지고 있다.

정의 내리기

『알렉산더와 알렉산더(Alexander and Alexander)』(2008)에 의하면 박물관의 정의는 단순히 유물을 보관하는 저장소와 학습 공간 사이의 어느 지점에 있을 것이라고 한다. 실제 오늘날 박물관은 저장(보존)과 학습이라는 두 가지 역할 사이에서 균형을 잘 유지해야 한다.

킨(Keene)은 박물관을 "대중에게 아이디어와 개념을 전달하기 위해 영구적으로 유지되는 곳으로써 다른 것으로 대체할 수 없을 정도로 의미 있는 물리적 자원을 바탕으로 만들어진 시스템"이라 정의했다(2002. 90). 킨의 관점에서 박물관은 단순히 누구에게나 접근 가능한 유물이 있는 공간이 아니다. 왜냐하면 유물들은 투자의 결과물이라는 점에서 누구에게나 자유로

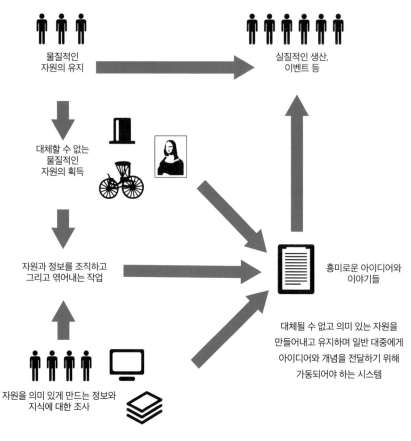

물질적인
자원의 유지

실질적인 생산,
이벤트 등

대체할 수 없는
물질적인
자원의 획득

자원과 정보를 조직하고
그리고 엮어내는 작업

흥미로운 아이디어와
이야기들

대체될 수 없고 의미 있는 자원을
만들어내고 유지하며 일반 대중에게
아이디어와 개념을 전달하기 위해
가동되어야 하는 시스템

자원을 의미 있게 만드는 정보와
지식에 대한 조사

1-4. 박물관 시스템에 대한 킨(Keene)의 모델

울 수 없고 외부 세계로부터의 압력 역시 고려해야 하기 때문이다(그림 1.4
참고).

킨은 박물관이 우리 사회의 기대에 부응해야할 의무가 있고, 과거의 전통
이 살아 숨쉬는 곳으로써, 의미가 뒤섞인 복잡한 웹 속에 존재하는 기관이
라 봤다. 킨의 정의는 시스템, 외부의 영향, 투입(유물과 그에 대한 정보), 산출
(전시와 프로그램), 사람 등 모든 것을 고려한 것이다. 이 책에서 내리는 박물

박물관학의 기초 - 진화하는 지식의 시스템

관의 정의도 이와 무관하지 않다.

그러나 이것이 박물관을 설명하는 완벽한 정의가 아니라는 점을 명심해야 한다. 논란의 여지가 있기 때문인데, 바로 다음에 제시할 대중과 물리적 자원이라는 요소에서이다. 3장에서 이 요소들을 만들고 유지하는 시스템에 대해 더 자세히 이야기 해볼 것이다.

대중

박물관이 대중을 위해 존재한다는 것은 자명하다. 하지만 만약 박물관이 대중을 위해 존재한다면 대중은 누구이며 박물관이 어떻게 존재한다는 뜻인가? 무엇이 박물관을 공적인 것으로 만들고, 또 어떤 요소들이 사적인 박물관으로 존재케 하는가? 더 나아가 그것들은 모두 대중을 위해 기능하는가? 대중을 위해 기능하지 못하는 박물관들을 힐난하기 위한 안이한 질문을 하려는 것이 아니다. 만약 박물관이 대중을 위해 운영되지 않는다면 의무를 다하지 못한 것이기 때문에 법적 책임을 질 수도 있다. 따라서 대중이 무엇인지 아는 것은 정말로 중요하다. 박물관의 사회적 책임과 대중을 위한다는 것의 의미를 포함해서 말이다.

공신력(공익 재단)은 무엇인가?

민주주의가 출현하면서 '대중의 이익을 위한 활동'의 개념이 보편화되었다. 공신력은 미국에서는 이미 당연한 것이기에 다른 어떤 나라에서보다 기관의 공신력이라는 것이 중요한 책무가 됐다. 공신력의 개념은 박물관 정의의 중심에 있다. 박물관의 공신력은 법적인 공신력(일반적인 법의 관점)과 개념상의 공신력(윤리를 고려한), 두 가지로 설명할 수 있다.

비영리 박물관은 공공과 신탁 관계를 맺는다. 이는 박물관이 대중의 이익을 위해 자산(소장품)을 소유한다는 뜻이다(Malaro and DeAngelis 2012). 누구도 자산을 개인적으로 취할 수 없고, 자산의 수혜자는 공공이어야 한다. 멜라뢰(Malaro)와 드엔젤리스 (DeAngelis) (2012)는 박물관은 법적으로 그들의 수혜자들에게 충성·복종해야 할 의무가 있다고 지적한 바 있다. 박물관이 자산을 보호, 보존, 증가시키려 할 때에도 이 '공신력(공익 재단)'에 토대를 두어야 한다는 말이다.

미국의 공익 재단 박물관은 공공 서비스 개념에 근거하여 설립되며 소장품을 공공의 것으로 본다. 그러나 공공의 의무는 법 아래에만 있는 것이 아니다. 박물관은 미션수행에 최선을 다해야 하고, 사람들의 존경을 얻어야 하며, 대중들에게 진실성 있게 다가가야 한다. 박물관이 윤리적 공신력을 고려해야 하는 이유가 여기에 있다. 전문영역에서의 윤리는 여러 사람들의 경험으로 만들어진 가이드라인을 따라 실행되어야 한다. 윤리적 강령의 목적은 박물관의 전문적 공신력을 높이는 데 있다.

박물관의 윤리 강령은 1892년 스미소니언의 비서인 조지 브라운 구드(George Brown Goode)가 박물관의 올바른 윤리적 활동, 전문기관으로서의 의무를 명시해야 한다는 제안으로부터 시작되었다. 그 후 미국박물관협회

(AAM)에서 1925년 편찬한 '박물관 직원을 위한 윤리적 강령' 발표로 박물관 전문가들에 대한 첫 번째 윤리 강령이 현실화되었다. 이것은 현장에서의 지혜와 관련종사자들의 경험에 기초하고 있다. AAM 강령은 1987년과 1993~1994년에 개정된 바 있다. 이 외의 중요한 윤리 강령으로는 1986년에 처음 공표하고 2004년에 개정된 국제박물관협회(ICOM)의 강령으로 미국을 제외한 다양한 나라의 박물관에서 널리 실행되고 있다.

사회적 책임

공공 박물관이 우리 사회에서 어떤 역할을 해야 하는가에 대한 이슈는 끊이지 않는다. 박물관은 유물을 보존, 전시하고 대중에게 기초적인 지식을 전해주는 정도로 소극적이어야 할까? 아니면 이슈를 생산하고 때로는 논쟁하면서 적극적으로 행동해야 할까? 그것도 아니면 관람객들에게 생각할 거리를 던지고 새로운 지식을 생산하며 영감을 주어 활발한 소통의 기폭제가 되어야 할까?

박물관의 사회적 책임은 오늘날 점점 더 중요해지고 있다. 박물관 역시 박물관이 자리 잡고 있는 지역 공동체와 무관하지 않은 탓에 이들의 개입을 수용해야 할 때가 있다. 관람객과 봉사자 같이 지역 사회의 지원 없이는 충당할 수 없는 요소들이 결국 박물관의 존립을 좌우 할 수 있기 때문이다. 지역으로부터의 자금 지원을 받는 박물관들은 특히 더 지역사회와 좋은 관계를 구축해야 한다.

박물관은 현재의 관람객은 물론 미래의 잠재적 관람객들을 위해 존재하는 기관이므로, 사회적 책임이란 국가적인 책무나 문화기관으로서의 의무를 포괄하는 넓은 개념이다. 박물관을 아예 사회적인 이슈들이 오가고 질의 응답하는 장소로 보기도 한다. 과거 미국의 많은 박물관들은 논란이 생기면 다소 소극적인 자세를 취했다. 그들은 핫 이슈로부터 한 걸음 떨어져 오직 '사실'만을 추구했다. 물론 여전히 사실 중심으로 운영되는 곳도 있지만, 오늘날 많은 박물관들은 특정 목적을 가지고 논쟁을 초래할만한 전시를 개최하여 적극적인 소통을 꾀하기도 한다.

의미 있는 물리적 자원

박물관은 세계의 자연과 문화라는 인류 공통의 자원을 보호하는 관리자이기 때문에 각국의 관계자들과 이를 어떻게 보존해야 하는지에 대해 이야기해야 한다. 박물관을 특정 주제, 콘텐츠와 연결시켜 생각하는 것이 일반적이지만 시대와 장소, 종류를 불문하고 유물 수집은 박물관의 근본적인 존재 목적으로 간주될 만큼 중요한 일이다. 박물관이 박물관이기 위해서는 반드시 유물을 가지거나 이용해야 하고, 어떤 방법으로든 대중들이 그 유물에 접근할 수 있도록 해야 하며 규칙적으로 이를 공공에 개방해야 한다.

유물은 박물관을 박물관이게끔 한다. 그러나 박물관에서 유물이 하는 역할은 디지털 시대를 맞아 변하고 있다. 다음에 이야기할 내용은 소장 유물에 대한 것이다. 물리적인 유물을 소유해야만 하는가의 문제, 그리고 박물관에서 유물이 갖는 의미와 가상박물관의 역할에 대해 논의해 보자.

소장품은 필수인가?

박물관의 성격을 규정짓는 소장품의 존재와 부재에 대한 이야기는 수년

간 박물관 커뮤니티 내에서 논란이 되어 왔다. 소장품을 소유하고 있지 않지만 전시를 개최하고 교육 프로그램을 운영하는 등 공공성을 띄면 이들 기관 역시 박물관으로 봐야 하는가?.

이런 질문들을 던져보자. 어떤 기관이 박물관이 되기 위해서는 유물을 소유해야 하는가? 아니면 유물 없이 관련 개념과 콘텐츠만으로도 괜찮은가? 예를 들어 과학관은 관람객들에게 물리적인 '핸즈-온' 활동을 하도록 한다. 다양한 개념을 가르쳐주기 위해 하나의 전시물을 사용하여 상호작용 할 수 있게끔 전시를 구성하기도 한다. 그런데 이들은 단일 전시물임에도 불구하고 전시 주제를 뒷받침할 수 있을 만큼의 물적 증거들을 충분히 가지고 있다. 의미 있는 물리적 자원인 전시물을 사용하여 대중에게 아이디어와 개념을 충실히 전달하고 있는 것이다. 비록 이들 전시물이 보존되지 않고 특정 시대, 문화, 종을 대표하지 못한다 할지라도 박물관 전시에 필요한 수단이라 할 수 있다.

어떤 기관들은 소장품이라고 즉시 인지하기 어려운 유물이나 유물이라고 부르기에도 어려워 보이는 전시물들을 가지고 있다. 예를 들어 동물원은 동물 소장품을 보유하고 있다. 동물원이 박물관인가? 동물원은 동물을 수집하고 이를 (비록 살아있는 것이지만) 체계적으로 관리하며 대중을 대상으로 교육하고 이들에게 정기적으로 개방한다.

어떤 박물관들은 소장품을 갖고 있지만 일반인들에게 공개하지 않기도 한다. 버클리 캘리포니아 대학의 척추고생물학박물관(Vertebrate Paleontology Museum)은 수천 종류의 화석을 가지고 있지만 이를 전시하지 않기 때문에 '박물관'이라 하지 않는다. 이와 반대로 웹 상의 가상박물관은 전시는 하지만 물리적 소장품이 없다. 이제는 웹사이트 상에서 유물을 전시하는 것의 의미를 살피고, 이와 같은 가상전시가 3차원 전시와 동등하게 대중에게 아이디어와 개념을 전달할 수 있는가에 대한 논쟁을 벌여야 할 시대가 왔다.

접근 vs 의미

디지털 혁명은 인류의 접근성을 놀랍도록 향상시켰다. 이를테면 기록 기관에서는 자료들을 디지털화하여 누구든 정보를 열람할 수 있게 만들어 놓았다. 만일 남아프리카공화국 케이프타운에 사는 당신이 1985년에 미국으로 이주한 증조부를 찾아야 한다고 생각해보자. 안타깝게도 당신은 8,800마일을 날아 버지니아에 갈 수 있는 상황이 아니다. 이들 물적 자료들이 디지털화되어 인터넷으로 접근이 가능하다면 당신은 케이프타운의 거실 테이블에서 증조부에 대한 자료를 찾을 수 있다.

그러나 온라인을 통한 접근은 실물 경험과는 다르다. 더프(Duff)와 체리(Cherry)(2000)는 사람들이 실제 문서를 통해 정보를 얻는 것을 디지털 이미지 정보를 사용하는 것보다 선호함을 알아냈다. 사람들에게 종이, 마이크로피시, 디지털 포맷을 이용해보게 했더니 이들의 41.3 퍼센트가 종이자료를 가장 선호한다고 답했고, 손에 들고 보는 것이 질적으로 다른 경험이었다고 말한 사람들도 있었다. 물리적 오브제를 직접 경험하는 것이 사람들에게 깊은 인상을 남긴 것이다. 래섬(Latham)의 최근 연구(2009, 2013) 역시 박물관의 유물을 직접 실견하는 경험이 사람들에게 보다 의미 있음을 밝혔다. 이처럼 사람들은 빠르고 편한 것과 의미 있는 활동을 구별한다.

구글 아트 프로젝트는 세계의 예술품들을 모아 비록 관람자가 전시물과 같은 공간에 있지 않더라고 굉장히 자세하고 정밀하게 예술품에 접근할 수 있는 기술을 개발했다. 그림을 아주 가까이까지 확대할 수 있고, 붓 자국이 보일 정도로 높은 해상도를 제공한다(Latham 의미 있는 물리적 만남에서 언급한 중요한 특징). 아직 이용자들에게 어떤 의미를 부여해 줄지는 증명되지 않았지만 다른 어떤 디지털 매체보다도 접근성이 크다는 것만큼은 분명하다.

가상박물관

가상박물관의 개념은 논쟁의 대상이다. 가상박물관이란 사람들이 진짜 박물관에 있는 것처럼 느끼도록 고도의 기술 장비를 사용해 가상의 현실을 구현한 것인데, 간단한 이슈가 아니다. 몇 년 전 많은 박물관들이 세컨드 라이프(second life, 미국 샌프란시스코에 본사를 둔 벤처기업 린든 랩이 2003년 선보인 인터넷 기반의 가상현실 공간) 행사에 뛰어들었다. 이것이 보다 많은 관람객들을 만날 수 있는 새로운 길일 것이라 생각한 것이다. 그러나 생각만큼의 영향력은 없었고, 일부 가상박물관만이 인내심을 갖고 새로운 기회를 기다리는 중이다.

언젠가 가상박물관이 기존의 박물관들을 대체할 것이라는 우려가 있지만, 인간이 계속해서 실제 유물과의 접촉을 통한 물리적 경험과 이를 통한 소통을 원한다는 것이 명백해지면서 이런 걱정은 가라앉고 있다. 어떤 사람들은 건물, 오브제, 사람, 전시가 존재하는 물리적 박물관이 가상으로 존재하는 박물관보다 중요하다고 주장한다. 그러나 가상현실과 디지털 기술에 익숙한 젊은 세대가 성장하면 어떻게 될지 예측하기 어렵다. 기술발전이 물리적 실체를 가진 박물관에 어떤 영향을 끼치고 소장품의 개념을 어떻게 바꾸어 놓을까?

가상 전시를 하는 것이 물리적인 전시를 하는 것 보다 훨씬 경제적이고 쉬울 수도 있다. 유물을 보존하고 전시할 기반 시설 그리고 유지에 들어가는 노력과 비용이 필요 없기 때문이다. 그러나 물리적인 소장품은 디지털 형태에서는 느낄 수 없는 무언가를 제공한다. 디자인, 빛, 색, 소리 등 복잡하게 얽혀 있는 전시공간 속에서 전시물을 경험하는 것은 특별한 경험을 제공한다. 진짜 물건을 보는 것에 대한 중요성을 강조하는 연구들도 적지 않다. 포크와 디어킹(Falk&Dierking, 1992, 2000)을 비롯한 많은 연구자들은 물리적 공간의 박물관에서는 사회를 간접 체험할 수 있지만 가상공간에서는 경험의 규모가 부족하다고 말한다.

박물관학이란 무엇인가?

박물관학은 이론과 실무를 모두 포함하는 학제 간 융복합 학문이다. 박물관이란 단어를 정의하는 것이 어려운 것만큼이나 박물관학을 둘러싼 용어들도 똑같이 복잡하다. 영어 'museology'는 전통적으로 박물관학을 뜻한다. 그러나 국제적으로 통용되는 'museology'는 박물관학을 포함해 '박물관과 관련된 모든 것'을 언급할 때 사용되는 단어이다. 또 'museography'는 통상 박물관 전시학으로 정의되지만, 국제적으로는 '박물관학의 실제'를 뜻하거나 '박물관을 운영하고 발전시키는 기술'을 뜻한다. 이 책에서는 박물관학(Museum studies)을 이론(museology)와 실무(museography)를 모두 포함하는 학문 분야로 볼 것이다.

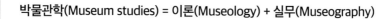

박물관학(Museum studies) = 이론(Museology) + 실무(Museography)

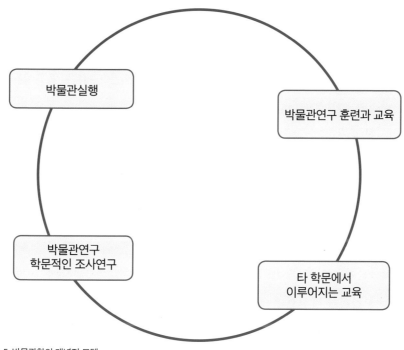

박물관실행

박물관연구 훈련과 교육

박물관연구
학문적인 조사연구

타 학문에서
이루어지는 교육

1-5. 박물관학의 개념적 모델

분야의 특성

박물관이 얼마나 복잡하고 다양한지는 이미 이야기했다. 박물관 직원들을 훈련시키는 학습과정에서도 마찬가지이다. 박물관학은 이론과 실무 분야로 구성되어 있는데, 박물관의 종류가 다양해지고 기능이 늘어나면서 박물관학 역시 학습의 폭이 넓어지게 됐다. 박물관학을 한마디로 이야기하기는 어렵지만 박물관학에는 아래의 6가지 핵심적 특징이 있다.

- 본질적으로 학제적이다.

- 이론과 실무가 결합되어 있다.

- 박물관에서 해야 하는 실제 업무가 잘 드러나지 않는다.

- 박물관을 아직도 전통적인 기준으로 분류한다..

- 네트워킹과 지식의 공유는 박물관의 공통적인 특징이다.

- 너무 많은 소장품들이 공공 재단에 의해 전시되고 있다. 박물관 공동체는 박물관운영에 투명도를 높이고 책임을 다하기 위해 노력해야 한다.

여전히 박물관학 학위를 받는 것이 전문성을 훈련시키는 최선책인지 아닌지에 대해서는 의견 충돌이 있지만, 미국을 비롯한 국제 박물관학 프로그램의 보급은 박물관학의 높은 학문적 체계가 얼마나 가치 있는지를 보여준다. 교과과정과 '핸즈-온' 경험의 조화를 통해 많은 박물관학 프로그램이 학제 간 접근과 연구·이론·실무를 결합한 학습 틀을 제공하는데, 이를 통해 이론학습과 경험으로 배우는 것 사이의 딜레마를 해결하고 있다.

박물관학의 이론과 실제

왜 이론이 필요한가? 어째서 박물관학만의 전문 용어가 있어야 하는가? 이론은 분석수단이며 동시에 아이디어와 개념을 도출해 내고 이를 융합할 수 있는 프레임이다. 이론은 종종 실제와 반대되는 것처럼 보이지만, 사실 이론은 실무에 적용되어야 하고 현실적인 문제를 해결하는 용도로 쓰여야 한다. 그러나 이론은 "서구 철학만큼이나 낡아빠진 것"이다(Macey 2000, 379). 이것이 1950년대와 1960년대 만들어진 탓이다. 그렇다면 이 이론들은 어디에 적용되어야 할까? 이론 없이 실무만 홀로 성장하는 것이 가능한 것일까?

그동안 유물을 수집, 보존, 연구하고 전시하는 일은 실무 영역이라 생각했었다. 태더(Teather, 1991)는 박물관의 업무들이 박물관학에서 이야기하는 것보다 훨씬 체계 없이 이루어지고 있다고 말한다. 물론 이것은 20년 이상 동안 실무의 체계성 부족을 지적한 것이지만, 이 모든 일들은 사실 박물관 이론이 부재한 탓에 일어난다 할 수 있다. 이론에 대한 고민 없이 실무자들끼리의 연구로 문제를 해결하려 든다. 이렇게 함으로써 박물관 이론을 만드는 사람과 실제 업무를 하는 사람 사이의 역할구분이 사라져버렸다.

박물관 전문인력들은 박물관학에서 이야기하는 일반론을 습득하는 정도에서 학습을 멈춘다. 그런 상태에서 세분화된 박물관의 여러 직무 중 일부를 맡아 일을 한다. 박물관 직원들이 서로 의사소통하지 않음을 말하려는 건 아니다. 불통을 인식하는 것도 중요하지만, 여러 전문 분야로 나누어져 있을지라도 이론과 실제는 서로 연결되어야 함을 이야기하는 것이다.

이론과 실무는 의도적으로 구분되어야 한다. 이론이나 개념적인 사고가 박물관에서 중요한 이유는 이론과 개념을 바탕으로 생각해야만 실무영역에서 어떻게 일해야 효율성을 높이고 보다 나은 결과를 낼 수 있을지 알 수 있기 때문이다. 이론은 실제를 살찌우고 실제는 이론을 살찌운다. 이것이 피드백 회로이다.

박물관학은 과학인가 예술인가?

과학과 예술 사이의 구분은 혼란스러울 수 있다. 과학은 체계적이고 조직적이며 객관적 원리의 적용을 의미하는 반면 예술은 비체계적이고 창조적인 시도를 뜻하기 때문이다. 넓은 의미에서 보면 박물관학은 과학이다. 그런데 아이러니하게도 대부분의 박물관 실무는 예술에 가깝다.

왜 박물관학이 과학이 아니라는 지적을 받느냐 하면 박물관학만의 독특한 이론이 없다고 이야기되기 때문이다. 이는 박물관학이 하나의 학문분야로 불릴 수 있는가라는 질문으로까지 확장되었는데, 1991년 태더(Teather)는 이렇게 '피곤한' 논쟁을 그만두자고 외치면서 이런 비생산적인 논의는 사람들을 박물관에서 오히려 멀어지게 하는 역효과를 가져올 것이라고 말한 바 있다. 그의 주장은 매우 중요하다. 사실 박물관은 이론과 실무가 함께 존재하는 분야로 박물관학이 개념적 지식에 기초한 과학적 학문임을 계속 보여줬음에도 불구하고 이런 논쟁이 지금까지도 계속되고 있다.

과학이 세계에 대한 체계적이고 조직적인 탐구라는 점을 생각해 볼 때, 박물관학은 명백히 과학이며 하나의 학문 분야이다. 탐구의 중심에는 문화유산이 있고, 박물관학만의 전문자료들이 구축되어 있으며, 학습이론·디자인이론·정보학 등에서 나온 지식과 실무를 적용하여 박물관학만의 질문을 던지고 이를 해결하기 위해 헌신하는 학자들이 여럿이다.

"M"으로 시작하는 단어들: Museal, Museality, Musealization, Musealia

어떤 특정 분야의 독특한 개념을 이야기하고 토론하는데 있어서 그 분야만의 전문 용어는 매우 중요하다. 박물관학이 융복합적 학문이라는 특징 때문에 다른 분야로부터 다양한 개념들을 차용해 왔음에도 불구하고, 몇몇 중요한 용어들은 박물관학의 탄생과 함께 생겨났다. 1970년대 유럽 박물관학 공동체들이 박물관학을 새로운 학문으로 발전시키면서 만들어낸 Museal, Musealia, Musealization, Museality가 그것이다.

'Museal'은 '박물관의(유물화)'라는 뜻이며, 'Museality'는 '박물관에 들어오면서 유물에 부여되는 또 다른 현실'을 일컫는다(Stransky in Van Mensch 1992). 'Musealia'는 박물관 유물을 인류의 유산으로 만들어주는 선택된 정보들, 그리고 인류의 문화유산 그 자체를 의미한다. 마지막으로 'Musealization'는 어떤 사물이 'Muealia'로 변해가는 과정을 말한다.

물론 '박물관의 유물들(Museal things)'이 박물관에만 있는 것은 아니다. 'museal'는 유물화(musealized)가 되어버린 박물관 밖의 사물들을 의미할 수도 있다. 즉 기념물, 장소, 빌딩, 도시까지도 'Museal things'에 포함될 수 있다 하겠다. 이 책에서 언급한 'M 단어'들은 미국에서는 잘 사용되지 않는 다. 그러나 실제 이런 용어들은 박물관의 맥락을 보다 더 잘 이해하기 쉽게 만들어줄 것이다.

왜 문헌 정보학 속의 박물관학인가?

이 책에서 우리는 박물관을 시스템(system), 유물을 문서(document), 전시 를 생태계(ecologies)로 봤다. 그리고 개념구조를 문헌정보학(LIS; Library and Information Science)에서 가져왔다. 자세히 들여다보면 박물관학 역시 문헌 정보학 범위에 들어가기 때문이다. 문헌 정보학이란 다양한 맥락과 상황 하에서 정보를 수집, 조직, 사용하고 공공에게 제시하는 학문분야인데 박 물관에서 유물을 다루는 일도 이와 다르지 않다. 더욱이 사회적인 요구를 충족시키기 위해 존재하며 이론 연구와 실무를 동시에 수행해야 하는 분야 를 메타 학문(Meta-disciplines)이라 부르는데 정보학, 저널리즘, 교육학 그리고 박물관학 등이 여기에 속한다.

LAM: 도서관(Library), 아카이브(Archive), 박물관(Museum)의 융합

유명한 문헌 정보학자 마르시아 J. 베이츠를 필두로 도서관(Libraries)·기록 보관소(Archives)·박물관(Museums)을 융합시킨 'LAM'을 추구하자는 움직임이 생겨났다. 전통적으로 박물관에서는 소장유물에 초점을 맞추어 관련 정보를 단편적으로 제공했다. 그러나 최근 몇 년 사이, 위의 세 기관을 통합시킨 디지털 시스템을 만들어 이용자들이 관련 콘텐츠에 대한 정보를 포괄적인 경험을 할 수 있도록 해야 한다는 주장이 관심을 끌고 있다. 융합의 목적은 하나의 물리적 매체를 통한 정보 접근성의 향상이다.

사실 도서관, 기록 보관소, 박물관의 융합은 재결합이라 할 수 있다. 1800년대 후반-1900년대 초반, 이들 기관은 자원은 물론 직원들까지 공유했다. 그러다가 시간이 지나면서 분리되어 지금에 이른 것이다. 따라서 종합적인 자료저장기관(comprehensive memory institution)을 지향하는 LAM은 도서관, 아카이브, 박물관이 공통된 목표를 충실히 달성하기 위한 융합으로의 귀환이라 할 수 있다.

2

박물관의 기원

박물관과 수집의 대략적인 역사

박물관은 세계를 이해하려는 인간들의 욕구를 에너지로 삼아 발전해왔다. 무엇인가를 수집하는 것은 인간의 본질이다. 수집은 인간이 만들어온 모든 문화 속에 존재한다. 예를 들어 네안데르탈인들은 도구를 모으고 조개껍질로 물건을 만들었으며 이를 묘지에 조심스럽게 배열해하곤 했다. 4천 년 전 영국 청동기시대의 무덤 유적에서는 바다 성게의 화석 수집품들이 나왔다. 이렇게 무엇인가를 모아서 조직적으로 구성하고 해석하는 일은 우리 주위에 혼란스럽게 펼쳐져 있는 것들을 의미 있게 만드는 작업이라 할 수 있다. 이 과정을 통해 세상을 배우고 이해하며 질서를 발견하는 까닭이다. 스테판 제이 굴드(Stephen J Gould)에 따르면 사물을 어떤 형식으로든 분류하는 과정에는 인간의 사고가 개입하기 마련이라고 한다. 따라서 분류학은 인간의 인식을 이해하는데 도움이 되는 학문 분야라 할 수 있다.

단순히 물건을 축적하는 것과 수집은 다르다. 수집은 어떤 목적을 위한 행위이고 축적은 무의식적으로 우연하게 하는 행동들이다. 의도를 가지고 이루어지는 일이기 때문에 모든 수집에는 우선순위가 있고, 수집의 역사는 사물의 사용과 그에 따른 인식의 변화를 보여준다. 엘렌 후퍼그린 힐은 『박물관과 지식의 형성』에서 박물관의 역사는 직선 궤도로는 이해될 수 없다고 했다. 왜냐하면 수집시기, 수집을 하게 된 동기, 방향성 등이 각기 다른 탓에 결과적으로 수집품 그 자체에 특수성이 부여될 수밖에 없기 때문이다.

초기 박물관의 역사에 대해서는 잘 알려져 있지 않지만 개인적 수집 관행은 매우 오래되었다. 그리고 중세 후기 르네상스시대까지 이어졌다. 어떤 이들은 자신의 부와 권력을 과시하기 위해, 또 어떤 이들은 종교기관의 재산을 늘릴 목적으로 수집을 했다. 이들 개인 소장품들은 르네상스 후기 지역사회에 귀속되어 결국 대중들이 접근할 수 있는 소장품들의 양을 증가시키는 결과를 가져왔다. 그리고 계몽시대 지역에 소유하고 있던 수집품들이 현대 박물관의 토대가 되었다.

고대의 수집품

박물관에 전시하기 전부터 사람들은 수집품들을 모았다. 수집은 박물관 없이도 가능하기 때문이다. 무엇인가를 수집한다는 것은 물건을 보존하는 것뿐만 아니라 이를 발전시키고, 타인에게 보여주는 행위까지도 포함한다. 오늘날 박물관에서 하는 많은 활동들은 박물관이라는 기관이 있기 전부터 있어왔다.

유럽은 박물관의 요람이다. 비록 아프리카나 아라비아, 아시아에서도 전통을 수집하는 행위가 있었지만 가장 오래된 사물 수집의 기록은 우르(ur)의 고대 수메르 도시에서 찾아볼 수 있다. 1900년대 초 BC 530년경으로 추정되는 유물들이 출토되었는데, 당시 사람들이 수집했던 물품들은 물론 이들을 전시할 때 썼던 점토판 라벨도 발견되었다. 라벨에는 이것이 어디서 왔고, 누가 발견했으며, 어떤 사람이 소유하고 있는지가 적혀있었다.

이처럼 박물관이 출현하기 전부터 전시 행위는 있어왔다. 고대 그리스의 예술품들은 피나코텍의 페르스타일(열주문) 입구나 신전 현관 또는 회화진열실에 놓였다. 로마시민들은 그림과 조각상뿐만 아니라 화석같이 보기 드문 것들도 집 안에 진열해 놓았다. 이국적인 조개껍질 수집품은 베수비오 화산이 기원전 79년 폭발하면서 화산재에 묻힌 폼페이 도시 유적에서도 발견되었다. 물론 박물관에서처럼 전시물을 해석하는 일은 별로 이루어지지 않았다. 초기에는 이들이 어떻게 수집되었는지에 대해서만 일부 언급되었다.

고대에도 수집품 보존은 관심의 대상이었다. 이집트에서는 미라를 보존하기 위해 세다유와 말린 국화를 사용했고, 고대 중국에서는 왕국의 기록 보존을 위해 기록물을 담은 상자에 나무수액을 발랐다. 호메르는 『오디세이』에서 황을 태워 건물을 소독하는 방법에 대해 언급하기도 했다.

박물관(Museum)의 어원

박물관의 근대적인 개념은 BC 330-30년 알렉산드리아에서 번성했던 뮤즈(Muse) 신전에 그 뿌리를 둔다. 1장에서 이야기한 것처럼 박물관(Museum)이라는 단어는 그리스 무세이온(Museion)에서 나왔다. 무세이온은 뮤즈의 자리를 의미하는데 이들은 예술가, 시인, 철학자 등에게 영감을 주는 존재로 알려져 있다.

뮤즈의 신전은 이집트 왕 프톨레마이오스(Ptolemy Sotor, 305-283 BC)가 알렉산드리아를 통치하던 당시 조성되었다. 동식물은 물론 예술품들이 놓여 있는 건물이 있었다고 기록되어 있다. 신전은 그리스인들의 지적 공간으로써 여러 사상가들이 알렉산드리아에 모여 있었다. 이곳에서 유클리드(Euclid)가 지질학을 발견했고, 첫 번째 증기 에너지 장치 역시 신전의 교사였던 헤로(Hero)에 의해 발명되었다.

불행하게도 뮤즈의 신전은 BC 48년 알렉산드리아를 휩쓴 커다란 화재로 파괴되었다. 비록 박물관이라기보다는 대학 같았으나 신전은 수집품을 놓아두는 곳이었고 동시에 이를 학습하는 장소로써 존재했다. 이후 박물관이란 말은 플로렌스 메디치 가문의 수집품들을 묘사할 때 사용되었다.

중세의 수집품

유럽에서는 로마 황제의 몰락 후 이들의 개인 수집품들이 교회의 소유물이 되었다. 교회가 당시 사회에서 가장 강력하고 영향력 있는 기관이고 지

표 2.1. 뮤즈들

뮤즈의 종류	영향력의 분야
클리오	역사
유테르페	음악
탈리아	코미디
멜포미네	비극
테르사이코레	춤과 합창
에라토	서정시와 사랑의 시
폴리힘니아	성스러운 노래
유라니아	천문학
칼리오페	서사시

적 활동의 중심지였기 때문이다. 성지 순례자들이 가져온 물건들이 교회에 전시되었는데 역사성 큰 공예품, 고전적 조각상, 예술품 등 종교적인 것과 비종교적인 것이 두루 갖추어져 있었다. 교회 수집품 중 일부는 아주 환상적이었다. 밀라노 대성당에는 상어의 수염 털, 할버슈타트 성당에는 고래의 뼈, 브룬스윅 성당에는 헨리더 라이온경이 팔레스타인에서 가지고 온 그리핀(griffin)의 발톱이 전시되어 있었다.

이와 같이 특이한 것들은 세상에 존재하는 신성한 증거라는 믿음 아래 교회의 수집품이 될 수 있었다. 특히 이 시기에 인기 있던 품목은 타조알이었다. 유럽 사람들은 타조를 거의 보지 못했기 때문에 커다란 타조알이 신화 속 그리핀 알이라고 믿었다.

중세시대에 일어난 왕성한 지적 활동은 고대 그리스 문장들을 아랍어로 번역하는 계기를 만들어 주었다. 그리고 예술품 수집을 확장·발전시킬 수 있는 바탕이 되었는데, 이 시기 이루어진 수집품들의 거래는 공공의 이익을 위해 행해지는 이슬람의 와크프(Waqf) 개념에 기초하고 있었다. 당시 순례자가 가지고 온 물품들은 이란 마슈하드(Meshed)에 위치한 이맘 알리어리다(Imam Aliar-Rida) 사원에 전시되는 오랜 전통이 있었고, 수집품은 8세기 중반 다마스쿠스 우마이야 왕조가 멸망한 후 그 뒤를 이은 바그다드의 압바스 왕조가 전리품으로 손에 넣은 유리제품, 예술품, 텍스트타일, 무기 같은 것들이었다.

아랍 학자들과 번역가들이 해낸 일들이 12~13세기 유럽에 알려졌고 그리스 문자의 아랍어 번역본은 다시 라틴어로 옮겨졌다. 이로써 고전에 대한 존경이 유럽사회에 싹트기 시작했고 르네상스가 시작되는 중요한 동인이 되었다.

르네상스의 수집품

르네상스 시대 학자와 왕족들의 지적 호기심은 수집활동을 촉진시켰다. 유럽에 최초의 '호기심 캐비닛(kunstkammer, wunderkammr, cabinets of curieux, and studioli)'이 등장한 것도 14세기에서 17세기이다. 왕족, 변호사와 의사, 약재상 등 부유한 사람들은 자신이 개인적으로 수집한 물품들을 호기심 캐비닛에 넣어 두었다.

케비닛은 방을 가득 채우거나 옆방으로 넘어갈 정도로 큰 가구였고, 여기에 넣어 둘 수집품들은 소장자에 따라 다양하지만 유니콘의 뿔·거인의 뼈·그리핀의 발톱·거대한 뱀의 혀 및 보석·동전·지도·원고·고전적인 미술 공예품·아시아나 아프리카에서 온 특이한 공예품 등이었다. 물론 현대적인

현장 체크

과거를 목격하다

이탈리아에서 박물관의 기원이라는 강의를 할 때, 나는 올로반디 컬렉션을 보기 위해 볼로냐까지 여행을 떠난 적이 있다. 율리세 올로반디는 현대 자연사 학문의 창시자로 일명 "자연의 축소판" 혹은 "극장"이라 불리는 그의 수집품들은 이탈리아 방문의 하이라이트였다. 세계 최초의 대학이라 불리는 캠퍼스 안에서 올로반디가 연구를 목적으로 수집한 최초의 컬렉션들을 본다고 상상해보라. 올로반디는 자연사 유물들을 직접 보지 않고는 연구도 교육도 할 수 없다고 믿었다. 내가 이 수집품들을 더 특별하게 평가하는 것 역시 올로반디가 실견의 중요성을 강조했기 때문이다. (JES)

과거를 목격하다: 메디치 가문과 박물관의 기원

여름 동안 나는 이탈리아 플로랑스에서 박물관의 기원이라는 과목을 가르쳤는데, 학기 내내 나는 물론 학생들까지 메디치 가문에 완전히 빠져들었다. 메디치 가문의 사람들이 내렸던 정치적, 선동적, 그리고 개인적 선택의 상당수가 현대 박물관에 영향을 주었기 때문이다. 그들은 권력과 지식의 표상으로서 유물이 가지고 있는 힘을 일찌감치 알고 있었다. 15세기 메디치 가문의 시조였던 코시모 더 엘더(코시모 데 메디치)를 시작으로 박물관이 어떤 역할을 해야 하는지에 대한 방향성을 알려준 것도 바로 메디치 가문이다. 유물을 체계적으로 수집하고 전시하며 보관하고 방문자들에게 그 유물의 의미를 설명하는 그런 수많은 박물관 업무들의 기초를 닦아줬다 할 수 있다. (KFL)

관점에서 보면 유니콘 뿔은 일각고래의 어금니, 거인의 뼈는 코끼리나 매스토돈, 그리핀의 발톱은 염소와 영양의 뿔이다. 그러나 당시에는 이런 물품들이 치유의 돌과 미라의 먼지처럼 연금술적인 능력을 발휘하는 귀한 것이라 여겼다.

호기심 캐비닛은 대개 개인의 위엄을 보이려고 사용되었지만 일부는 학문적인 목적으로 조성되기도 했다. 예를 들어 네이플의 약재상인 페란트 임페라토(Ferrante Imperato)가 소유한 호기심 캐비닛은 도서관에서 교육용으로 사용되었고, 1599년에 출간된 『De'llHistoria Naturale』의 기초가 되었다. 또 볼로냐대학 교수인 울리세 알드로반디(Ulisse Aldrovand)의 캐비닛 소장품은 자연물과 인공물의 표본을 가르치는 데 쓰였다.

대부분의 캐비닛 수집품들이 아무렇게나 모여 있는 것처럼 보이지만 사실 자연과 신의 섭리가 반영된 소우주가 그 안에 들어있다. 캐비닛에 적용된 상징과 비유는 우주를 재현해 내는 도구였다. 그래서 르네상스 수집가들에게 사물의 수집은 우주의 축소판을 만들어내는 일로, 이들이 원하는 수집품이란 희귀하거나 이국적인 것이고 세계에서 신성한 존재의 증거로 해석될 수 있는 것이어야 했다. 그리고 이런 희귀 아이템들은 소장자의 고귀함과 위대함을 대변해 주는 역할을 했다.

메디치 가문의 수집품들은 학문적인 연구를 위해서도 사용되었지만 가족과 친구, 방문객들을 위해 전시되기도 했다. 캐비닛은 사람들에게 사회의 의미에 대해 생각해 볼 수 있는 정보원의 역할도 한 것이다.

르네상스 시대, 수집품은 강력한 힘의 상징이었다. 플로렌스 메디치 궁전의 수집품들은 현재를 미화하고 가문의 부와 권력을 보여주기 위한 물품들이었다. 대단한 힘을 가지고 있다고 여겨지는 사물들을 소장함으로써 메디치 가문의 위대함을 드러낼 수 있었던 것이다. 물론 현재 이들 유물들은 공공을 위해 사용된다. 메디치 소장품들은 1582년 공식적으로 우피치 궁에서 대중에게 공개되었고 1743년 투스카니 시에 양도되었다. 그리마니 가문의 소장품들 역시 1523년과 1582년 사이에 베네티안 공화국에 기증되었다.

초기의 분류학과 카탈로그

약 1400년경 호기심 캐비닛이 등장하면서 수집품에 순서를 부여하는 분류의 필요성이 대두되었다. 초기에는 사물을 단순히 신기한 것, 신성한 것, 자연적인 것, 인위적인 것으로 인지했다. 그러나 수집품들이 점점 더 많아지고 복잡해지자 새로운 분류 카테고리가 덧붙여졌다. 캐비닛의 내용물은 매우 다양했다. 철학자인 프란시스 베이컨은 "정교한 기예를 가진 인간의 손으로 만들어낸 희귀한 형태, 행동, 물건들; 그 물건의 특이성, 우연성, 또는 혼합을 통해 만들어진 것들"을 담고 있는 것이 전형적인 호기심 캐비닛이라고 표현했다.

사무엘 폰 키쉬베르그(Samuel von Quiccheberg, 1529-1605)는 1565년 『대형 극장의 기재사항(Vel Tituli Theatri Amplissimi)』이라는 제목의 (본문은 독일어) 박물관 서적을 출간했다. 그는 이 책에서 수집품은 우주의 요소를 담을 수 있도록 체계적으로 분류해야 한다고 했다. 그리고 이상적인 호기심 캐비닛을 구성하기 위해 필요한 수집 가이드라인을 제시하고 현대 박물관에서처

올라우스 곤충 박물관

럼 수집품들을 조직화할 것을 주장했다. 사무엘 키쉬베르그는 수집품을 지식을 위해 연구되어야 할 경이로운 사물로 인식했던 것이다.

1629년 초기에 코펜하겐의 올레 웜(Olaus Worm, 1588-1654)은 대규모의 수집품 카탈로그를 만들었다. 여기에는 전시공간을 묘사한 목판화가 실려 있는데, 당시 박물관 관련 출판물로 널리 소개되었다고 한다.

계몽운동과 근대 유럽박물관의 탄생

르네상스는 우리에게 계몽이 무엇인지 어떻게 계몽해야 할 것인지를 가르쳐주었다. 호기심 캐비닛으로 시작된 1650년대 초의 수집품들은 양적, 질적인 면에서 더욱 발전했고 카탈로그의 배포를 통해 사람들에게 널리 알려지게 되었다. 이로써 그동안 신기하고 특이한 것들이 점차 평범한 것으로 인식되어졌다.

그리고 계몽의 관점에서 사물의 연구는 그동안 몰랐던 것을 알기 위한 행위로 바뀌었다. 아프리카, 아시아, 오스트레일리아에서 유럽에 온 사물들은 새로운 정보를 제공해 준다는 점에서 가치가 있었다. 그리고 시스템과 과학이 여기에 동원되었다. 프란시스 베이컨은 지식의 목록화를 위해 귀납적인 실증주의를 적용할 것을 주장했다. 그리고 데카르트는 박물관 소장품에 반영되어 있는 과학과 종교를 합리화할 것을 피력했다. 이런 논의들은 박물관을 진화시켰다. 조엘 오로스(Joel Orosz)는 계몽운동 시기 동안 이루어진 사물에 대한 학문적인 입증 요구는 수집품의 중요성을 새롭게 인식시키는 계기를 만들어줬다고 말한 바 있다.

호기심 캐비닛에서 현대 박물관으로의 진화는 영국의 존 트라데스칸트 (John Tradescant) 부자의 사례에서 찾을 수 있다. 트라데스칸트의 방대한 수집품에는 자연물, 돌, 무기, 동전, 그림 등이 포함되어 있었는데 이를 요금을 받고 대중들에게 전시하기 시작했다. 수집품이 계속 증가하자 그들은 애쉬몰(Elias Ashmole)에게 전시물을 분류해달라고 부탁했고, 이는 1656년 '트라데스칸트 박물관(Musaeum Tradescantianum)'이라는 제목으로 출판되었다. 트라데스칸트 부자가 사망한 뒤 애쉬몰은 수집품을 옥스퍼드 대학에 기증해 근대 대학 박물관의 근간을 마련했다. 옥스퍼드 대학 박물관에는 전시공간과 수장고는 물론 대학과 연계하여 직원들을 교육하는 장소까지 있었다고 한다.

근대박물관

1727년 함부르크의 박물관 딜러인 캐스퍼(Caspar Neikelius)가 『뮤지오그라피카(Museographica)』라는 책을 출간했다. 이 책에서 저자는 수집품 분류 작업의 문제점을 지적하면서 수집품을 보호하기 위해서는 적절한 기술을 사용해야 하고, '수장고에서 가지고 온 것들을 어디에서 연구할 것인가?'라며 각 방의 중간에 테이블을 놓을 것을 제안했다. 그리고 수집품들은 건조한 상태에서 보관되어야 하고 태양광선을 피해야 하며 박물관에서는 항상 수집품 목록은 물론 관련 도서 리스트를 갖추고 있어야 한다고 주장했다. 또 처음으로 전시공간의 크기에 따라 전시물이 다르게 보일 수 있음을 지적하기도 했다. 이 밖에 1753년 데이비드 홀트먼(David Hultman)은 박물관을 위한 제안서 출간했는데, 박물관 건물은 벽돌로 되어야 하며 넓기보단 길어야 하고 직사광선을 피하기 위해서 북쪽으로 창문으로 내야 한다는 주장을 펼쳤다.

18세기 박물관들이 더 크고 복잡해지면서, 수집품의 특징과 이를 목록화하는 시스템에 따라 박물관들은 여러 갈래로 나뉘게 되었다. 예를 들어 자연사 수집품들은 스웨덴의 동식물 학자인 칼 린네(Carl Linnaeus)가 발전시킨 동식물 분류학에 영향을 받아 체계적으로 목록화 되었고, 이런 소장품들을 소유하고 있는 박물관들은 자연사박물관으로 특징 지워졌다. 반면 인공물에 대한 분류체계는 1978년까지 일반화되지 못했다. 도서관에서 듀이 10진 분류법이 1876년에 만들어진 것과 대조적이라 할 수 있다.

유럽 근대 박물관의 지속적인 발전 :18-19세기

상업의 발달, 부유한 상인의 등장 그리고 왕족의 후원 감소가 18세기 초 일반 대중들이 예술에 관심을 가지는 계기를 만들어 주었다. 여기에 더해 19세기 초에는 박물관이 국가 의식을 형성하는데 기여할 수 있음을 깨닫고, 국가의 역사를 기록하고 문화유산을 보호하기 위한 최적의 장소임을 인식하게 되었다. 그래서 "박물관의 황금기"라 불릴 정도로 근대기에 박물관이 빠르게 성장했다. 서유럽의 거의 모든 나라에서 종합박물관이 생겨났을 정도로 빠르게 발달하였다.

예술, 역사, 자연사처럼 특화된 박물관도 수없이 만들어졌다. 1773년 교황 클레멘스 15세는 예술작품만을 전시하는 첫 번째 박물관을 열었고, 같은 해 파리 루브르는 일반 관람객들에게 수집품을 공개하기 시작했다.

대부분 초기 유럽 박물관들은 우연히 모은 수집품을 기반으로 출발했다. 그러나 일부는 철저한 계획 아래 의도적으로 만들어지기도 했다. 대표적인 예가 1764년에 지어진, 첫 번째 근대 미술 박물관인 러시아 피터츠버그의 에르미타주이다. 또 1776년 개관한 차르토리스키 박물관은 귀족들로부터 모은 수집들을 일반인들에게 공개하기 위한 목적으로 세워졌다.

이 시기의 박물관들은 여러 기준들도 만들었다. 비엔나의 벨베데레 박물관은 '예술의 시각적 역사'를 표방했고 베를린의 알테스 박물관은 '전시물의 시대 순 배치'를 고안해 냈다. 여기서 한발 더 나아가 알테 피나코테크(Alte Pinakothek)는 학교에서 교육용으로 활용할 수 있도록 연대기적으로 예술 작품들을 전시했다.

중요한 박물관들이 1700년대 후반과 1800년 초반 사이에 많이 지어졌다. 대영박물관은 1759년에 개관했고, 찰스 3세가 1785년에 연 자연과학박물관은 1819년 프라도 미술관이 되었다. 루브르박물관도 1793년 만들어져 프랑스 혁명 전에는 대중들이 접할 수 없었던 왕실의 수집품들이 공공에 개방되었고 때론 특별전이 야외에서 열리기도 했다.

최초의 민족학 박물관은 1837년 네덜란드 라이딘(Leiden)에서 개관했고, 역사하우스박물관(History house museum) 역시 19세기에 만들어졌다. 오픈 에어 박물관(Open Air Museum; 또는 리빙 박물관)도 19세기 후반에 스칸디나비아에서 문을 열었는데, 1881년 노르웨이 오슬로 근처에서 오스카 2세의 수집품을 전시하기 위해서였다. 그 후 1891년 스웨덴 스톡홀름에 스칸센 박물관이 세워졌고 이것이 차후 전 세계 오픈 에어 박물관의 모델이 되었다.

19세기 후반 박물관은 기초 교육기관으로서 자래 매김을 했다. 유물을 연구하는 일과 공공에게 전시하는 일을 분리시키자는 움직임이 일어난 것이다. 대영박물관의 관장 윌리엄 렌리 플라워경은 연구와 대중교육이라는 이중 목적을 모두 실천하는 박물관을 제안했다. 이로써 박물관의 보다 다양한 유물들이 전시물로 활용되게 되었고, 전시실 벽에는 관람객들의 이해를 위해 라벨이 붙게 되는 결과를 가져왔다. 이처럼 19세기 후반은 박물관이 크게 성장한 시기였다. 영국에는 100개 이상, 독일에는 적어도 50개 정도의 새로운 박물관이 문을 열었고 미국의 중요한 박물관들 역시 이즈음 출발했다.

미국의 박물관

근대박물관의 계몽사상은 18세기 후반 미국에도 영향을 미쳤다. 1785년 찰스 윌슨 필(Charles Willson Peale, 1741~1827)은 필라델피아 자신의 집에 미국에서 최초로 대중에게 개방하는 박물관을 세웠다. 박물관의 컨셉은 유럽 박물관에 기초를 두고 있었지만, 입장료를 낸 모든 계급의 사람들이 배우고 즐길 수 있는 민주적인 공간으로 계획되었다는 점이 남달랐다. 필의 박물관에는 자신과 아들이 그린 그림을 포함해서 동물박제품, 화석, 뼈, 민속품 그리고 살아있는 동물들이 전시되어 있었는데 부실한 자금 상황, 관람객 부족, 사람들을 끌기에 역부족이었던 전시구성 등의 이유로 결국 박물관은 실패로 돌아갔다. 필이 모은 수집품들은 1858년 경매시장에서 전부 판매되었다.

또 다른 초기 미국 박물관의 선구자는 P. T. 바넘이다. 그는 유명한 서커스계의 거물인데, 뉴욕에서 미국 박물관(The American Museum)이라는 대형 공공박물관을 운영했다. 이 박물관은 원래 1790년 태머니 협회(Tammany Society, 1789년 뉴욕에 설립된 자선 공제조합)의 기금으로 조성되어, 1802년 존 스커더(John Scudder)가 인수한 후 스커더 미국 박물관(Scudder American Museum)으로 운영되었었다. 그러나 1841년에 이를 바넘이 사들여 1865년 불타기 전까지 미국 박물관이란 이름으로 대중에게 공개되었다. 바룸은 박물관에 600,000점 이상의 유물을 전시했지만, 화재 후 박물관 사업을 접고 서커스에 전념하게 된다.

일찍이 박물관이 세워졌다고는 하나, 오늘날 알려진 미국 박물관의 4퍼센트만이 1900년 이전에 만들어졌다. 적어도 미국 박물관의 75퍼센트는 1950년 이후에, 40퍼센트는 1970년 이후에 세워졌다. 첫 번째 야외박물관인 윌리엄스버그 민속촌(Colonial Williamsburg)은 1926년에 조성되었고, 핸리포드 그린필드 마을은 미시간 디어본에서 1929년 문을 열었다. 뉴욕 뉴버그에 1850년 미국 최초의 역사하우스박물관이 세워졌는데, 이곳은 본래 조지 워싱턴 장군의 본부였던 해즈브룩 하우스(Hasbrouck house)이다.

19세기 중후반에는 남미 지역에서도 여러 박물관들이 만들어졌다. 라틴 아메리카 첫 번째 박물관은 1790년에 세워진 멕시코의 국립 자연사 박물관(Museo de Historia Natural)이며, 1812년에는 부에노스 아이레스 역사 자연사 박물관이 건립되었다.

그 밖의 세계에 세워진 박물관들 : 식민주의를 넘어서

근대 공공 박물관의 개념은 기본적으로 유럽에서 시작되었지만, 무역과 식민주의를 통해 세계로 전해졌다. 그 놀라운 변화와 성장은 아시아에서는 1800년대, 아프리카에서는 1900년대에 일어났다. 식민지시기에 설립된 많은 박물관들은 독립 후 국립박물관으로 발전했다. 벵갈 아시아 협회(Asiatic Society of Bengal)는 1814년 인도 콜카타에 박물관을 만들었는데, 인도가 1947년 독립함에 따라 국립박물관이 되었다. 또 아프리카 최초의 박물관인 남아프리카 박물관은 1825년 케이프타운에 세워진 이래 애국심(national ownership)을 고취시키고 민족주의와 국가정체성을 굳건히 하는 중요한 공간이 되었다.

일부이기는 하지만 몇몇 박물관들은 식민주의에 저항하는 역할도 하고 있다. 1970년대 카리브해 지역의 박물관들은 과거의 식민지적 관점에서 벗어나 현재의 문화와 역사에 초점을 맞추고 있다. 지난 십년동안 일어난 시민전쟁, 폭력적 정치 억압, 오랜 편견과 같은 일들을 종식시킬 수 있도록, 이를 기억하는 박물관으로 성장한 것이다.

기원의 중요성

박물관, 도서관, 기록 보관소는 그 뿌리가 같다. 앞서 논의한 것처럼 가장 오래된 수집품 중 하나가 기원전 2000~3000천년 경의 점토판들이다. 고대 바빌로니아, 중국, 로마의 기록물들이 계속 발견되고 있고 박물관의 개념을 우리에게 알려준 곳 역시 세계에서 가장 큰 도서관을 포함하고 있었다. 아랍인들이 번역해 놓은 문서들은 르네상스를 자극했고 결국 근대 박물관, 도서관 그리고 기록 보관소의 발전을 이끌었다. 박물관은 1450년경 유럽에 도입된 활자 인쇄술의 발달로 급성장할 수 있었다. 박물관 카탈로그의 출간이 관람객 확보에 결정적인 역할을 했기 때문이다. 이로 인해 기록 보관소, 도서관과 함께 박물관이 새로운 사회의 요구를 충족시켜줄 수 있게 되었다. 그러나 뭐니 뭐니 해도 박물관의 가장 중요한 역할은 자연과 문화를 해석하는 일이다. 박물관의 이런 소임은 인간이 그들은 둘러싼 세상에 관심을 갖는 한 계속될 것이다.

제2부

어떻게 (HOW)

3

박물관 시스템

어떻게 박물관이 시스템일 수 있는가?

박물관은 복잡한 조직이다. 똑같은 조직의 박물관은 그 어디에도 없다. 각각의 박물관은 그들만의 특수성을 갖고 있다(비영리 기관으로서의 공통 관심사가 있다 해도). 박물관의 기능을 이해하려면 박물관이 역동적이고 변화무쌍한 세상의 일부라는 것을 우선 이해해야 한다. 이번 장에서는 박물관의 시스템과 그것에 영향을 미치는 여러 요소들에 대해 이야기하겠다.

시스템은 서로 연결되고 상호작용하는 요소들을 하나로 묶는 복합체이며, 직간접적인 관계망을 통해 연결되는 유기체이다. 열린 시스템은 환경과 끊임없이 상호작용하는 반면 닫힌 시스템은 환경으로부터 격리되어 있다. 박물관은 물론 열린 시스템이다.

> 시스템은 크고 작은 여러 부분들로 구성된다.
>
> 각각의 부분들은 더 큰 시스템 내부에서 작동한다.
>
> 에너지, 자료, 정보는 시스템의 다양한 부분들 사이로 흐른다.
>
> 시스템의 어느 한 부분이 제거될 경우, 전체 시스템 기능에 영향을 끼친다.
>
> 시스템 구성요소들의 배치 방식이 달라지면, 시스템은 새롭게 균형을 맞추고

이에 적응해야 한다.

시스템은 피드백에 의존하여 평형을 유지한다.

시스템은 피드백 결과에 따라 조정을 하고 이것이 안정성을 확보하게 한다.

피드백은 인과 주기의 일부로서 과거와 현재는 물론 앞으로도 동일한 영향을 미치게 될 정보를 가리킨다. 다시 말해 피드백은 그것의 본래 전달자에게 되돌아가 전달자의 후속 조치에 영향을 미치는 정보라 할 수 있다. 가정용 난방 온도조절장치의 작동방식 역시 피드백으로 운용된다. 온도조절장치는 실내 온도를 감지한 후 사전에 세팅된 설정온도를 맞추기 위해 냉방또는 난방 설비의 출력을 조절한다. 박물관 시스템에서도 관람객 평가를 통해 전시물의 설명방식을 변화시키는 등 피드백은 중요한 역할을 한다.

시스템 이론이란 피드백 루프를 통해 자가 조절 능력을 지닌 시스템에 대한 학제간 연구이다. 시스템 이론이 인간에 적용된 예는 독립된 개인 역시 가족 구성원 안에서 이해해야 한다는 가족체계이론(Murray Bowen 및 Michael Kerr에 의해 개발되어 1950년대에 시작)을 들 수 있다. 가족은 가족체계를 형성하는 상호의존적인 개인들로 구성된 정서적 단위이므로, 비록 가족 내 개인들이 독립적으로 행동한다 하더라도 이들의 개별 행위가 다른 가족 구성원들에게 영향을 미치고 결국 가족 간 상호작용을 하는 다른 가족 구성원들에게까지 영향을 미친다는 것이다.

시스템적 사고란 시스템이 어떤 작용을 하고 그것들이 서로 어떻게 영향을 미치는지를 생각하는 것이다. 전통적으로 시스템은 분리된 부분들을 단순히 결합시킨다는 관점 아래 분석되었다. 그러나 시스템적 사고로 바라보면, 조직이란 서로 상호작용하는 다수의 복잡하고 역동적인 부분들로 구성

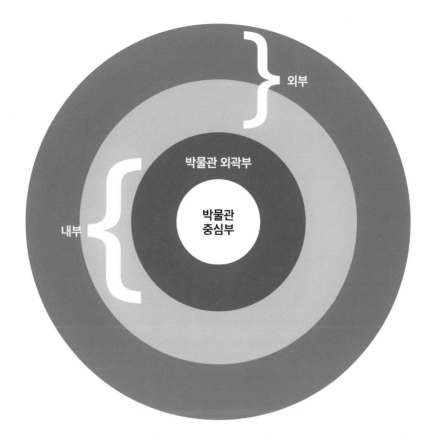

박물관 외곽부

박물관
중심부

외부

내부

3-1. 총체적인 박물관 시스템 모델

되어 있는 실체라 할 수 있다. 자연 생태계 역시 시스템이다. 동식물들은 각기 자신의 삶의 방식에 맞추어 살아가는 것처럼 보이지만, 생태계 속에서 직간접적으로 영향을 받으며 상호작용한다. 어떤 종의 멸종과 변화는 궁극적으로 다른 모든 요소들의 상호작용에 영향을 미치기 때문이다. 따라서 생태계는 환경 속에 존재하는 모든 개별 시스템들의 합이다.

3-2. 험프리(Humphrey)의 내부 박물관(inner museum)과 외부 박물관(outer museum) 모형

　시스템 이론과 시스템적 사고가 박물관에 적용될 때 수집품 관리, 관람객 서비스, 교육 프로그램, 소장품의 보존, 박물관 경영 등의 요소들은 서로 협력하여 움직이게 된다. 각각의 개별 시스템들은 더 크고 복합한 박물관 시스템 속에서 각기 서로 상호작용하게 되고, 그 결과 박물관의 기능이 최고로 높아질 수 있다.

3-3. 내부와 외부 사이의 흐릿한 경계를 보여주는 박물관의 내부 시스템(internal museum system)

총체적인 박물관 생태계

앞서 언급한 것처럼 박물관 시스템은 생태계에 비유될 수 있다. 각각의 유기체가 생태계라는 커다란 시스템의 일부로서 생존 가능한 조직을 만들어 살아가는 것처럼 박물관 또한 박물관을 상회하는 더 큰 시스템 안에 속해 있다. 여기서는 박물관의 내부 시스템을 먼저 검토한 후 외부 시스템에 대해 알아보겠다.

캔자스대학교(KU) 자연사박물관의 전임 관장인 필립 험프리(Philip S. Humphrey)는 박물관을 내부 박물관과 외부 박물관이 이중으로 작용하는 곳이라 보았다. 험프리는 내부(inner) 박물관을 '수집품과 그것들을 연구하고 관리하는 사람들'로 묘사했고, 외부(outer) 박물관을 '전문지식이 없는 대중들이 내부 박물관에 대한 지식을 이용할 수 있도록 하는 전시 및 공공 프로그램과 같은 모든 변환 장치'로 보았다(Humphrey, 1976). 이 모형은 아마도 소장품을 연구용과 교육용으로 분리하자고 제안했던 19세기 후반 윌리엄 헨리 플라워 경(Sir William Henry Flower)의 '새로운 박물관 구상'에 영향을 받았을 것이리라.

1991년 험프리(Humphrey)는 대학박물관과 비대학박물관 사이의 특징을 설명하기 위해, 그리고 대학교 소속 자연사박물관을 이해시키기 위해 이 모형을 사용했다. 험프리의 모형은 수많은 유형의 박물관 구조를 파악하는 것뿐만 아니라 미래의 박물관을 어떻게 만들어야 할지까지 알려준다. 또한 다양한 각도에서 박물관을 분석하기 위한 장치로사용할 수 있고, 박물관 시스템이 어떻게 작동하는지 그리고 그것들이 최근 몇 년 동안 어떻게 변화했는지 이해하는 데에도 유용하다. 험프리(Humphrey)가 1970년대 이 모형을 처음 개발했을 당시, 이것은 여러 박물관들을 묘사하고 때론 비평하는 데 사용할 수 있는 적절한 도구였다. 험프리의 관점에서 내부 박물관은 눈에 보이지 않게 움직이는 박물관이고, 외부 박물관은 대중들이 직접 볼 수 있는 박물관이었다. 이처럼 이 모형은 박물관과 관련된 제 요소들을 내부와 외부라는 분리된 영역 중 어느 한 곳에 두었기 때문에 고정적이고 상호작용이 일어날 수 없는 구조를 갖고 있다. 비록 매우 오랜 시간 동안 박물관들이 거의 이런 식으로 기능했지만(일부는 오늘날에도), 박물관 시스템을 총체론적 관점에서 본 모형이라고는 할 수 없다.

왜냐하면 다양한 유형과 규모의 박물관에 적용할 수 있는 움직일 수 없는 단일 구조가 존재하지 않는 까닭이다. 예전에는 내부와 외부 박물관 사이에 분명한 선이 존재했었다. 그래서 관람객과 큐레이터가 대화를 나누는 일이 매우 드물었다. 그러나 최근 몇 년 사이 사회, 기술, 경제의 변화 그리고 학습의 중요성 인식과 박물관에 대한 지역사회의 관심 증가 등 박물관을 둘러싼 외부 구조가 바뀌었다. 그 결과 외부와 내부 사이의 투과성이 높아져 보다 많은 소통이 이루어지고 있다. 박물관의 활동 및 업무 분장 역시 융합되는 경향이 있어 완전한 내부 박물관과 완전한 외부 박물관의 식별이 어려워진 상황이다.

여기에 더해 외부 박물관의 바깥쪽을 표시하는 경계선, 즉 박물관과 바깥 세계를 구분 짓는 장벽이 낮아져서 여러 정보와 관점들이 이전보다 박물관으로 다량 흘러들어 오고 있다. 이러한 변화는 박물관들이 공공을 박물관의 주인이라 인식하고 피드백에 전면적으로 대응하면서 가능해진 일이다. 일부 박물관들은 내부 박물관과 외부 박물관 사이의 경계를 아예 허물어트린 모형을 만들어 실제 실시하려 노력하고 있다. 그 결과 오늘날 박물관 전시실에서 관람객들과 상호작용하는 큐레이터를 쉽게 볼 수 있게 됐다.

환경(외부 시스템)

생태계는 고정되어 있지 않다. 생태계를 구성하는 유기체는 끊임없이 환

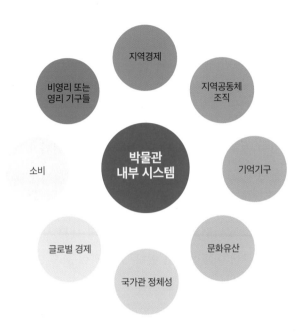

3-4. 외부 시스템(external system)에 둘러싸인 박물관의 내부 시스템(internal system)

경 변화에 적응해야 한다. 예컨대 비정상적인 가뭄, 포식자 또는 먹이 수의 변동, 질병, 홍수, 화재는 여러 가지 방식으로 다양한 동식물에 영향을 미친다. 그런데 유기체들이 이러한 변화에 적응해서 시스템 내부의 새로운 평형에 도달할 때까지는 단기간의 혼란이 뒤따르게 마련이다. 박물관을 둘러싼 외부 시스템 역시 끊임없이 진화하므로 그에 맞춰 박물관도 변화하고 적응해야 한다. 세상이라는 거대한 시스템 안에 박물관이 포함되어 있기 때문이다.

박물관은 여러 관계망 속에 존재하는 독립체이다(Bell, 2012). 박물관과 연결되어 있는 이 관계망들이 박물관에 극적인 영향을 미칠 수도 있고, 때론 그 영향이 미미할 수도 있다. 겉보기에 작은 변화가 박물관 시스템 전체에 변화와 적응을 요하는 반향을 일으키는 일도 있다. 예컨대 사람들이 박물관에서 어떻게 학습하는지에 대한 연구는 전시물 설명방식을 바꿔버렸다. 이제껏 박물관 전시는 다소 선형적이었고, 박물관 전문가들의 입장에서 관람객들이 알아야 한다고 여겨지는 모든 정보들이 제공되었다. 그러나 요즘은 관람객들이 설명글을 읽고 오디오를 들으며 질문거리를 생각하고 상호작용하며 전시 중인 오브제와 개인적 연결고리를 만들어내는 관람방식이 대세이다. 이러한 변화는 박물관에서의 전시와 교육을 통합시켰고, 공공의 관심사와 요구에 보다 민감하게 대응하기 위해 관람객 평가를 도입시키는 결과를 낳았다. 사람들이 전시물과 어떻게 상호작용하는지에 대한 이해는 박물관에서 무엇을 어떻게 수집할 것인가, 전시물을 카탈로그에 어떤 방식으로 배치할 것이며, 전시물 설명 패널에는 어떤 정보가 담겨있어야 하나 등을 고민하게 했다.

박물관과 외부 환경 사이의 관계는 내부 박물관의 구조와 활동에도 영향을 미친다. 박물관이 사회에 자리매김하는 방식(민간 또는 공공 기관으로서, 지역사회 조직으로서, 기억 저장 기관으로서, 문화유적으로서, 정체성 또는 국민성의 표상으로서 또는 문화상품으로서)은 박물관 기능에 영향을 미칠 수 있다. 박물관이 사회적인 기관이고 박물관을 둘러싼 외부 환경에 발맞춰 움직이는 시스템인 까닭이다.

공공과 민간, 비영리와 영리

1장에서 미국의 박물관들은 공공 또는 민간 조직 중 하나라고 하였다. 공공 박물관은 정부(연방, 주 또는 지방)가 소유하고 관리하는 반면 민간 박물관은 일반적으로 관리 이사회가 감독한다. 대부분의 민간 박물관들은 비영리

기관이므로 공공신탁으로 소장품을 관리하고 박물관의 수익을 모두 박물관 운영에 사용해야 한다. 영리 기관인 곳도 일부 존재하는데, 이들 박물관은 기업처럼 수익이 주인에게 돌아가는 구조이다. 조직의 형태에 따라 박물관들은 자금조달, 정책, 프로그램 구성, 책임 소재 등의 법적 제약 측면에서 크게 다를 수 있다. 조직의 형태가 박물관의 내외부적인 기능에 영향을 미치는 것이다.

지역 경제

대부분의 박물관들이 직간접적으로 지역 경제에 의존하기 때문에 지역의 정치 체제와 함께 경제는 언제나 박물관의 관심사이다. 그러나 이와 반대로 박물관 역시 지역 경제에 엄청난 영향을 미칠 수 있다. 박물관은 외식비, 숙박비, 유류비 등을 지불하는 관람객들을 유인하여 지역 경제를 활성화하고, 지역민들을 박물관 직원으로 고용하여 경제 성장을 이끈다. 이와 동시에 박물관은 지역정부로부터 박물관 운영에 필요한 재정을 지원받을 수도 있다. 지역의 역사와 문화를 알리는 전시회 개최 또한 박물관에서 할 수 있는 또 다른 방식의 기여이다. 그러나 이 과정에서 박물관의 방향성과 관점에 지역민들이 동의하지 않을 경우 지역의 압력을 받을 수도 있다.

지역사회 단체

수많은 단체들이 지역사회를 위해 봉사하지만 박물관만큼 지역에 기반을 둔 기관으로 인지되는 곳은 드물다. 지역 자원으로서의 박물관이 갖는 특징, 그리고 다른 지역 기관과의 차별성이 박물관이 어떤 역할을 해야 할지를 규정해 준다. 예컨대 지역사연구회 같은 단체가 박물관 내의 기구로 운영되어 지역민들이 함께할 수 있는 조직으로 거듭난다면 박물관은 모두에게 열려 있는 곳으로 자리매김할 수 있을 것이다.

기억 저장소

박물관은 도서관 및 기록 보관소와 함께 우리 사회의 기억 저장소이다. 기억 저장소는 때론 충격적인 사건을 다루는 공공의 정보 저장고 역할을 한다(워싱턴 D.C.의 미국 홀로코스트 메모리얼 박물관 또는 뉴욕시의 국립 9·11 테러 기념박물관 등). 이런 박물관들은 어떤 사건이나 사람에 대한 기억을 물리적인 표상으로 대변하여 사람들이 그 의미를 되새길 수 있도록 도와준다. 이런 점에서 박물관은 현재와 미래를 살아가는 이들을 위해 과거의 일을 기록하는 위대한 공공 신탁자라 할 수 있다. 또 박물관은 지역사회를 넘어 인류 전체가 기억해야할 세계적인 수준의 저장고이기도 한다. 예컨대 칠레 산티아고의 인권박물관은 1973~1990년 독재자 아우구스토 피노체트(Augusto Pinochet) 체제 아래 고문당하고 사망한 칠레 시민들을 기념하는 곳이다. 그리고 프랑스의 두오몽 납골당(L'Ossuaire de Douamont)은 1916년 베르   전투로 사망한 약 230,000명의 프랑스 및 독일 군인들을 기억하는 공간이다. 물론 보존된 모든 기억들이 감정적이거나 대단히 충격적이어야 하는 것은 아니다. 박물관은 지역의 역사와 자연을 보호하는 일처럼 보다 일상적인 내용을 기억하는 기관으로 존재할 수도 있다.

문화유산

문화유산은 유무형의 자원과 자연환경을 가리키는 말이다. 그런데 박물관에서 이들 문화유산을 다룬다는 것은 이를 보존해고 기억해야할 책무가 있음을 의미한다. 각국의 문화유산은 오늘날 유네스코(UNESCO)에 의해 세계인들이 나눠야 할 인류 공통의 자산이 됐다. 그리고 문화유산은 이동 가능한 오브제뿐만 아니라 구조물, 장소, 기념물, 풍경을 모두 포함하므로 박물관 이외의 다양한 기관과 연계해서 관리해야하는 상황에 처해있다. 그러다보니 누가 문화유산을 소유하는가, 무엇을 보존해야 하는가, 재산권과 어떻게 연관되어 있는가, 관광 사업에 어떤 영향을 미치는가 등 여러 영역에서 다양한 문제가 제기되고 있다.

정체성/독립국가로서의 지위

박물관은 때론 특정 그룹의 정체성을 지키는 수단이 된다. 역사를 돌이켜보면 박물관이 사회의 선전 도구로 쓰인 사례를 확인할 수 있다. 모아라 심프슨(Moira Simpson, 2001)이 지적한 바와 같이 박물관은 소장품과 특정 언어들을 보존하는 행위를 통해 문화 또는 국가의 정체성을 지킨다. 예를 들면 오클라호마 주 포허스카의 오세이지민족박물관(Osage Nation Museum and Library)과 같은 부족박물관들은 하나의 문화그룹을 외부에서 편견 없이 어떻게 바라봐야 하는가, 그리고 이와 동시에 자신들의 정체성이 무엇인가를 우리에게 알려준다. 1963년에 개관한 멕시코시립인류학박물관 역시 그러하다(23에이커의 전시 공간-15킬로미터의 산책길과 같다-을 갖춘 대규모 박물관). 루이스 가라도 모랄레스-모레노(Luis Gerardo Morales-Moreno, 1994)는 고고학과 국가(정부), 그리고 박물관에 의해 멕시코의 근본이 세워졌다고 분석한 바 있다. 박물관은 멕시코 조국의 역사를 거룩하게 만들었으며 1810-1821년 독립전쟁과 스페인 정복 이전의 과거를 통합해 새로운 정체성을 구축했다고 봤다.

1980년 바베이도스 정보 문화 장관은 국립박물관이 백인 상인과 농장주에 초점을 맞추어 바베이도스의 다양성을 표현하지 못하고 있음을 발견하였다(Cummins 1994). 이를 깨닫고 바베이도스의 모든 계층과 문화 집단을 아우르기 위한 수많은 카리브해 박물관들이 건립되어 운영되고 있다.

세계 경제

세계 경제는 박물관에 직접적인 영향을 끼친다. 박물관의 자금은 국가와 세계의 경제발전에 달려있다. 세계의 환율 변화는 박물관 투어 프로그램의 불균형을 초래하거나 박물관 관련 서적과 소장품 관리 용품의 수입을 어렵게 할 수 있다. 그리고 세계 경제의 침체는 실업과 고용 불안정성을 높여 문화유산의 불법적인 수출 증가로 이어질 가능성도 있다.

상품화

박물관을 둘러싸고 있는 거대한 환경을 논할 때, 박물관의 상품화를 빼놓고는 이야기가 되지 않는다. 사람들은 최근 들어 박물관 소장품을 매우 귀중한 것에서 사회에 금전적 도움을 주는 대상으로 생각을 바꾸었다. 어떤 그림이 기록적인 가격으로 거래되었다는 뉴스 기사를 눈여겨보고, 골동품 로드쇼 같은 프로그램에서 물건에 더 높은 값이 매겨질수록 감동을 받고 즐거워한다. 문화의 상품화는 관광으로까지 확대되었고 박물관과도 무관하지 않다. 문화와 박물관의 상품화 사례는 이탈리아 플로렌스 지역에서 찾을 수 있다. 플로렌스의 중심 지역은 예로부터 오래된 박물관으로 불렸다. 피렌체 주위를 산책 할 때 볼 수 있는 빌딩, 거리의 예술가들 등 곳곳에서 과거의 문화를 엿볼 수 있기 때문이다. 피렌체는 주요 관광 도시로 성장하여 수많은 관광인파 탓에, 지역주민들은 여름철 관광객 무리를 피해 도심을 탈출해야 한다는 소리까지 나오고 있다(관광객은 100만명, 도시주민들은 35만명이다). 이뿐만이 아니라 플로렌스의 상품화는 역사를 장식물로 취급하거나 문화예술을 값싼 셔츠 등으로 만들어낸다는 점에서 갈등을 불러오기도 한다. 어떤 사람은 미켈란젤로의 <다비드>상을 강상하지만, 또 다른 사람은 다비드의 골반이 인쇄된 사각 팬티를 살 수도 있다. 문화를 상품화한다는 것의 실체는 명확하지 않다. 박물관에서는 장신구, 음식, 포스터, 책 등이 상품화의 소산들이다. 상품화를 어떻게 받아들일 것인가는 박물관 운영에 영향을 미치게 된다. 소장품을 미학적·역사적 기록물이 아니라 판매상품으로 인식하고, 현금으로 변화할 수 있는 자산으로 보며, 미션 수행을 위한 자금마련의 중요한 수단으로 생각하게 할 우려도 있다.[3]

유기적 네트워크: 관계들

박물관을 '대체할 수 없는 의미 있는 물리적 자원을 구축하여 영구적으로 보존하고, 대중들에게 아이디어와 개념을 전달하는 시스템'이라고 정의한 킨(Keen, 2002)은 박물관의 역동성을 강조한다. 박물관은 주기적인 순환, 피드백 루프, 네트워크로 엉켜있는 조직이다. 박물관 시스템의 내적 요소

---

3) 기념품제작을 통한 박물관소장품의 상품화는 소장품의 상업화라는 점에서 위험한 면이 있다는 점이 지적되기도 하지만, 대중화라는 점에서 소장품의 향유의 한 방식으로도 볼 수 있다. 그런데 소장품을 주제로 하는 기념품판매는 박물관 운영예산의 극히 일부분을 차지하는 경우가 대부분인 것이 전 세계적인 현실이다.

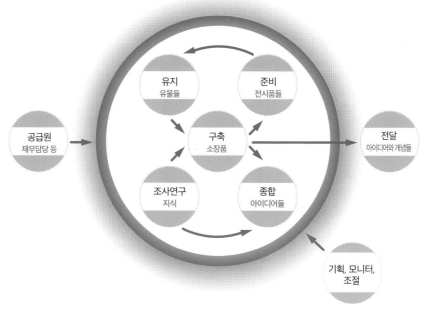

3-5. 박물관의 구체적인 피드백 경로를 보여주는 킨(Keene)의 개념

들과 외부의 시스템이 어떤 관계를 맺고 있느냐를 우리는 알아야 한다. 모든 요소들이 어떻게 연결되어 있는지를 명확히 알 수 있기 때문이다.

박물관 시스템에 대해서도 고려해야 하지만, 박물관의 핵심은 누가 뭐래도 관람객과 유물 사이의 관계이다. 박물관 종사자, 관람객 그리고 아직 박물관을 찾지 않는 사람들을 포함해서 무엇을 논하건 간에, 결국에는 인간과 박물관 소장품 사이의 관계로 이야기가 귀결될 수밖에 없다.

박물관의 소장품들은 각기 다른 목적과 쓰임새, 의미를 갖는다. 어떤 관람객들에게는 전시물이 즐거움의 대상이지만, 다른 이들에게는 추억을 불러오는 매개체라 할 수 있다. 또 사람에 따라서는 연구에 도움이 되는 정보이기도 하고, 자신의 정체성을 찾고 타인과 소통하기 위한 수단이기도 할 것이다. 소장품을 바라보는 박물관 종사자들의 관점 역시 다양하다. 이들에게 소장유물이란 보존해야 할 대상이며, 역사의 증거물이고, 이야기의 구성 요소일 뿐만 아니라 카탈로그에 실릴 목록이며 디자인의 일부분이다.

박물관의 소장품들은 지금 여기에 존재하지만 과거에서 왔고 미래를 위한 것이다. 사람과 박물관의 소장유물들은 모두 네트워크의 한 부분이며, 네트워크는 다양한 채널을 통해 정보가 흐르는 역동적이고 유기적인 체제로써 소통이 이루어지는 비선형적이고 복잡한 시스템이라 할 수 있다. 따라서 박물관에 존재하는 모든 것들은 사람과 정보의 그물망으로 귀결될 수밖에 없다. 좀 더 자세한 이들의 관계는 6장에서 다시 이야기 하도록 하겠다.

4

박물관의
기능적인 면면들

박물관의 기능

관람객들은 박물관에서 어떻게 소장품이 수집되고 전시되는지 전혀 관심이 없다. 그 이유는 '박제된 소장품과 복잡한 라벨들로 가득 찬 먼지 쌓인 건물'을 박물관이라 생각하기 때문이다. 그러나 '가치 있는 자원들을 수집하고 이를 활용하여 대중들에게 관련 정보와 의미를 전달해주는 시스템'이라는 킨(Keene, 2002)의 정의를 생각해보면, 박물관은 사실 우리에게 매우 가까운 조직이라 할 수 있다.

이번 장에서는 박물관이 소장품을 어떻게 수집, 관리, 전시하고 폐기하는가에 대해 살펴볼 것이다. 그리고 대중을 대상으로 한 프로그램들을 통해 박물관이 정보를 어떻게 확산시키는지, 또 소장품을 보존하는 방법과 박물관 연구의 역할에 대해서도 알아볼 것이다. 이보 마로에빅(Ivo Maroevic)은 박물관의 중요 기능을 소장품의 보존, 연구, 커뮤니케이션으로 보았다. 우리도 박물관이 해야 하는 업무들을 이 세 가지 기능적인 차원에서 논의해보자.

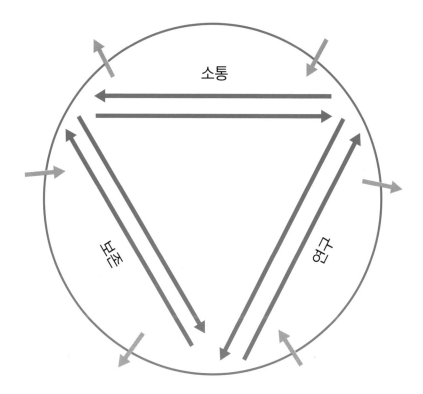

소통

보존

연구

4-1. 박물관 시스템의 3가지 기본 기능들

보존

박물관의 역사를 돌이켜보면 소장유물을 어떻게 보존할 것인가 그리고 소장품의 가치를 어떻게 하면 확산시킬 수 있는가가 사람들의 주요 관심사였다. 얼마나 오랫동안 소장품이 유지될 수 있는지는 관리 방법과 보존기술, 즉 유물 관리에 사용하는 물질과 기술에 달려있다. 르네상스 시대 캐비넷 속에 있던 유물들 중 많은 것들이 이미 사라지고 없다. 보존기술이 적정하지 않았고 관리하는 기법이 잘못됐기 때문이다. 유물이 썩어서 없어지는 과정, 그리고 유물을 어떻게 하면 보존할 수 있는가를 알아내는데 수 백 년의 시간이 걸렸다. 박물관에서의 보존 작업(유물을 썩지 않게 하는 것)은 유물을 전시하고 연구하여 그 가치를 알리는 일과 미래 세대를 위해 안정된 보존환경 아래에서 보호하는 것, 이 두 가지의 미묘한 균형을 유지하는 일이다. 박물관의 딜레마는 박물관의 미션 수행을 위해 '소장품을 어떻게 잘 활용할 수 있을까?'인데, 이것은 결국 유물 훼손의 위험을 높이기 때문이다.

수 백 년 동안 가장 중요한 유물관리 업무는 소장품에 조직적으로 라벨을 붙이는 일이었다. 유물이 훼손되는 것은 (오랫동안 빛에 노출되면 색상이 변하기 마련이지만) 그 속도가 느리기 때문에 학예사들이 눈으로 확인하기 쉽지 않았던 탓이다.

물질과학, 보존과학 그리고 전자정보관리 등 다양한 기술과학 분야의 발전이 박물관 소장품 관리에 도움을 주었다. 그리고 박물관 종사자들이 해야 할 업무에 영향을 미쳤다. 소장품 관리와 등록업무에 유물의 예방적 보존 원칙이 적용됨에 따라 유물 훼손을 막고 안정된 수장체제를 유지할 수 있도록 했는데, 이것이 일상적인 학예사들의 업무가 된 것이다. 또 전문성을 갖춘 보존 과학자라는 직책이 박물관에 새롭게 생겨나, 자격을 갖춘 인력들에 의해 소장품들이 관리되고 있다.

복원과 보존

박물관의 보존기능은 수복에서 시작됐다. 수복, 즉 낡은 것이나 부서진 것을 새로운 모습으로 만드는 업무는 르네상스 시절부터 있어왔다. 수 백 년 동안 수복작업에 사용하는 재질이나 기술이 철저히 비밀에 붙여졌을 만큼 수복은 최첨단 기술이었다. 그러나 불행히 수복작업에 사용된 물질들은 대부분 오래 유지되지 못했다. 수복을 하면 조금 나아 보이기는 했지만, 유물의 수명이 길어지는 경우는 별로 없었던 것이다(수명이라는 것은 유물이 가지고 있는 정보의 손실이 없이 사용 가능한 기간). 그런데 19세기에 이르러 상황이 바뀌었다. 과거 은밀하게 이루어지던 수복 작업을 보존 처리라는 과학적 방식이 대체해 버린 것이다.

유물의 역사적인 가치나 완전성 유지가 얼마나 중요한지 명확히 밝힌 보존처리 전문가를 꼽자면 영국의 예술품 전문가인 존 러스킨과 프랑스의 비오레 러 듀크를 들 수 있다. 존 러스킨은 『건축물의 일곱 개의 램프』와 『베니스의 석물들』이라는 유명한 두 권의 책을 간행했고, 듀크는 11세기에서 15세기에 이르는 『프랑스 건축사전』을 출간 한 바 있다. 이 두 사람의 저술은 예술수복 전문가들을 자극하여 수복에 대해 고민하게 했고 앞으로 박물관의 유물들을 더 잘 보존할 수 있는 방안을 강구토록 만들었다. 이런 움직임들이 19-20세기 과학에 근거를 둔 현대 보존과학을 발전시켰다. 그리고 그동안의 수복작업을 보존처리 과학이 점차적으로 대체하게 된다. 비록 수행방식이나 사용하는 물질이 비슷하다고 하더라도 보존 방식이 과거의 수복작업보다는 훨씬 더 과학적이었고, 가역적 물질을 사용하여 안정성을 높였으며, 보존의 과정을 기록으로 남기게 되었다. 비밀이 사라지고 투명하게 유물관리가 이루어지게 된 것이다.

수복전문가들이 물건의 외형에 관심을 두었다면 보존전문가들은 유물의 역사에 관심을 기울였고 또 사용 물질이 유물에 어떠한 영향을 주게 될 것인지를 고민했다. 바라라 어펠바움이 저술한 『보존처리방법』이라는 책에 제시된 기본 원칙들은 이를 잘 보여준다.

유물을 주의해서 확인하고 상태를 잘 기록해야 한다.

유물의 역사에 대해서 조사하고 기록으로 남겨야 한다.

유물의 가장 이상적인 상태가 무엇인지 고민하고 결정해야 한다

(보존 작업 후 그 유물이 어떻게 보여야 하는지).

가장 현실적인 처리방법이 제시되어야 한다.

방법과 사용 물질을 선정하고 기록을 남겨야 한다.

컨디션 리포트에 처리 전의 유물 상태를 기록해야 한다.

훈련받은 보존 처리사에 의해서 처치가 이루어져야 한다.

처치 후의 유물 상태를 제3의 보존처리전문가가 상세히 기술해야 한다.

　　수복전문가와 달리 보존전문가들은 비밀스러운 방법을 사용하거나 자기만 아는 물질을 쓰지 않는다. 유물의 외형을 더 좋게 또는 안정적으로 만드는 모든 것들에 대해서 신중히 생각하고 기록으로 남겨야 하며 모든 과정이 투명하게 이루어져야 한다. 수복과는 다르게 전문가들이 하는 모든 작업에는 유물의 처리전의 상태로 돌아갈 수 있는 가역성이 있어야 하고, 처치 과정을 분명히 기술하여 미래에 필요하다며 새로운 작업이 가능하도록 해야 한다.

　　박물관에서 보존처리는 대단히 비용이 많이 들어가는 작업이다. 한 점의 유물을 처리하는 데만 해도 엄청난 시간이 소모되고 작업에 사용되는 물질 역시 값이 비싸다. 또 이를 처리할 수 있는 전문가들 역시 관련 기술과 지식을 쌓기 위해 오랫동안 훈련을 받아야 한다. 그래서 대형 박물관들만이 보존과학자들을 정식 직원으로 고용할 수 있다. 대부분의 박물관에서는 필요시 독립적인 보존과학전문기관에 맡기곤 한다. 유물 보존 작업에 필요한

원리와 작업기술의 발달은 소장품 관리에 큰 영향을 미쳤다. 1900년대 이후 박물관은 소장 유물들이 어떻게 손상 되는가 또는 왜 손상 되는가에 대해 대단한 관심을 두기 시작했고, 박물관에서 유물등록사와 소장품관리사라는 전문적인 직종을 생겨나게 했다.

예방보존

1970년대 중반 이후에는 예방보존에 대한 이론과 실무방법이 널리 논의되기 시작하였다. 예방보존이란 안정적인 수장 환경조성, 해충방제 그리고 조도 조절 등의 방법으로서 유물들의 사용 가능 시간을 늘리는 일을 말한다. 예방보존은 그동안 전통적인 유물관리 방식으로는 할 수 없었던 일들을 해냈다. 그리고 위험관리, 유물에 손상 주는 요인에 대한 대응책 강구, 소장품 보호를 위한 전략 수립을 유물 관리 업무에 포함시켰다. 예방보존 이론에 따르면 유물의 사용가능한 수명은 다음의 4가지의 요인들이 어떻게 상호작용하는가에 따라 결정된다.

> 예방관리 (손상을 피하는 것)
> 손상된 유물의 처리
> 유물 보존처리에 대한 방법연구
> 보존처리 과정에 대한 기록유지

손상된 유물을 회복시키는 것보다는 손상되지 않게 하는 것이 훨씬 더 경비가 적게 들고 소장유물에게도 유익하다. 유물에 손상을 주는 요인이나 원인을 이해함으로써 유물의 장기적인 보존에 들어가는 자원을 줄일 수도 있다. 예방보존의 가장 중요한 임무는 유물을 손상시키는 열 가지의 요인에 대해서 충분히 이해하는 것이다(캐나다 보존과학연구소 개발).

물리적인 힘(갑작스러운 충격, 진동 그리고 마찰)

도둑이나 훼손자

손궤(유물이나 정보의 교란)

화재

물

벌레

가스나 먼지와 같은 공해

노출(자외선, 가시광선, 적외선 등)

부적절한 온도

부적절한 상대습도

유물을 상하게 하는 열 가지 요인을 막기 위한 대비책은 아래와 같다.

열 가지 요인을 피할 것

요인을 차단시키거나 느리게 만들 것

어떤 손해를 입었는지 확인할 것

손상에 대해 적절히 조치할 것

그리고 손상으로부터 회복시킬 것

4-2. 펜실베이니아 주립대학 지구광물과학박물관의 번호가 붙은 견본들

소장품 관리

소장품 관리란 박물관에 들어온 유물, 즉 소장품들이 열 가지의 훼손 원인으로부터 영향을 받지 않고 수명을 연장하며 유물이 가지고 있는 정보들이 사용자들에게 제대로 전달될 수 있도록 하는 모든 안전조치를 말한다. 유물들을 관리하는 일은 등록하는 일에서 시작하여 박물관의 소장품으로 남아있는 한 계속 되어야 하며, 설사 유물이 박물관에서 사라진다고 하더라도 그 기록은 남아야 한다.

유물등록과 소장품의 운영

어떤 유물을 박물관 소장품으로 바꾸어 놓는 작업이 등록이다. 등록은 유물에 대한 소유권을 확보하는 일, 유물과 관련 정보를 연결시키는 작업, 그

표 4.1. 수집품 보관과 배치를 위한 정리 시스템

박물관의 종류	순서체계
미술	역사
	예술가의 이름
	시기
	재료 (만드는데 사용된 물질)
	장르
자연사	생물분류체계
지질과학	지질시대
	층서
	화학적인 구성
역사	재료 (만드는데 사용된 물질)
	주제 분류 (물건이 사용된 영역)
	양식
인류학	물질 (구성)
	지리적인 출처
	관련 문화

리고 이것을 박물관 유물 목록에 기입하는 일 등을 포함한다. 만일 등록체계가 적절하지 않다면 실제 유물과 관련 정보들이 서로 연결되지 않아 혼란이 발생할 수도 있다. 그러면 결국 소장품의 활용 가치가 떨어지게 된다. 박물관 등록은 취득 경위(야외수집, 발굴, 교환, 기증 등) 기록, 소장유물로 명시, 목록화, 번호부여, 그리고 라벨작업 등 몇 단계의 절차를 거치게 된다.

어떤 물건을 박물관 소장품에 포함시키겠다는 결정이 내려지면, 박물관 소유의 유물이 된다(법적으로 소유권이 박물관으로 이전된 것을 말한다). 소장화 과정에서 유물은 소장번호를 부여받게 되는데, 이를 통해서 유물을 추적할 수 있고 관련 정보들과 연계해 가치부여는 물론 활용할 수 있다. 또한 소장 경위와 목적이 기록으로 남게 되는데 여기에는 유물의 출처, 역사, 소유권 등에 대한 정보가 담긴다. 유물확인을 위한 번호(소장번호, 등록번호 또는 카탈로그 번호)는 유물에 직접 표기하기도 하고 별도의 꼬리표나 라벨에 적어서 달아놓기도 한다. 두 방법 모두 가역성이 있어야 하지만 떨어지지 않도록 (또는 지워지지 않도록) 안전하게 부착되어야 한다.

유물이 소장품으로 귀속되어 번호가 부여된 다음에는 수장고의 수납선 반으로 옮겨지게 된다 (수장고의 수납선반은 유물들을 질서 있게 보관하는 시스템을 말하는데 보관용 가구나 유물을 보호하기 위한 지지대 등을 포함한다). 수장고 시스템은 박물관 마다 다른데 이것은 각 박물관이 가지고 있는 소장품의 종류가 다르고 수장 공간이 제한적이며 소장품을 활용하는 방식이 다르기 때문이다. 수장고에 보관질서를 구축하는 일반적인 방법은 표 4.1에 정리하였다. 유물은 제각기 체계적으로 구분된 일정한 장소에 정확히 보관되어야 한다. 그렇지 않으면 유물의 위치를 제대로 파악하지 못하거나 유물이 분실되어도 모르게 된다.

유물들은 아마도 평생 동안 대부분의 시간들을 수장고 속에서 지내게 될 것이다. 따라서 수장시설의 환경은 유물의 수명을 연장시킬 수 있도록 조성되어야 한다. 전시 역시 유물을 수장하는 방식 중 하나이기 때문에 적절한 환경과 안정장치를 갖추어야 할 것이다.

이미 등록된 유물이라 할지라도 주기적인 점검이 필요하다. 작은 박물관에서는 소장품 점검을 매년 할 수 있겠지만, 규모가 큰 박물관에서는 부분적으로만 점검을 한다. 소장번호, 등록번호 또는 카탈로그 번호는 전시, 대여 등으로 유물이 수장 위치를 벗어났을 때 추적의 단서를 제공하게 되므로 꼼꼼히 파악할 필요가 있다.

박물관의 소장품들은 시간이 지나면서 변하기 때문에 가끔씩 소장 목록에서 제외되는 경우가 있다. 소장해제는 소장과 반대 되는 개념이다. 소장 목록에서 그 유물을 영구적으로 없애는 것을 말하는데, 오래전부터 행해온 작업이기는 하지만 법적인 그리고 윤리적인 측면 때문에 아직도 논란이 많다. 어떤 사람들은 유물을 영구히 유지해야 한다고 하지만 사실상 불가능한 일이다. 왜냐하면 유물은 손상되기도 할뿐더러 박물관의 미션이 바뀌어서 더 이상 소용이 없게 되기도 하고 또 유물 소장에 드는 경비가 너무 많아서 감당하기 어려운 상황도 있을 수 있기 때문이다. 소장 유물 전체의 취득, 보존, 관리, 보호를 위해 소장해제는 박물관 관리업무에 중요한 도구라 할 수 있다. 소장해제는 박물관 자원의 효율성을 높이고 박물관의 미션 성취를 보다 수월케 한다는 점을 기억해야 한다.

또 다른 논란은 소장해제가 결정된 유물을 판매할 경우, 어떤 절차를 밟아야 하는 가의 문제이다. 미국박물관협회(AAM)에서는 소장해제는 소장품 관리 영역에 국한하여 이루어져야 한다고 이야기 하는데, 이에 이견을 가진 사람들도 있다. 박물관 행정가이자 법률전문가인 스티븐 이 웨일 (Stephen E. Weil, 1987)은 소장해제 결정 과정에 고려할 수 있는 세 가지 요소를 제시하였다.

> 유물을 유지하는데 지속적으로 경비가 소요되는 경우
> 소장해제를 통해서 박물관의 미션에 더 적합한 다른 유물을 구입할 수 있는 경우
> 다른 박물관에 유물을 양도하는 방식으로 소장해제 하여 공동체와 관련 학계 그리고 유물 자체에 더 좋은 계기가 될 경우

소장해제는 유물을 다른 기관과 서로 바꾸거나 유물이 더 이상 박물관에 적합하지 않을 때 이루어지는 것이 보통이다. 소장품에 포함된 모든 유물들을 보관하고 돌보는 것은 언제나 경비가 발생하기 마련이므로 소장해제는 박물관으로 하여금 유물관리에 필요한 자원을 현명하게 사용할 수 있도록 해준다. 물론 소장해제는 신중하게 결정되어야 하고 소장해제가 이루어진 다음에도 관련 기록들을 항구적으로 보존해야 한다.

유물과 유물정보의 접근성

박물관의 역사를 뒤돌아보면 소장유물 자체는 물론 관련 정보들조차 엄격히 통제되었음을 알 수 있다. 그러나 이제는 유물과 유물정보에 대한 접근성을 어느 정도까지는 보장하지 않으면 안 되는 시대가 됐다. 물론 모두 공개해야 하는 것은 아니다. 유물의 보존 상태에 따라, 정보의 중요성이나 특수성에 근거하여 적절히 규제할 수 있다. 예를 들어서 워싱턴 니아 만 근처에 있는 마카 문화 연구센터는 종족들의 구술사 녹음파일컬렉션을 소장하고 있다. 그러나 이 녹음파일들은 마카 족 연장자의 허가를 얻어야만 볼 수가 있다. 종족의 특정 정보가 담겨 있기 때문에 종족 구성원들에게만 정보가 개방된 탓이다. 호피 인디언의 어르신들도 시카고 야외박물관의 스텝들에게 그들의 종교적 신념에 따라 임신한 여성들의 입장을 제한하라는 경고를 주고 있다.

박물관은 연구나 전시를 위해서 다른 기관(박물관 포함)으로부터 유물을 빌려오기도 한다. 유물을 대여한다는 것은 소유권의 변화 없이 유물을 일시적으로 관리한다는 뜻이므로 보통 대여 시간을 정하게 되어 있다. 계약할 때 끝나는 시간을 정하거나 특정 날짜를 정하지 않고 빌려준 측에서 언제든지 끝낼 수 있도록 하는 것이 보통이다. 요즘은 장기 대여나 무한정 임대차가 증가하는 추세이다. 유물을 다른 박물관으로부터 빌려오는 일은 법적인 계약이 있을 수 있으므로 세부 조항들을 서류에 꼼꼼히 표시해야만 한다.

임대방식은 법률상 3가지로 나뉜다. 그리고 어느 쪽에 득이 있는지에 따라 유물 관리의 책임이 주어진다. 만일 빌려주는 측이 이익을 많이 보게 되면 빌려주는 쪽에서 책임을 진다예를 들어 박물관 재단장을 위해 공간을 비울 목적으로 빌려주는 것이라면 당연히 빌려주는 측에서 관리의 책임을 지는 것이다. 가장 흔한 형태의 임대는 임차 측에서 이익을 보는 경우인데 이때는 당연히 임차 박물관이 모든 책임을 져야 한다. 유물임대로 두 기관이 상호이익을 볼 수도 있는데 이런 상황에서는 관리책임을 나누어지게 된다.

궁극적으로 박물관의 직원들은 유물 보존과 활용이라는 두 지점 사이에서 균형을 잘 유지해야 한다. 기본적으로 유물의 움직임이 많으면 사용 가능 연한이 줄어들게 되어 있다. 어떤 유물들은 쉽게 부서지거나 손상에 취약해 전시가 불가능한 경우도 있다. 박물관 직원들은 유물에 따라 어떻게 해야 손상을 줄일 수 있는지를 명확히 파악하고 어떤 작업은 가능하며 어떤 것은 불가능한지를 결정해야 한다. 물리적 충격에 약한 소장품들은 직접 전시하지 않고 온라인을 통해 정보를 제공하는 방식도 고려해 볼 필요가 있다.

디지털 정보관리

전자 데이터베이스가 도입되기 전인 1970-1980년대에도 유물 등록과 관리에 기준은 있었다. 유물과 유물정보를 추적하기 위한 체제를 갖추고 있긴 하였으나 문제는 일관성이 없어 같은 박물관 안에서도 부서에 따라 다른 시스템을 사용했다는 점이다. 손으로 써서 유물을 등록하거나 카드에 타자기로 정보를 기입해 장부처럼 묶어두고, 개별 용지 상태로 폴더에 넣어 보관하는 방식이었다.

박물관에서 컴퓨터를 사용하기 시작한 것은 도서관에서 대규모의 정보를 컴퓨터로 처리하는 것이 시작된 이 후의 일이다. 그러나 까다로운 용어 사용 탓에 박물관에서의 디지털화는 속도를 내지 못하고 있다. 그럼에도 불구하고 컴퓨터의 도입은 훨씬 많은 정보들을 효과적으로 관람객들에게 제공할 수 있게 했다. 또한 박물관 소장유물의 데이터베이스를 구축함으로써 소장품에 대한 정보 접근성을 향상시키고 자료의 오류를 최소화했을 뿐만 아니라 소장품 목록, 대여기록, 전시유무 및 보존처리 과정의 확인 등 소장품 관리와 운용에 효율성을 가져다주었다.[4)]

조사 연구

연구하지 않는 박물관은 유물이 가득한 창고에 불과하다. 그럼에도 불구하고 연구는 박물관에서 가장 관심이 적은 분야이고 간과하거나 무시되기 일쑤이다. 박물관에서 이루어지는 연구는 대부분 소장품에서 출발하지만, 소장유물이 가지고 있는 정보나 유물을 둘러싼 여러 가지 사항들에 대한

---

4) 국립중앙박물관의 표준유물관리시스템은 디지털시스템을 이용하여 국내의 모든 소장자료들을 입력하여 국가적으로 활용하기 위하여 e-Museum을 구축하였고 전국의 박물관들의 소장 자료들의 테이터가 지속적으로 입력되고 있다.

연구도 함께 진행하게 된다. 유물의 기원과 역사뿐만 아니라 의미 찾기, 문화와의 관계, 유물을 구성하는 물질이나 형태, 제작기술, 사용법, 과학적인 가치 등에 대한 연구가 모두 가능하다는 뜻이다. 박물관 연구는 소장유물의 종류와 성격, 연구자의 관심사 등에 따라 얼마든지 확장될 수 있다.

어떤 이들은 20세기 후반 이래 소장품 연구의 중심이 박물관에서 대학으로 옮겨갔다고 말하지만, 전적으로 그렇다고는 볼 수 없다. 엄청난 연구가 아직도 박물관에서 행해지고 있지만 대학에 가려 빛을 보지 못하는 경우도 있기 때문이다. 콘(Conn, 1988)이 지적한 바처럼 대학은 연구의 최종 마무리 지점일 뿐 실제 연구가 이루어지는 곳은 바로 박물관이다.

박물관 연구는 유물 중심으로 이루어진다. 예를 들어 자연사박물관에서는 식물과 동물의 새로운 종을 발견하거나 생물들의 진화 과정을 밝히는 연구를 한다. 인류학박물관에서는 인류의 물질 문화에 집중하여 방대한 유물들을 모으고, 이를 통해 알게 된 연구결과들을 대게 전시에 반영한다.

박물관에서 전시를 개최하거나 관람객들을 위한 프로그램을 구성할 때 반드시 소장유물을 해석하는 단계를 거치는데, 이 역시 박물관 학예연구에 속하는 일이다. 그리고 유물의 보존이나 예방보존 방식에 대한 연구가 있을 수 있는데, 이는 결국 유물의 활용성을 높여준다는 점에서 매우 중요하다. 그러나 누가 뭐래도 박물관 연구의 핵심은 소장유물에 대한 연구이다. 개별유물의 역사를 기록한다는 점, 연구의 대상이 다양하고 규모가 상당하다는 점, 박물관 수장고에 잘 정돈되어 있는 유물군을 다룬다는 점, 박물관의 유물들은 대체로 역사성이 크다는 점, 그리고 일반적으로 잘 관리된 유물을 대상으로 연구가 이루어진다는 점에서 박물관에서 행해지는 소장품 연구의 가치는 매우 크다 하겠다.

소통

박물관에서의 소통은 다양한 형태로 이루어진다. 개인적인 소통에서 조직적인 소통까지 폭 넓고 다양하게 말이다. 소통은 박물관의 가장 중요한 기능 중 하나이다. 소장 유물들의 정보를 대중에게 전달하는 것이 박물관의 주 업무이기 때문이다. 그러나 과거에는 정보의 흐름이 일방적이었다. 학예사가 관람객들에게 전달하고자 하는 정보와 유물을 일방적으로 결정했다. 물론 지금도 일방향 흐름은 계속되고 있지만, 한편에서는 박물관과 관람객을 이어주는 새로운 연결고리가 생겨나고 있다. 소통은 정보를 생성하고 조직하고 확산시키는 정보전달의 사이클이다.

> 정보를 생성하고, 영구적으로 남기며, 체계화 할뿐만 아니라, 확산시키는 사이클

정보는 유물 그리고 유물과 관련된 내용들을 조사·연구하는 과정에서 만들어지거나 유물의 컨디션 또는 활용 여부에 따라 박물관 내에서 만들어지기도 한다. 정보는 소장품으로부터 주로 나오지만, 유물 관리와 전시 과정에서 또는 프로그램을 만들거나 할 때에도 생길 수 있다.

정보를 영구적으로 남기는 일은 소장품 보존 작업과 관련이 깊다. 가치 부여와 유물해석 결과 부여된 내용들이 아니라, 소장품과 관련된 직접적인 정보를 뜻한다.

정보의 조직화란 정보와 정보 사이의 관계, 정보와 유물과의 연계성, 정보의 체계성과 유관하다. 예전에는 정보 조직에 많이 걸렸기 때문에 정보의 활용이 원활하지 못했다. 그러나 오늘날 전자정보 기술의 도입은 박물관의 정보들을 다양한 카테고리로 조직할 수 있도록 만들어 주었다.

정보의 확산을 위해서는 정보에 접근할 수 있는 개방된 통로를 만들고 운영해야 한다. 박물관의 기록들뿐만 아니라 소장품 자체에 대한 정보, 전시주제와 교육 프로그램 내용, 출판물(책자와 디지털 자료 포함)의 종류 등을 누구나 알 수 있게끔 해서 정보의 확산을 꾀해야 할 것이다.

소통은 박물관의 핵심 기능이다. 대중과의 소통, 유물 해석을 위한 소통, 사회문화적인 소통, 개인 간의 소통 등이 있을 수 있는데, 박물관에서의 소통은 지식보다 영감을 전달해 주는 방향으로 이루어져야 한다. 영감을 북돋는 것이 가장 보편적인 박물관의 기능이며 또한 박물관의 소통기능을 확실히 해주는 요소이기 때문이다.

대중과의 소통

헬레니즘 시대의 초기 박물관들은 엘리트인 선생들이 선택된 학생들을 가르치기 위해서 개인적으로 모은 사물들을 진열해 놓은 장소였다. 그러던 것이 르네상스 시대에는 '호기심 캐비넷(Cabinet of Curiosities)'이라는 형태로 제한적이기는 하지만 부유하거나 세력이 있는 사람들, 학자, 예술가 등에게 공개되었다. 그 후 근대박물관이 형성된 이래 박물관은 일반대중을 교육하기 위한 장소가 되었고 때론 사회변혁을 이끄는 역할도 했다. 최근에는 전시 전략과 관람객 연구가 진전되어 박물관들이 점점 더 사용자 중심으로 운영되고 있다. 그 결과 박물관과 관람객들 사이의 소통력이 커졌고 그 질 역시 높아졌다.

해석을 통한 소통

박물관에서의 소통이란 관람객들이 박물관의 유물을 이해하고 해석하는 일을 포함한다. 해석은 유물과 관련된 다양한 정보들을 기반으로 사람과 유물 사이에서 일어나는 소통의 과이다. 그런데 우리가 해석을 통해 얻을 수 있는 것은 비단 지적 정보만이 아니다. 해석은 감성이나 영감까지도 불러일으킬 수 있고, 만약 그렇게 된다면 큰 영향력을 발휘하게 될 것이다. 『감동을 주는 박물관』(2008)의 저자인 에드워드 알렉산더와 메리 알렉산더는 박물관에서 일어나는 해석을 다음과 같이 정리했다.

> 해석의 목적은 교육이다(의미를 밝히거나 이해를 촉구하는 것).
> 해석은 유물에 근거한다.
> 해석은 유물 대한 연구, 관람객 조사, 관련 프로그램의 분석 등을 통해서 뒷받침 된다.
> 해석은 말과 글뿐만 아니라 감각을 사용해 이루어진다.
> 해석은 비형식적인 학습의 일부이다.

사회문화적인 소통

박물관은 공공을 위한 기관이므로 사회적인 압박과 요구에 응할 수밖에 없다. 그러나 박물관이 사회 압력에 무조건 반응하는 것도 문제이다. 왜냐하면 이것이 문화를 파괴하는 결과를 초래할 수도 있기 때문이다. 동일한 유물이라 해도 문화에 따라 달리 인식되어 어떤 곳에서는 특별한 존경의 대상으로 다루어지지만, 또 다른 곳에서는 일상적인 물건으로 취급되기도 한다. 티파니 젠킨스와 같은 비평가는 박물관이 종교적이거나 문화적인 이념에 따라 대중들의 접근권을 침해하거나 제한해서는 안 된다고 주장한다. 사회요구를 곧이곧대로 받아들이지 말아야 한다는 말이다.

유물의 문화적 가치

문화적 가치는 만들어지는 것이다. 명백히 눈에 보이는 문화적 가치도 있고 쉽게 간과될 정도로 애매한 것들도 있다. 오늘날 자유의 종(Liberty Bell)은 미국혁명의 상징물로 여겨진다. 그러나 처음에는 그랬던 건 아니다. 오늘날의 자리에 종이 놓이면서 매년 수 만 명의 관람객들을 끌어 모으는 상징물이 됐다.

사실 자유의 종은 런던에서 미국으로 옮겨진지 얼마 되지 않아 금이 가는 바람에 울릴 수 없는 상태가 되었다. 독립 선언서가 처음으로 공공장소에서 읽힌 1776년 7월 8일에 필라델피아에서 타종 됐을 것으로 추정되지만, 이 주장을 뒷받침 할 증거는 없다. 종은 미국 혁명 이후 75년이 흐른 후에도 상징적인 의미를 부여받지 못하다가 1837년 당시 대중들에게 널리 읽혔던 정기 간행물 <자유>에 등장하면서 노예해방의 상징물이 됐다. 원래 종은 (나중에 독립 기념관이 된) 펜실베니아 주립 하우스에 걸려 있었는데, 1976년 리버티 벨 센터 옆으로 이전되었고 오늘날에는 이를 보기 위해 사람들이 줄을 서서 몇 시간을 기다려야 하는 상황이 된 것이다.

이상한 일이지만 역사적인 의미가 큰 독립기념관을 견학하려는 사람들 보다 유리로 둘러싸인 방 안에 전시된 자유의 종을 보기 위해 기다라는 사람들이 훨씬 많다. 자유의 종에 담겨 있는 상징성이 독립 기념관의 것보다 더 큰 문화적 가치를 형성한 것이다. 결국 문화적 가치가 어떻게 만들어지는 가는 상황 속에서 이해해야 한다. 박물관 소장품에 중요성을 부여하는 것 역이 바로 이런 문화적 가치를 만들어내는 일이라 할 수 있다.

영국 뉴캐슬에 있는 핸코크 박물관에서는 여성 직원들이 오스트리아 아렌트에서 온 츄링가 남성 토템상을 보지 못하게 한다. 런던의 빅토리아 앨버트 박물관에서는 기독교 유물 중 일부를 (자문위원들의 견해에 따라) 유대교 유물들과 분리해 두고 있다.

전통문화는 존중되어야 하지만 박물관 입장에서는 소장유물이 충분히 활용되어야만 사람들에게 그 혜택을 나누어 줄 수 있다. 쉽게 해결할 수 없는 딜레마이다. 각각의 상황과 경우에 따라 조심스럽게 접근해야 하고 여러 의견을 고려해야만 한다. 해당 문화권의 지역민들로 구성된 위원회를 조직해서 해결하는 방법도 있다. 예를 들어 미국 원주민 집단의 지도자가 박물관 직원들, 인류학자들과 만나 어떤 유물을 전시해야 하고 이를 어떻게 해석해야 할지 논의해서 결정한다면 갈등을 줄일 수 있을 것이다. 물론 최선책을 마련하기란 쉽지 않겠지만 말이다.

모든 소장품은 물질적인 가치(또는 시장가치)를 가지고 있다. 그러나 박물관에 소장되어 있는 유물의 가치는 문화로의 귀속성 때문에 더 크게 인식될 수밖에 없다. 물질적인 가치는 인위적으로 만들어지는 것이고 더욱이 물적 외형에 따라 달라질 수 있다. 예를 들어서 금과 은을 떠올려 보자. 이 두 가지 모두 오랫동안 높은 가치를 지녀왔다. 특히 유럽문화에서 더욱 그렇다. 스페인 사람들이 미국대륙에 도달했을 때 잉카인들에게 금과 은은 안데스 산맥에 살고 있는 라마의 일종인 비큐나의 털과 다를 바 없었다. 잉카인들은 금과 은을 대중적인 장식품으로 널리 사용했지만, 비큐나의 털로 만든 옷들은 오로지 왕족들만이 입을 수 있었던 까닭이다. 잉카사람들이 금과 은에 높은 문화적 가치를 둔 것은 이들의 신앙체계에서 금속이 신성시되었기 때문이지 스페인인들이 가지고 있던 물질적인 가치를 인정해서가 아니었다. 이러한 차이가 당시 잉카의 왕이었던 아타후알파가 두 달 동안 가로 22피트, 세로 17피트, 높이가 8피트에 달하는 방에 금과 은을 채워 넣어 스페인으로부터 자유를 찾고자 했던 일이 가능했던 것이다. 스페인 사람들이 탐욕스럽게 부를 추구하는 이야기의 아이러니는 스페인으로 쉽게 가져가려고 녹여버린 금은제 수공예품들이 오늘날 남아 있었다면 훨씬 더 값어치가 높았을 것이라는 점, 그리고 비큐나의 털은 지금도 세계에서 가장 값비싼 섬유라는 점이다.

개인적인 소통: 영감과 의미 만들기

박물관의 역할이 변하고 있다. 박물관의 직원들은 관람객들과 의미 만들기를 위해 활발히 상호작용하려고 노력한다. 이 과정에서 중요한 것은 박물관과 관람객 사이의 연결고리 만들기이다. 우리는 관람객마다 소장유물과 그에 부여된 문화적 가치들을 다르게 인식한다는 것을 알고 있다. 박물관에서의 의미 만들기는 박물관 소장품, 전시, 관련 프로그램과의 상호작용 및 해석에 의해 결정되기 때문이다.

소장품들이 어떻게 관리, 해석, 기록되는가는 관람객들의 의미 만들기에 영향을 미친다. 박물관에서 이루어지는 의미 만들기란 문화적인 맥락 속에서 소장품들과 상호작용을 통해 새롭게 생각하고 이해하는 역동적인 과정이기 때문이다(Tishman 2007). 박물관에서 관람객들은 세 가지 방식으로 의미 만들기를 할 수 있다. 소장품에 대한 정보가 담긴 문서들을 읽고, 소장품을 나름대로 해석하는 과정에서, 그리고 다른 관람객들을 포함하여 주위 사람이 소장품과 어떤 상호관계를 맺느냐를 보면서 의미를 찾아낸다(Maroevic 1998). 관람객들이 소장품들과 개인적 맥락에서 관계맺음을 할 때, 박물관 관람은 유용한 경험이자 잊을 수 없는 추억으로 남을 것이며 박물관의 공공성 역시 증가할 것이다(Wood and Latham 2013).

제3부

Virtue, Vice, and Contraband

A History of Contraception in America

무엇을 (WHAT)

5

박물관의 종(種)분류: 박물관학의 우화집

박물관의 다양한 갈래

박물관을 시스템적 견지에서 볼 때 박물관들 사이에는 차이점보다 유사한 면이 더 많다고 이야기 된다. 이번 장에서는 박물관의 다양한 종류, 즉 박물관의 여러 갈래들을 살펴보겠다. 박물관의 유형들을 검토하는 과정에서 우리가 잊지 말아야 할 것은 어떤 콘텐츠를 가지고 있느냐와 관계없이 박물관마다 각기 다른 구조체계, 절차, 개념적 토대를 가지고 있다는 점이다. 박물관의 콘텐츠(주로 소장유물 자제)가 박물관학에서 이야기하는 개념이나 현장에서의 실무 능력보다 더 중요하게 보일 수도 있지만 사실은 그렇지 않다. 소장품의 콘텐츠도 중요하고 전시물이 어떻게 사용될 것인가 역시 관심을 기우려야 하는 부분이지만 박물관에서의 업무는 특정 학문 분야에 대한 지식 이상의 것을 필요로 한다. 예를 들어 어떤 사람이 열대지역의 개구리나 네덜란드 중세 미술의 전문가라고 해서 박물관 소장품 전문가라 할 수는 없다. 소장품을 다루는 업무에서는 박물관(기술 포함) 분야의 지식이 있어야지만 전문성을 인정받고 성공할 수 있다.

도대체 박물관의 종(種)을 왜 살펴봐야 할까? 박물관을 유형별로 분류하는 것은 매우 유익한 일이다. 유사 기관을 찾아 박물관 업무에 대한 조언을 구하거나 소장품을 서로 빌리고 빌려줄 수도 있다. 대중들에게도 어디를 가야할지 고민이 될 때 박물관이 유형별로 구분이 되어있으면 결정하기가 수월해 진다.

사람들은 보통 박물관을 미술·역사·자연사, 총 세 가지 유형으로 나눈다. 그러나 앞서 2장에서 이야기한 것처럼 박물관은 물건들을 모아두는 수집 활동에서 출발했다. 르네상스시기에 접어들어 소장품의 수량이 많아지면서 물건의 종류와 관계없이 수집품을 가리키는 말로 박물관이라는 단어가 사용되었다. 소장품을 기반으로 미술관, 과학관처럼 유형별로 구분한 것은 한참 후의 일이다.

근대 박물관의 가장 큰 변화는 전문화라 할 수 있다. 소장품의 규모와 범위가 확장되자 단일 박물관에서 다양한 물건을 해석해 낼 전문성을 고루 갖추기가 어려웠던 탓이다. 박물관의 성격과 설립취지(mission)도 전문화에 박차를 가했다. 박물관의 역할과 목적을 좀 더 명확히 정의하고 설립취지를 좁게 설정하여 하나에 집중하는 소규모 박물관들이 만들어지게 된 것이다.

그러나 여러 분야의 유물을 수집하는 대규모 박물관들도 여전히 존재한다. 이런 기관들은 종합(universal) 박물관 혹은 일반(general) 박물관이라고 불린다. 대표적인 종합박물관으로는 대영박물관을 들 수 있다. 1753년 런던에 세워진 대영박물관(British Museum)은 도서관을 갖추었을 뿐만 아니라 인류학, 미술, 역사, 과학 관련 수집품들을 자랑하기 위해 설립되었다. 나중에는 소장품 중 일부를 자연사박물관(The Natural History Museum)과 대영도서관(British Library) 등으로 분산시킬 정도로 엄청난 규모를 자랑했다.

또 다른 종합 박물관인 캐나다 토론토의 왕립 온타리오 박물관(Royal Ontario Museum)은 1912년 설립된 이래 규모가 점점 더 커졌지만 소장품 분

표 5.1. 미국 박물관의 유형

박물관유형	미국박물관에서 차지하는 비율
역사(History)	29.8%
역사 유적(Historic sites)	25.5%
예술(Art)	14.8%
일반(General, 1종류 이상의 소장품)	8.6%
특수(Specialized)	5.7%
식물원 및 수목원(Botanical gardens and arboretums)	3.8%
자연센터(Nature centers)	3.6%
자연사 및 인류학(Natural history and anthropology)	3.0%
과학센터(Science centers)	2.2%
동물원(Zoological parks)	1.6%
어린이박물관(Children's museum)	0.8%
천문관(Planetariums)	0.5%
수족관(Aquariums)	0.2%

박물관도서관서비스 연구소 자료

산 없이 단일 기관으로 남아 있다. 스미소니언 협회(Smithsonian Institution)도 많은 이들이 단일 종합 박물관으로 알고 있지만 사실 자연사 박물관으로 시작해서 19개의 박물관과 1개의 동물원, 9개의 연구소를 거느리고 있다.

규모, 전시 주제, 예산, 소장품 콘텐츠, 설립취지, 관람객, 기타 여러 다른 특징을 기준으로 박물관을 분류할 수도 있다. 그 어떤 분류법도 절대적일 수 없고 오히려 대부분 모호한 편이다(예를 들어 소규모, 중규모, 대규모 박물관 사이에 명확한 구분이 있을 수 있는가?). 그러나 여하간 박물관의 종을 구분하는 일은 여러 박물관들을 비교하는데 유용하다.

세상에는 분명 별의별 박물관이 존재한다. 미국의 경우 정확히 몇 개의 박물관이 있는지 조차 모를 정도이다. (1장에서 논의했듯이) 무엇을 박물관으로 정의할 것인가 하는 문제가 박물관의 개체 수 파악을 어렵게 한다. 미국 박물관협회(American Alliance of Museums)는 박물관의 숫자를 대략 17,500개로 추산하고 있다. 반면 유산보존원(Heritage Preservation)에서는 약 30,000개의 박물관(기록보관소, 도서관, 과학연구협회 등을 포함해서)에 48억 점 가량의 유물이 소장되어 있을 것으로 보고 있다. 미국 내 박물관의 75%가 1950년 이후에 설립되었다는 점을 생각해 본다면 상당히 경이적인 숫자라 할 수 있다. 어쨌든 미국에서는 연간 25억 명의 관람객들이 박물관을 찾아와 90억 달러를 지출하고 이를 통해 약 8만 명의 고용 효과를 내고 있다.

박물관을 유형별로 나눈 최근의 자료를 들여다보면 전체 박물관 중 역사 박물관과 역사 유적지가 55.3%를 차지하며 미술관이 14.8%, 나머지지가 29.9%의 비율로 존재함을 알 수 있다.

박물관도서관지원기구(Institute of Museum and Library Services) 자료에 의하면(연도미상) 미국 박물관의 60%는 사설이며 40%는 정부 기관이다. 대부분의 국영 박물관은 주정부나 지방자치단체에 속해 있고 연방정부 소속은 7%에 지나지 않는다. 박물관 규모는 대체로 크지 않은데 연간 운영예산이 100만 달러를 넘는 곳은 8%에 불과하고 57%는 10만 달러 이하이며 38%의 경우 5만 달러가 채 되지 않는다. 그렇다면 이 예산은 어디서 나오는 것일까? 미국 박물관의 재원은 상당히 다양하다. 36.5%는 기부금이고 27.6%는 박물관 수입료이며(주로 입장료와 아트샵 판매수익), 24.4%는 정부 재원에서 나오고(지방, 주, 연방 합계), 11.5%는 투자이다(Bell, 2012).

미국 박물관의 숫자가 정확히 몇 개이건 간에 박물관에는 미술관, 국립박물관, 고택(historic houses), 음악박물관, 동물원, 수족관, 식물원은 물론 그밖에 어린이박물관, 군사박물관, 밀랍인형박물관(wax museum), 명예의 전당, 전쟁터박물관(battlefield museum), 자연센터(nature center), 천문관(planetarium), 대통령도서관, 기술센터(technology center), 기업박물관(corporate museum), 민속예술박물관, 의학박물관, 과학센터, 수송박물관 등이 포함된다. 또 사이버 세계에만 존재하는 새로운 형태의 박물관들 역시 박물관의 범주 안에 들어 있다. 따라서 이제부터는 박물관의 다양성과 기본적인 구조를 파악하기 위해 박물관을 유형별로 분류해 볼 것이다.

전통적 분류법: 학문 분야를 기준으로 분류

사람들은 박물관이라고 하면 특정 학문 분야를 바탕으로 운영되는 박물관을 떠올린다. 이 기준으로 나누자면 미술, 역사, 자연사 박물관으로 정리해 볼 수 있다. 그러나 이렇게 나뉜 박물관 유형 역시 매우 광범위하다. 예를 들어 미술관 중에는 시기나 지역에 관계없이 모든 미술품을 소장한 대규모의 종합박물관도 있고 특정 작가, 혹은 특정 시기에 그려진 작품으로 한정된 박물관도 있다. 다른 두 가지 유형 역시 마찬가지다. 역사성과 전통이 깊고 우리에게 잘 알려져 있는 미술, 역사, 자연사, 인류학 분야의 박물관들을 들여다보자.

미술관

앞서 이야기한 것처럼 미술관에는 뉴욕의 메트로폴리탄미술관(Metropolitan Museum of Art)처럼 여러 미술품들을 함께 다루는 일반 미술관도 있고, 스페인 피게레스에 있는 살바도르 달리 미술관(Salvador Dali Museum)처럼 어느 특정 작가의 작품들로만 운영하거나 호주 아미데일의 뉴잉글랜드 지역 미술관(New England Regional Art Museum)처럼 지역성을 기반으로 세워진 미술관도 존재한다.

미술관에서는 미술품, 공예품, 응용미술품, 민속공예품 등이 주로 소장되어 있고 미학과 미술품의 관계, 미술과 자연물의 차이점, 미술의 위치 등과 같은 담론들을 만날 수 있다. 미술인 것과 미술이 아닌 것의 차이는 무엇이며, 어떤 미술품들이 소장유물로써 다루어져야 하는가가 학자이자 감정가인 큐레이터들이 내려야 하는 결정이다.

미술관에서 수집한 물품은 대부분 전시를 위한 것이다. 역사적으로 미술관의 관람객들은 대중이 아니라 학력이 높고 부유한 계층의 사람들이었다. 물론 지금은 미술관 역시 대중을 대상으로 하는 것은 당연한 일이다. 미국 미술관의 경우 여전히 미적인 요인이 소장을 결정하는 가장 중요한 요인이가는 하지만, 교육적 기능이 강조되면서 미술관의 소장품 운영방향도 약간

달라졌다. 미술관에서 미학이 차지하는 위치는 전시물을 해설하는 정보의 양을 통해 짐작해 볼 수 있다. 얼마 전만해도 미술관에는 아주 적은 양의 글귀만이 적혀 있었는데, 이마저 소장품을 설명하는 내용은 아니었다. 그러나 요즘에는 미술관이 이런 관례를 깨고 풍부하고 자세한 설명을 제공해 주목을 끈다(디트로이트미술관과 시카고미술관 등의 사례가 있다). 미술관의 또 다른 특징은 보통 유일무이한 진품을 소장품으로 가지고 있고 직원 수보다도 유물의 수량이 적다는 점이다.

역사박물관

역사박물관은 보통 지역(예: 캔자스 역사박물관)이나 어떤 특정 시기 혹은 사건(예: 국립남북전쟁박물관)을 주제로 설립된다. 미국에서는 역사박물관과 역사 유적이 차지하는 비중이 가장 크다. 이 박물관들은 주로 소규모이고 공공기업(community enterprise) 형태이며 자원봉사자들로만 운영되는 경우가 많고 지역민들의 공동체 생활이나 자부심을 지키는 핵심적인 역할을 한다. 지역 주민들이 중요하게 생각하는 역사성을 띤 역사 가옥(historic house)도 역사박물관에 속한다 할 수 있다.

역사박물관은 미술관에 비해 직원대비 소장품의 규모가 큰 편이다. 소장품들은 보통 중요한 인물, 장소, 사건 등을 기록한 문서자료이거나 역사를 투영하고 있는 물품으로 구성된다. 역사박물관의 소장품 역시 일반적으로 볼 수 있는 흔한 것들은 아니다. 미술관 소장품처럼 유일무이하고 중요한 정보가 담겨있는 것들도 있다. 그러나 최근에는 문화를 보다 폭넓고 포괄적으로 반영할 수 있는 표본들을 수집하는 추세이다. 역사박물관의 소장품들은 연구보다는 전시와 기록을 위해 광범위하게 활용되는 편이다. 역사학자들은 유물 자체에만 집중하지 않는다. 역사박물관에서는 유물이 아니라 관련 기록과 정보에 초점을 맞추어 연구하는 경우가 많다.

자연사 및 인류학박물관

자연사박물관과 인류학박물관에는 잘 정리된 기록물이나 연구·학술용으로 수집된 각종 견본이 소장되어 있다. 과학센터와 천문관처럼 과학의 원리를 교육하는 곳은 연구 자료를 소장하고 있지 않으므로 이 유형에서 제외된다. 자연사와 인류학박물관은 특이하고 희귀하며 신기한 것들을 수집하는 것에서부터 출발했지만, 17세기 이후에는 과학을 연구하는 장소로 진화하였다. 자연사, 인류학과 관련된 유물의 수집은 미의식이나 역사성보다는 과학적인 호기심에 의해 이루어지며 유일무이함이 중요치 않고 대표성과 전형성을 고려하여 소장 목록에 포함시킨다.

자연과 인간의 문화를 이해하기 위해 대표성 있는 소장목록을 구성하는 일은 상당히 체계적인 기준에 의해 이루어진다. 이들 박물관에서 다루는 것들이 일련의 유사한 표본과 유물들이므로 직원에 비해 소장품의 숫자가 많기 마련이다. 또 대학과 연계된 경우가 많지만 독립적으로 존재하는 곳도 있는데 시카고 필드박물관(Field Museum in Chicago), 뉴욕 미국자연사박물관(American Museum of Natural History), 런던 자연사박물관(Natural History Museum) 등이 그 예이다.

그 밖의 박물관들[5]

박물관은 너무 다양해서 일련의 유형으로 분류하기가 쉽지 않다. 그러나 다소 폭넓게 나누어 보자면 대학부속 박물관, 생활사박물관, 의학박물관, 특수박물관, 과학센터, 지역사회 박물관, 기타로 정리해 볼 수 있다.

대학박물관

예전에는 지금보다 대학 소속 박물관들이 더 많았다. 이런 박물관은 규모는 작지만 학생들에게 훌륭한 교육 도구로 활용되는 경우가 많다. 인간은 평생 학습을 하면서 살아가는 존재로, 어느 단계에서건 (교실 밖에서 이루어지는) 비공식적인 학습이 중요하다. 대학생의 학습이 상당부분, 어쩌면 대부분 교실이 아니라 캠퍼스 환경 속에서 이루어진다는 점을 감안할 때 대학박물관의 중요성은 간과할 수 없다.

대학박물관 중에는 학과목과 관련된 모든 것들을 조금씩 소장한 곳도 있고(우표수집식이라고 불리기도 함), 몇 가지의 심도 있는 연구 자료를 집중적으로 소장한 곳도 있다. 소장품을 특화하여 해당 분야에서는 세계적 수준이라 평가받는 대학박물관들도 적지 않다. 예를 들어 1886년에 세워진 캔자스주립대학교(University of Kansas)의 윌콕스고전박물관(Wilcox Classical Museum)에는 700점에 달하는 유물이 소장되어 있는데, 그리스와 로마 조

---

5) 박물관의 종류는 주제에 의해서 뿐 아니라 대중적인 수요에 적응하는 과정에서 새로운 갈래가 나타나게 되는 것이 현대박물관의 발전과정이라고 할 수 있다. 동산적인 유형유산의 수집과 전시의 기능을 하던 것에서부터 무형적인 것들이 포함되기도 하고 또한 자연이나 도시의 일부가 포함되는 형태가 등장하는데 과거에는 소외되어 왔던 집단의 박물관적인 행위가 있는 역사적인 의미를 가진 장소를 포함하는 포괄적인 박물관 (Inclusive museum)도 나타나고 있다.

각품의 희귀 석고 모형이 포함되어 있다. 자연사 표본과 인류학 관련 유물들은 순수하게 교육이나 연구 목적으로 수집되어 관련 학과나 연구소에 보관되어 있을 뿐 일반 대중에게 공개되지 않기 때문에 박물관으로 분류하기 어렵다. 주요 대학박물관 중 아예 전시활동을 하지 않는 곳도 있다. 캘리포니아 주립대학교 버클리 분교(University of California Berkeley)의 척추동물박물관(Museum of Vertebrate Zoology)을 그 예로 들 수 있는데, 이곳에 소장되어 있는 64만 점의 표본들은 세계적으로 귀중한 과학연구 자료이지만 전시를 하지 않아서 미국박물관협회의 인증 기준에 맞지 않는다.

생활사 및 농업박물관

생활사 박물관에서는 해설직원들이 특정 시기나 장소의 역사적 인물로 분장하여 주택, 농장 등을 배경으로 활동을 한다. 보통 역사적으로 의미가 있는 건물을 활용하는데 원래의 위치에서 옮겨진 경우도 있다. 옛날 복장을 한 캐릭터가 불쑥 앞으로 나와 관람객들에게 자신들이 무엇을 하고 있는지 설명하는 방식으로 꾸며지기도 하고, 캐릭터가 끝까지 설정한데로 연기만 하는 곳도 있다. 미시간주 디어본(Dearborn)에 있는 헨리포드 박물관(The Henry Ford)의 그린필드 빌리지(Greenfield Village), 인디애나주 피셔즈(Fishers)에 있는 코너 프레이리 역사체험 공원(Conner Prairie Interactive History Park), 캐나다 앨버타주에 있는 우크라이나 문화촌(Ukrainian Cultural Heritage Village) 등을 예로 꼽을 수 있다.

의학박물관

과거에는 의대생들이 직접 표본을 관찰할 수 있도록 거의 대부분의 의대

충격효과(shock value)와 가치 쇼크(value shock)

나는 필라델피아에 있는 뮈터박물관에서 컨설턴트로 일한 적이 있는데, 수많은 표본들을 재배치하는 것이 내 일이었다. 그런데 근무 중 학교에서 온 단체 관람객들을 여러 차례 보았다. 그때마다 역겹고 혐오스러운 장면을 예상한 아이들의 떠들썩한 목소리와 허세를 들을 수 있었다. 그러나 이런 아이들도 표본을 보고 설명글을 읽으면 예외 없이 조용하고 엄숙해지곤 했다. 뮈터박물관보다 사람들이 설명글을 자세히 읽는 박물관은 본 적이 없다. 시간이 지나 돌아갈 때가 되면 대부분의 관람객들은 다시 오고 싶단 이야기를 한다(JES).

에 의학박물관이 설치되어 있었다. 그러나 의학 교수법의 변화 및 교재에 사용된 일러스트의 질적 향상으로 점차 의학박물관이 갖는 교육적 중요성이 줄어들었다. 그럼에도 불구하고 의학박물관은 여전히 대중들에게 인기가 있으며 지역사회 보건 교육에 중요한 역할을 수행하고 있다.

의학 및 해부학박물관 중 일부는 방콕에 있는 시리랏의학박물관(Siriraj Medical Museum)처럼 엽기적인 장소로 인식되는 경우가 많다. 방콕 여행 가이드북에는 시리랏의학박물관에 가면 아동 살인범이자 식인범인 시웨이 새우릉(Si Ouey Sae Urng)의 시신을 볼 수 있다고 적혀있다. 그러나 사실 이 박물관은 시리랏병원(Siriraj Hospital)의 의대생들에게 교육용으로 널리 활용되고 있으며, 관람객에게 태국의 보건과 의학기술에 대한 알려주는 전시도 열고 있다. 필라델피아주의 내과대학(College of Physicians)에 있는 뮈터박물관(Mütter Museum)도 충격효과(shock value)로 유명세를 타서 관람객을

5-1. 디트릭 의학사 박물관의 퍼시 스큐이(Percey Skuy) 전시장

끌어 모으고 있는데 일단 안에 들어가면 인간의 신체 구조와 미국 의학의 역사에 대해 많은 것을 배우게 된다.

특수박물관

독일 쉬로벤하우젠(Schrobenhausen)에 있는 유럽 아스파라거스박물관 (European Asparagus Museum)이나 캔자스주 채누트(Chanute)에 있는 마틴 과 오사 존슨의 사파리박물관(Martin and Osa Johnson Safari Museum)처럼 한 가지 주제나 장르를 기반으로 설립된, 일견 이상해 보이는 갖가지 소규 모의 박물관들이 있다. 이런 박물관들은 대부분 사립인데 관람객들에게 어 떤 의미를 전달할 것인가를 정해놓고 그 목적에 맞는 물적 자원을 갖추어

5-2. 미시간주 이스트 랜싱에 위치한 여행자 클럽 국제식당과 투바 박물관

박물관으로써의 기능을 수행한다. 소규모의 특화된 박물관들은 금방 사라지기도 하지만(애석하게도 예전의 월경박물관(Museum of Menstruation)은 이제 문을 닫았다), 지속력을 갖추고 계속해서 관람객을 맞이하는 곳도 있다. 뉴올리언스주에 있는 부두박물관(Historic Voodoo Museum)이나 매릴랜드주에 있는 하브르 드 그레이스 디코이 박물관(Havre de grace decoy museum)이 대표적이다. 문화에 대한 진지한 비판의식을 담고 있지만 유머가 넘치는 박물관도 있는데 매사추세츠주 데드햄스퀘어(Dedham Square)에 있는 나쁜 미술관(Museum of Bad Art)이나 뉴멕시코주 앨버커키(Albuquerque)에 있

이름 없는 누군가로부터의 교훈

미국 목재선반공 협회에서 운영하는 미네소타주 세인트폴에 위치한 목재예술 전시관(Gallery of WoodArt)을 방문한 적이 있는데, 전시관 입구에 있는 직원에게 '아마 가장 특수한 협회 중 하나'일 거라고 이야기했다. 그러나 돌아온 대답은, "아니요, 회원이 14,000명이나 되는 걸요! 지금도 시내에 가면 훨씬 작고 이상한 단체도 있어요. 자연사 수집품 보존을 위한 모임(Society for the Preservation of Natural History Collections(SPNHC))이라는 단체인데요, 회원이 천 명도 안 되죠."라는 것이었다. 내가 세인트폴에 간 것은 바로 그 SPNHC 연례 회의에 참석하기 위해서였다(JES).

는 국제방울뱀박물관(American International Rattlesnake Museum) 등이 그러하다. 또 캘리포니아주 샌디에고(San Diego)에 있는 죽음박물관(Museum of Death), 워싱턴 D.C.에 있는 국제스파이박물관(International Spy Museum)은 상업적 목적의 관장지로 만들어진 박물관들이다.

이런 특수박물관 중에서도 특히 매력적인 곳은 캘리포니아주 컬버시티(Culver City)에 위치한 쥐라기기술박물관(Museum of Jurassic Technology)이다. 예술가 데이빗 윌슨(David Wilson)이 장기간에 걸쳐 만든 역동적인 설치 예술 박물관으로 볼 수 있는데, 다른 박물관과 달리 관람객들에게 박물관이란 무엇인가라는 질문에 답하도록 만들었다는 점이 특이하다(로렌스 웨슐러(Lawrence Weschler)의 흥미로운 책『윌슨씨의 이상한 캐비닛(Mr. Wilson's Cabinet of Wonder)』의 주제이기도 하다).

이런 특수박물관 중에는 소장 유물의 높은 가치성 때문에 더 큰 기관과 합병하는 곳도 있다. 미니애폴리스에 있는 의심스러운 의료기구 박물관(Museum of Questionable Medical Devices)이 미네소타 과학박물관(Science Museum of Minnesota)과 합쳐진 것이 좋은 예이다. 별나고 특이하지만 이런 박물관들 역시 대규모의 전통 박물관과 같은 기능을 수행하고 있다.

과학센터, 천문관, 기타 유사기관

과학센터는 과학기술 교육을 목적으로 만들어진 공간으로 아동과 가족이 주요 관람객이다. 상호작용 할 수 있는 전시물이 많고, 영구적으로 보존해야 하는 소장유물이 거의 없다(있다 해도 많지 않다). 이런 기관들의 숫자는 교실 밖 학습의 중요성이 인식되면서 지난 30년간 비약적으로 늘어났다. 대표적인 예로 익스플로라토리움(Exploratorium, 캘리포니아주 샌프란시스코), 만져보세요 박물관(Please Touch Museum, 펜실배니아주 필라델피아), 프랭클린 박물관(Franklin Institute, 펜실배니아주 필라델피아), 과학산업박물관(Museum of Science and Industry, 일리노이주 시카고)을 들 수 있다. 천문관은 과학센터나 자연사박물관에 속해 있기도 하지만(샌프란시스코의 캘리포니아 아카데미 오브 사이언스(California Academy of Sciences)와 뉴욕에 있는 자연사박물관(American Museum of Natural History)에는 모두 천체관이 있다), 시카고의 애들러 천문관(Adler Planetarium)처럼 단독으로 운영되는 곳도 있다. 천문관은 사람들에게 하늘과 우주의 모습을 보여주기 위해 만들어진 곳이지만 레이저쇼나 콘서트 등 과학 이외의 행사를 개최하기도 한다.

5-3. 수족관을 방문한 관람객

어린이박물관

(세계에서) 최초의 어린이박물관은 1899년 뉴욕 브룩클린에 세워진 브룩
클린 어린이박물관(Brooklyn Children's Museum)이다. 어린이박물관은 아이
들의 눈높이에 맞추어 밝고 화사하게 공간을 꾸미고 상호작용이 가능한 전
시물이 많을 뿐만 아니라 신체활동을 할 수 있는 공간을 갖추고 있다는 점
을 특징으로 들 수 있다. 어린이박물관의 대다수는 전시와 교육프로그램에
주력한다. 희귀하고 가치 높은 유물을 소장하고 있는 곳은 극히 드물며 주
로 역사와 과학에 초점을 맞추어 운영되는데, 주제가 무엇이건 간에 비정
규 교육과 사물 기반의 학습을 강조한다. 인디애나주의 인디애나폴리스 어
린이박물관(Children's Museum of Indianapolis)과 매릴랜드주 볼티모어에 있
는 포트 디스커버리(Port Discovery)가 대표적이다.

사람을 물 수 있는 소장품

학부생 자격으로 자연사 박물관에서 일한 적도 있지만, 본격적인 직장 생활은 텍사스 포트워스동물원(FortWorth Zoological Park)에서 시작했다. 그런데 일하다 보니 자연사박물관과 동물원은 소장품 관리방식, 표본 기록방식과 기록의 중요성을 강조한다는 점에서 상당히 유사했다. 물론 자연사박물관에서 일하면 표본 중 하나가 나를 물어 죽일 걱정은 하지 않아도 되는데, 이것이 동물원과의 가장 큰 차이점일 것이다. 내가 동물원을 그만 두고 자연사박물관으로 옮길 때 동료 한 명이 이렇게 말했다. "살아 있는 동물원에서 죽어 있는 동물원으로 옮기기로 한 거로군, 그렇지?"(JES)

식물원, 동물원, 수족관

살아있는 동식물을 전시하는 곳을 박물관이라 생각하지 않을 수도 있지만, 이들 역시 소장품을 가지고 있고 이를 대중들에게 공개하는 박물관의 한 유형이다(미국박물관협회도 인정하고 있다). 식물원, 동물원, 수족관은 생물을 다루기 때문에 여타 박물관과는 다른 소장품 관리와 보호가 필요하다. 그러나 수집, 관리, 해설에 더하여 다른 박물관에서와 마찬가지로 연구 기능을 포함하고 있다. 예를 들어 캘리포니아주 몬터레이에 있는 몬터레이베이수족관(Monterey Bay Aquarium)은 해양연구와 보존활동에 참여하고 있다.

소규모, 중규모, 대규모 박물관

박물관을 규모별로 구분하는 것은 흔한 일이지만 어떻게 나눌지에 대한 기준은 없다. 규모라는 것이 예산을 의미하는 것일 수도 있고, 소장품의 수를 뜻할 수도 있으며, 직원의 수나 기관의 면적을 가리키는 것일 수도 있다. 미국박물관협회의 인증위원회에서는 기관의 연간 예산을 기준으로 다음과 같이 박물관의 규모를 나눈다.

$350,000 미만

$350,000에서 $499,000

$500,000에서 $999,000

$1,000,000에서 $2,999,999

$3,000,000에서 $4,999,999

$5,000,000에서 $14,999,999

$15,000,000 이상

예산 규모로 박물관을 분류할 때 발생하는 문제점은 미국 박물관의 절반 이상이 첫 번째 유형($350,000 미만)에 속하게 된다는 점이다. 또 다른 문제는 단순히 예산만으로는 박물관을 특정 지을 수 없다는 것이다. 소장품의 질(어떤 유물이 있으며, 기록물의 수준은 어떠하고, 얼마나 잘 연구되어 있는지)이 소장품의 수나 예산의 규모보다 중요한 것은 당연하다. 예산이 큰 박물관도 관리가 잘 되지 않을 수 있고, 반대로 예산은 작지만 전문적으로 관리될 수도 있다. 하지만 예산에 의한 분류는 소장품의 수량이나 상태, 직원의 수와 직무 수행정도, 박물관 관람객 규모나 관람객에 대한 서비스의 질 등의 요소를 알아보고자 할 때 유용하기도 하다. 물론 이렇게 박물관 규모를 측정하기는 하지만 그것만을 가지고 얼마나 좋은 박물관인지 평가할 수는 없다. 대규모 박물관이라 하더라도 제 기능을 다 못할 수도 있고, 소규모 박물관이라도 제 기능을 충분히 발휘할 수 있다. 7장에서 논의하겠지만 박물관 규모에 따라 알 수 있는 가장 의미 있는 차이는 박물관 직원들이 어떤 역할을 하느냐이다. 대규모 박물관보다 소규모 박물관에서 일하는 직원들이 다양한 범위의 업무를 수행하는데, 이런 점이 박물관이라는 시스템에 여러 가지 영향을 미친다.

지역(regional) 박물관: 지방(local), 주립(state), 국립(national)

미국 박물관의 상당수는 지역 기관이다. 박물관은 시나 자치주, 비영리 단체 등에 의해 운영되며 주로 지역 주민들을 관람객으로 맞이한다. 이들 지역 박물관들은 인근 도시와 마을의 역사, 문화, 자연적 특성을 전시로 풀어내곤 한다.

주립 박물관은 그 이름에서 알 수 있듯이 주정부에 소유권이 있고, 주정부에 의해 운영되며 주의 역사와 문화 등을 알리는 기관으로써 존재한다. 예를 들어 토피카(Topeka)에 있는 캔자스역사박물관(Kansas Museum of History)은 주립 박물관의 전형적인 패턴을 보여준다. 박물관은 원래 1875년 신문 편집자들이 캔자스주의 역사와 관련된 신문 및 원고를 수집하기 위해 설립한 캔자스 역사협회(Kansas Historical Society)의 일부였다. 그러다가 협회가 커지면서 주정부 기록물의 공식 보관소가 되었고, 지금은 주의 다양한 역사 유적을 관리함은 물론 주립 기록보관소, 주립 역사보존 사무소 그리고 박물관을 운영하고 있다. 다른 사례로는 1905년 해리스버그에 설립된 펜실베니아 주립박물관(State Museum of Pennsylvania)을 들 수 있는데, 1945년에 펜실베니아 역사와 박물관 위원회(Pennsylvania Historical and

5-4. 마실론박물관(Massillon Museu)의 타이거 레거시(Tiger Legacy) 입구.
※ 켄트 주립대학교 교수와 학생들이 마실론 박물관과 협업하여 만든 마실론 타이거 고등학교 풋볼팀의 전통과 문화를 알리는 전시.

Museum Commission)에 편입되어 펜실베니아의 문화와 자연사를 주제로 전시활동을 펼치고 있다.

국립 박물관은 국가가 소유하고 운영하면서 국가의 역사, 문화, 자연사 등을 주제로 운영되는 곳이다. 2장에서 논의했듯이 식민지 정부에 의해 설립되었다가 독립 이후에 국립 박물관이 된 곳이 많다. 1778년 식민지 기관으로 설립된 바타비아 예술 과학협회(Batavia Society of Arts and Science)는 이제 인도네시아 중앙문화박물관(Central Museumof Indonesian Culture)이 되었다. 미국의 국립 박물관인 스미소니언협회(Smithsonian Institution)은 제임스 스미손(James Smithson)이라는 영국 시민의 유산으로 1846년 미 의회에서 설립하였다. 스미소니언은 처음에는 자연사 박물관이었지만 지금은 19개의 복합기관(자연사박물관, 미술관, 역사박물관, 우주박물관, 미국원주민박물관, 흑인역사문화박물관, 체신박물관, 애너코스티어 지역사회박물관, 국립동물원 등이 있다)으로 성장했다.

생태박물관(Ecomuseum)

생태박물관은 최근에 등장한 새로운 형태의 박물관이다. 생태박물관이란 프랑스 박물관학자인 위그 드 바린(Huguesde Varine, b. 1935)과 리비에르(Riviere, 1897-1985)가 1971년에 만들어 낸 개념이다. 바린과 리비에르는 생태박물관의 개념을 일부러 모호한 상태로 내버려 두었는데, 이것인 생태박물관이 박물관의 한 유형이 아니라 개념자체가 되길 바랬기 때문이다. 이들은 기존의 박물관 개념을 바꾸자는 게 아니라 확장시키기를 원했다. 그래서 생태박물관을 지역공동체의 과거와 현재를 총체적으로 보여주는 공간으로 만들고자 했다. 생태박물관은 지속가능한 환경 속에서 문화유산들을 관리하는 기관이라고 정의된다. 생태박물관이 자연유산과 문화유산을 모두 포괄하기 위해 지역공동체를 중심으로 디자인되는 까닭이다. 생태박물관의 소장품들은 환경 전체이므로 인공물, 건물, 주변 자연생태를 전부 아우른다. 따라서 기존의 박물관이 건물과 그 안의 소장품으로 특징 지워진다면 생태박물관은 주변에 보존된 유산(유형의 문화유산뿐만 아니라 풍습과 같은 무형문화까지) 전체를 일컫는다고 할 수 있다(일본 삿포로에 있는 홋카이도 역사마을 같은 곳). 생태박물관과 역사 유적지와의 차이는 생태박물관에는 지속가능한 지역공동체와 주변 환경이 포함되어 있다는 점이다. 생태박물관은 유럽 여러 나라에서 인기를 얻고 있지만 캐나다와 개발도상국에도 많다. 자칭 생태박물관이라고 칭하는 곳은 전 세계적으로 수백 곳에 이른다.

가상박물관(Virtual Museum)

가상박물관을 박물관에 포함시킬지 말지, 논쟁이 끊이질 않고 있다. 가상 박물관은 사이버 공간에만 존재한다. 가상박물관에는 물리적 실체가 존재하지 않으므로 소장품도, 건물도 없고 걸어 다닐 수 있는 전시실도 없다. 대부분의 가상박물관은 물리적 소장품을 기반으로 구축되지만, 일부 개념이나 아이디어만 모아둔 곳도 있다. 일본미술 가상박물관(Virtual Museum of Japanese Art)이 좋은 예이다. 가상박물관은 디지털화된 소장품과 관련 정보를 매개로 문화 지식을 전달하는 역할이 가능하고 전 세계적으로 정보의 보급을 촉진할 수 있기 때문에 박물관으로 인정해야 한다고 주장하는 사람들도 있다. 그러나 가상박물관이 정보의 접근성을 높여줄 수는 있지만 관람객들에게 그 의미까지 전해주느냐는 또 다른 문제이다. 관람객과 전시유물 사이의 상호작용이 부재하기 때문이다. 몇 해 전 기존의 박물관들이 모두 가상박물관으로 대체될 것이라는 우려가 박물관계에 팽배해 있었다. 다행히 가상박물관의 수가 늘고, 실제 박물관의 가상 전시공간도 증가했지만 아직까지 그런 걱정이 현실화되지 않았다. 사실 가상박물관과 가상전시로 인해 박물관의 관람객이 줄었다는 증거는 어디에도 없으며, 이는 양자가 공존할 수 있음을 뜻하기도 한다. 실제 사이버 공간을 통한 가상 전시를 통해 오히려 박물관의 인지도가 상승하고 박물관을 찾는 사람의 숫자도 늘었다는 연구 자료도 있다.

5-5. 뉴욕의 공동주택(Tenement) 박물관

6

의미 있는 유형의 자산들

서언

인류는 지구상에 출현한 이래 물건을 사용하면서, 물건에 둘러싸여 살아가고 있다. 사실 이런 특징은 '인간'을 정의하는 속성 중 하나이다. 초기 인류의 조상으로 여겨지는 호모 하빌리스(*Homo habilis*)는 '도구를 사용할 줄 아는 인간'을 의미한다. 고고학자들은 호모 하빌리스가 석기를 제작했다고 믿었기에 이런 이름을 붙였다. 역사를 들여다보면 인간은 주변 환경의 모든 사물들을 창조, 명명, 표기, 조작함으로써 세상을 좀 더 살기 좋은 곳으로 만들어왔음을 알 수 있다. '인류의 역사'는 '물건의 역사'와 밀접하게 관련되어 있는 것이다.

박물관에서 말하는 의미 있는 유형의 자산이란 무엇일까?

박물관에는 물건, 문서와 같은 의미 있는 유형의 자원들이 복잡하게 집약되어 있다. 박물관의 소장품들은 그저 단순히 사물을 수집한 결과물들이 아니다. 특정 시간, 공간 또는 사람을 대표하기 위해 의도적으로 수집되고

표 6.1. 수집품의 종류별 명칭

용어	정의
Article	쓰여진 문건들
Artifact	인간에 의해 만들어지고 변형된 것들
Element	전체를 구성하는 요소
Item	표현 또는 격언; 전체에 속하는 일부
Material	물질로 이루어진 것들
Object	눈앞에 놓여 있는 사물, 보고 만지고 느낄 수 있는 것
Piece	전체의 한 부분
Specimen	전체를 대표할 수 있는 표상, 발견하거나 찾아낸 의미들, 실험 모델
Thing	공간을 차지하는 물체, 무생물의 것
Work or work of art	창조적인 노력에 의해 생산된 무엇, 예술 작품

시몬즈(2006b)에 의함.

조직되어 해석이 덧붙여진 의미 있는 물건들이다. 박물관이 관람객들에게 보여주는 시각물의 중심에는 물건이 있다. 우리 사회의 과거와 현재에 존재하는 유형의 문화자원들 중 일부를 보존하는 공간이 바로 박물관인 것이다. 그리고 이 물건들은 높은 가치와 의미를 지니며 사람들의 감각을 깨우는 잠재적인 능력을 가지고 있다. 따라서 지금부터는 언뜻 보기에는 간단한 것처럼 느껴지지만, 유형의 자원 속에 내포되어 있는 것이 무엇인지 논의해 보도록 하겠다.

유형의, 질적인(The Physical) 자원들

지금까지 박물관에서 가장 중요한 요소가 무엇이냐고 물으면 유형의 자원이라 답하곤 했다. 그런데 유형의 자원이란 대체 무엇을 의미하는가? 이 책에서는(그리고 박물관에서는) 이를 물건이며 박물관 공간을 채우는 3차원의 독립적인 개체로 정의한다. 유형의 종류와 성격에 따라 각기 다른 항목으로 묶이고 조금 다른 의미를 가질 수는 있지만, 유물(Object)은 물론 표본과 복제품, 참고자료 등이 모두 물질문화에 속한다.

기관에 따라 의미가 조금씩 다르기는 하지만 유형의 자산은 손댈 수 있고 볼 수 있는 3차원의 것으로 이해된다. 이 책에서는 더 정확한 단어가 없는 한 유물(Object)를 박물관의 유형 매체로 정의하였다.

무엇이라 불리던 상관없이 유형의 매체는 관람객들의 박물관 경험에 중요한 영향을 끼친다. 관람객들은 감각(사이즈, 모양, 색감, 질감 등)을 통해 유물에 대한 정보를 일부 파악하기 때문이다. 개인에 따라 바라보는 시각과 방식이 다양하기는 하지만, 어쨌든 인간은 감각을 통해 유물을 경험하는 존재이다. 물론 유물은 육체뿐만이 아니라 정신적으로도 인지된다. 육체적 감각과 정신적 감정과의 관계는 매우 밀접할 수밖에 없는데, 왜냐하면 이 두 가지 모두 유물을 해석할 때 필요하기 때문이다.

의미 있는(The Meaningful) 문화자산

유물은 어떻게 의미 있는 존재가 될까? 일상 풍경처럼 당연하다고 생각하기 쉽지만, 사실 의미부여는 매우 복잡한 일이다. 하나의 유물에는 다양한 의미가 담겨져 있다. 그리고 이 의미들은 문맥이나 상황에 따라 바뀔 수 있다. 또 유물의 의미는 보는 사람의 관점에 따라 달리 만들어질 때도 있다. 그래서 특정 문화와 지식을 가진 사람이 어느 시점에 어떻게 유물을 해석할지 파악할 필요가 있다. 박물관에서는 흔히 '유물은 스스로 자신에 대해 이야기한다.'고 주장한다. 그러나 이건 틀린 말이다. 왜냐하면 스스로 이야기를 할 수 있다는 것은 유물을 의인화해서 인간처럼 주제적이라 가정한 것이기 때문이다. 유물은 인간에 의해 만들어졌을 뿐 능동적인 사고력을 가진 주체가 아니다. 거대한 힘을 가지고 있고 중요한 커뮤니케이션 매체이기는 하지만 말이다. 실제 유물들은 오직 사람을 통해서만 소통할 할 수 있다. 즉 소통할 누군가가 없이는 소통할 수 없다는 뜻이다. 게다가 유물에 담긴 의미들은 사람과 유물 간의 상호작용 결과 상징이 부여됐기 때문에 생겨난 것들이다. 이때의 사람이란 큐레이터일 수도 있고 소장품 매니저,

현장 체크

유리구슬 상자

그냥 보기에는 다 똑같은데, 왜 하나만 다를까? 내 사무실 책장에는 유리구슬들이 들어있는 작은 상자가 있다. 그 안의 구슬들은 외형적으로는 매우 유사하다. 모두 다 유리이고 오래되었으며 깨져있다. 하지만 그 중 단 하나, 나에게 의미가 큰 것이 존재한다. 왜냐하면 그것은 내 아버지가 어렸을 때부터 가지고 있던 것이기 때문이다. 그 외의 것들은 내가 정원에서 파낸 그냥 유리구슬일 뿐이다. 내 아버지가 가지고 놀았다는 점 때문에 그 유리구슬만이 역사적 가치를 지니게 됐다. 어디에 있었고, 누가 소유했으며, 개인적으로 어떤 관계를 맺고 있느냐는 의미 만들기에서 중요한 요소이다. (JES)

박물관교육사, 관람객, 또는 이 모든 이들일 수도 있다. 의미는 전적으로 사람이 만드는 것도 유물로부터 나오는 것도 아닌, 이 둘의 대화를 통해 생성되는 것이다(Hopper-Greenhill, 2000).

그런데 여기서 우리가 꼭 알아야 할 것이 있다. 유물과 사람은 둘 다 생애사를 갖고 있다는 점이다. 양쪽 모두에게는 독특한 과거가 있다. 대량 생산된 유물은 비록 같은 시간에 제조된 다른 것과 형태는 동일할지라도 자신만의, 소유의 역사를 지닌다. 이것 때문에 똑같이 생긴 다른 물건들과 구별되어 박물관의 자산이 될 수 있는 것이다. 사람도 마찬가지이다. 모든 이들은 전시장에서 전시유물과 상호작용을 하지만, 이 과정에 자신만의 독특한 경험과 지식이 영향을 끼치기 때문에 소통의 결과가 사람마다 다를 수밖에 없다.

다시 "M"을 돌아가서(Back to the "M Words")

1장에서 '박물관 유물화(museal)'이라는 개념에 대해 논했다. 이 용어를 만든 스트란스키(Stransky, in Maroević 1998)는 박물관의 유물은 그것이 생겨난 시점부터 역사를 지닌다고 했다. 그리고 평생에 걸쳐 유물은 이용자와 박물관 직원들에 의해 해석된 데이터를 축적해 가는 존재라고 봤다. 이런 의미에서 박물관의 유물들은 유물이 가지고 있던 기존의 현실(역사)과 사람들에 의해 구성된 박물관에서의 현실이라는, 두 개의 현실에서 정보를 얻는다고 할 수 있다. 반 멘쉬(Van Mensch, 1992)는 유물의 한 가지 측면만을 보는 제한된 관점이 아니라 열린 접근을 해야 한다고 주장했다. 유물을 방대한 정보를 가진 자료로 보는 멘쉬의 관점은 박물관학 개념에서 매우 중요하다.

박물관의 유물들은 '박물관적 특성 (museality: 박물관이라는 현실 속으로 들어오면서 새롭게 만들어지는 특성들)'를 부여받는다. 그리고 '박물관 유물 (musealia)'가 된다. 박물관의 유물들은 몇 가지 다른 현실 속에 존재한다. 예를 들어 박물관이라는 새로운 맥락 안에 들어온 조개구슬은 플레인스 우드랜드(Plains Woodland)의 집터에서 수집된 것이다. 그런데 조개구슬은 그 동안 겪은 세월의 흔적을 가지고 있다(이것이 박물관 유물화 (museal)). 조개구슬이 된 홍합은 한 때 살아있었다. 그것이 하나의 사실이다. 그런데 수천 년 전 아메리칸 인디언이 홍합 속에서 자라고 있던 진주에 구멍을 뚫어서 광을 내고 줄에 끼웠다. 그 진주 장식은 플레인스 우드랜드의 집에 묻히기 전에 만든 사람에 의해 사용되었거나 또는 다른 원주민에게 팔았을 것이다. 이것이 또 다른 사실이다. 결국 그 진주 장식은 고고학자들에 의해 발굴되고 박물관 소장품으로 수집되었다. 박물관의 유물이 됨으로써 그 조개구슬은 홍합에서 진주를 빼내 조각한 아메리칸 인디언 공예가의 문화, 그리고 플레인스 우드랜드의 집에서 그 진주장식이 사용된 문화, 홍합이 자랐던 민물이 흐르는 강의 사실을 대표한다.

무언가가 박물관의 유물이 될 때에는 시간, 장소, 맥락, 또는 사람을 대표하는 것으로 변형이 된다. 박물관은 이러한 정보를 과거에서 현재, 그리고 현재에서 미래로 전달하는 중간다리 역할을 수행한다. 물론 어떤 것이 원래의 사용처에서 벗어나 박물관 유물로 변하는 일은 박물관 안에서만 일어나지 않는다. 우리는 종종 공원이나 축제장에서도 유물들을 발견할 수 있다. 마로이빅(1998)은 성, 교회 그리고 유적지들은 원위치에 있는 유물이라고 지적한 바 있다. 다만 박물관에서는 보다 활발하게 유물에 대해 이야기하고 사람들과 의사소통하려 한다는 점에서 차이가 있을 뿐이다. 아브라함

링컨의 굴뚝모자와 같은 상징적인 유물에서부터 20세기 중반의 롤링핀과 같은 일상적인 것까지, 박물관의 유물화 과정은 어떤 물건으로도 가능하다. 그러나 이것은 바꿔 말하면 오직 유형의 것만이 박물관의 유물이 될 수 있다는 뜻이기도 하다.

마로이빅은 유물에 대한 모든 것을 알 수는 없다는 의미에서 '박물관 유물화 (museal)의 불명확함' 이라는 개념을 소개했다. 어떤 유물과 관련된 정보를 전부 모은다고 상상해보라. 박물관 연구원들이 그 유물에 대해 평생 연구를 해도 정보의 조각들이 완벽히 복구되지 않을 것이다. '박물관 유물화 (museal)'의 정보가 명확해지면 불명확함이 약간 감소하기는 한다. 예를 들어 고생물학자가 네브래스카의 맘모스 상아를 발견하여 그것을 박물관으로 가져오면, 학자들은 이 상아가 어린 맘모스의 것이며(크기를 통해), 무엇을 먹었는지 추측하고(상아에 남아있는 흔적을 통해), 살았던 시대를 살피고(화학적 분석과 그것이 발견된 맥락을 통해), 그리고 어떻게 죽었는지(화산재에 매장되어 있던 상아를 발견했기 때문에) 결론을 내린다. 그러나 고생물학자들이 상아에 대한 모든 것을 연구할 수는 없다. 따라서 '박물관 유물 (musealia)'의 내용을 정리하여 불명확함을 줄이는 것이 곧 '박물관 유물화 (museal)'의 과정이라 할 수 있다.

소장품이란 무엇인가?

박물관에 들어온 물건들은 등록 작업을 거쳐 소장품이 된다. 그렇다면 소장품이란 무엇인가. 단순히 사물을 축적하는 것과 소장행위가 다른 것은 목적을 갖고 이루어진다는 점 때문이다. 그래서 소장품에는 질서가 있고, 이를 조직화하는 것 역시 가능하다. 물론 그 질서라는 요소는 수집가에게만 의미가 있을 수도 있다. 그러나 그게 뭐든 간에 어쨌든 소장품에는 질서가 있다. 수잔 피어스(Susan Pearce)는 『박물관, 유물과 소장품(Museums, Objects and Collections)』(1993)에서 모든 소장품은 일반적으로 아래와 같은 세 가지 요건을 갖추고 있다고 말한다.

> 유물들로 구성된다.
> 유물은 과거에서 온 것들이다.
> 유물은 소장품의 한 부분으로써, 소장자나 큐레이터에 의해 의도된 방식으로 모이게 된다.

소장품이 무엇인지, 합의된 정의는 아직 존재하지 않는다. 지금까지 박물관의 소장품들은 박물관의 관리를 받는 유물들로 정의되어 왔다(Case 1988). 그리고 잠재적인 가치가 있기 때문에 취득하고 보존해야 할 대상이라는 인식이 일반적이었다(Burcaw 1997). 그러나 이런 개념들은 소장품의 고유한 특성을 표현하지 지적이 나왔다. 이에 니콜슨과 윌리엄스(Nicholson과 Williams, 2002)는 다른 수집품들과 차별화되는 박물관 소장품의 정의를 아래와 같이 제안했다.

> 소장품은 하나 이상의 유물로 구성된다.
> 소장품에는 질서와 체계가 있다.
> 소장품은 사람들에 의해 가치가 평가된다.

소장품은 보존하려는 의도를 가지고 수집된다.

소장품은 기관의 임무와 목표 수행을 위해 쓰인다.

소장품을 온전히 보존하는 것과 관련된 정보를 모으는 것이 중요하다.

소장품은 전문적인 기준에 따라 엄격하게 유지, 관리된다.

패러다임의 변화: 유물에서 관람객, 그리고 문서로

20세기 후반 미국의 박물관들은 유물보다 박물관의 관람객을 중요하게 생각하기 시작했다. 사실 오랫동안 박물관 관계자들은 관람객에 대해 거의 언급하지 않았다. 박물관은 권위 높은 지식기관이었고, 관람객들은 '함께'가 아니라 '배우는 위치'에 있었다. 콘(Conn, 1998)은 이러한 초기 접근을 '사물기반 인식론'이라 부른다. 사물기반 인식론은 사실에 근거한 유물 설명에 중점을 두고, 유물의 배치 순서와 의미에 관심을 두는 관점이다. 이런 사물기반인식론은 박물관 발전에 기본바탕이 되어 왔다.

그러나 20세기 후반부터 유물(관련 정보 포함)과 관람객이 공동으로 의미를 만들어가는 행위자라는 인식이 싹텄고, 이들 사이의 상호작용이 중시됨에 따라 '사물에 기반한 대화'로 관점이 변하기 시작했다(Evans, Mull, and Poling 2002, 115). 관람객의 역할이 커지자 무엇이 사람들로 하여금 박물관을 멀리하게 만드는지 그리고 박물관에서 관람객들이 얼마나 배우고 어떤 경험을 하는지에 초점을 맞춘 연구들이 활발히 진행되고 있다.

우리 사회에서 박물관이 독특한 기관으로 인식되는 까닭은 유물을 보존·해석·조직·연구할 뿐만이 아니라 유물과 사람 간의 상호작용을 중재하는 공간이기 때문이다. 박물관이 아닌 다른 곳에서는 이런 일들이 일어나지 않는다. 도서관도, 기록 보관소도, 디즈니랜드도 그렇지 않다.

의미 있는 유형의 자원들은 박물관을 박물관답게 만드는 가장 중요한 요소이다. 이런 요소가 박물관을 의미 있는 기관으로 만든다. 따라서 우리는 박물관의 유물들을 하나의 공적인 '문서(document)'로 이해해야한다. 그래야지만 유물이 박물관의 핵심으로 올바르게 정착할 수 있다.

'문서(document)'라는 것은 문헌정보학에서 생겨난 개념이다. 이 단어는 라틴어 'documentum'으로부터 나왔는데 증명, 양식, 예시를 의미한다. 13세기 초반, 문서를 기록한다는 것은 가르치고 지시하고 알린다는 뜻이었다. 그러나가다 18세기 초에 이르러 문서는 종이 또는 글자가 적힌 재료가 됐고 이후 텍스트 자료나 프린트된 문서로 일컬어지며 혼란이 생겨났다. 오늘날 다큐멘탈리스트(documentalist)들은 문서라는 용어를 어떤 물리적인 정보, 표현 또는 인간의 생각으로 정의한다(Buckland 1997). 글자가 프린트된 정보가 아니라는 것이다(Buckland 1991).

문서화(document)란 무언가를 기록하는 과정과 그 과정의 결과물을 뜻한다(Buckland 2007). 마이클 버크랜드(Michael Buckland)는 '의미하는 것' 그리고 '조직된 물리적 증거'가 문서화라 봤다. 그리고 룬드(Lund, 2004)는 문서화를 '생각의 표현'이라고 정의했다. 결국 문서화란 사회적, 물리적, 정신적인 것들을 일제히 구현하는 행위로써 의사전달을 목적으로 수행되며, 특정 커뮤니티 내에서 만들어지는 것이라 봐야한다(Mannheim 1952). 이런 특성들로 볼 때, 박물관 역시 문서화의 일종이라 해도 틀리지 않을 것이다. "Madame Documentation"라고 불린 수잔 브리트(Suzanne Briet) 덕분에 우리는 문서화란 무엇인가를 대표하고 재구성하며 지적현상(연구, 전시, 보존)을 입증할 목적으로 보존되거나 기록된 색인이라는 정의를 내릴 수 있게 됐다.

책, 원고, 마이크로폼(축쇄판)은 잠재적으로 누군가에게 정보를 줄 수 있는 유형의 자원들이다. 박물관의 유물들 역시 유용한 정보원이다. 무언가를 대표하고 누군가에게 의미를 전해 준다는 점에서 박물관 유물 역시 문서라 할 수 있는 것이다. 이 세상을 단순 사물과 박물관 유물로 나눌 때, 왜 박물관 유물이 문서인지는 명백하다. 브리트(Briet)는 문서의 요건을 4가지로 정리했다(Buckland 1997).

> 유형일 것(Materiality): 오직 유형의 사물과 그 흔적
>
> 의도적일 것(Intentionality): 증거와 흔적을 근거로 다루어짐
>
> 처리과정(Process)을 거칠 것: 유물은 문서화 되어야 함
>
> 현상학적 지위(Phenomenological position)를 지닐 것: 유물은 문서로 인식되어야 함

첫 번째, 유형적일 것(Materiality) – 박물관의 유물은 유형의 것이어야 한다. 물질적 독립체이며 유형의 형태를 지닌다. 두 번째, 의도적일 것(Intentionality) – 박물관은 기증을 받거나 구입에 의해 유물을 수집한다. 보존할 가치가 있다는 박물관 관계자들의 결정이 내려지면 수집에 나서게 된다. 결국 사람들의 생각과 생활양식, 특정 사건 등과 관련된 역사성 높고 대표성을 띄는 유물들을 수집하는 것이다. 세 번째, 처리과정(Process)을 거칠 것 – 분류는 박물관의 중요한 업무 중 하나이다. 지난 20년간의 노력으로 박물관의 소장유물을 다룰 수 있는 표준안이 마련되었다. 마지막으로 현상

학적 지위(Phenomenological position)를 가질 것 – 유물들은 독립된 문서여야 한다. 유물이 박물관 소장품으로 등록되는 일, 그 자체가 문서화라 할 수 있다. 어떤 존재가 박물관에 들어가는 순간 특별한 것으로 바뀌는데, 이것을 우리는 문서화라 부른다(Van Mensch 2004, 1992; maroević 1998).

가장 유명한 문서화(documen)의 예는 브리트(Briet)가 설명한 '영양(동물)'에 대한 것이다. 브리트(Briet)에 의하면 사바나에서 뛰어다니는 야생 영양 자체는 문서가 아니다. 그러나 영양을 잡아서 연구를 위한 목적으로 동물원에 가둔다면 이것은 문서화(document)이다(그녀가 말하는 초기 형태의 문서). 왜냐하면 유형적인 증거, 존재가 됐기 때문이다. 여기에 더해 영양에 대한 자료들 – 사진, 기록, 오디오녹음들 – 또한 문서화(document)이다(파생된 이차 document). 브리트의 이야기를 들어보자.

예를 들어 새로운 종의 영양을 발견한 탐험가가 사냥에 성공해 이 영양을 아프리카에서 유럽의 식물원으로 가져오게 된다. 언론들은 이 사건을 신문, 라디오, 뉴스, 영화 등을 통해 사람들에게 알린다. 그리고 과학 아카데미에서 발표 주제로 다루어진다. 박물관 전문가는 그의 관점에서 영양을 이야기 한다. 살아있는 동물은 우리 안에 갇혀서 분류되고 죽은 후에는 박제되어 보존될 것이다(박물관에). 다른 곳에 대여될 수도 있다. 또 영양의 소리는 녹음되어 영화관에서 사운드 트랙으로 재생될지도 모른다. 논문에 영양에 대한 글이 실리고 이것을 다른 누군가가 인용할 터이다. 백과사전과 일반사전에도 수록되어 도서관에 비치된다. 이처럼 문서화(document)는 변형되고(드로잉, 수채화, 그림, 조각, 사진, 필름, 마이크로필름) 선택되고 분석되고 형성되고 해석된다. 영양은 초기의 문서화이며 영양과 관련된 다른 형태의 문서화는 이차적 또는 파생된 것들이다(2006, 10).

문서화는 문헌정보학은 물론 박물관학 분야에서 박물관의 시스템과 유물을 이해하는 데 매우 중요한 개념이다. 박물관에서는 보통 박물관의 유물들을 문서로 보지 않지만, 사실 유물은 무엇인가를 대표하고 소통하는 문서에 포함된다.

문서화(document) 중심의 박물관

오늘날 문서화는 박물관의 핵심이다. 많은 박물관들이 유물 그 자체는 물론 유물이 어떻게 해석되고 분류되고 보존되었는지에 대한 문서화에 주력하고 있다는 뜻이다. 문서화 중심의 박물관은 콘(Conn)이 이야기한 '사물기반 인식론'과는 다르다. 사회적이고 물리적이고 정신적인 개체들을 문서화한다는 것은 단순히 유형의 존재를 파악하는 일 이상의 의미를 갖기 때문이다. 이들 문서는 특정 시간, 공간 또는 존재를 대표하면서 관람객들에게 다양한 방식으로 수용된다. '문서화 중심은 박물관'이란 박물관의 모든 활동과 목적에 문서화가 구심점 역할을 한다는 말로써, 박물관의 모든 요소들을 잇는 연결점이기도 하다.

사람과 문서 간의 소통(transaction)

문서화 중심의 박물관이 되려면 사람과 유물 사이의 상호작용이 반드시 일어나야한다. 사람과 유물의 만남은 특별하다. 사람과 유물이 만나서 생기는 경험을 사람-문서 간의 '소통'이라고 부르며, 우드와 라탐(Wood&Latham, 2013)은 이를 '통합된 경험'이라 일컬었다. '소통'의 개념은

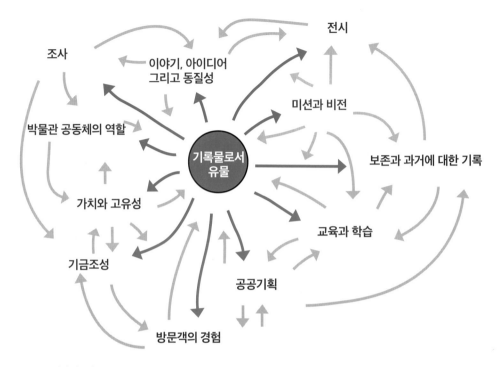

전시

조사

이야기, 아이디어
그리고 동질성

미션과 비전

박물관 공동체의 역할

기록물로서
유물

보존과 과거에 대한 기록

가치와 고유성

교육과 학습

기금조성

공공기획

방문객의 경험

6-1. 유물 중심의 박물관

20세기 초반의 유명한 철학가이자 교육 개혁가인 존 듀이(John Dewey)로 부터 나왔다. 박물관에서의 경험은 유물과 사람들로부터 만들어진다. 이것이 박물관을 특별하게 하는 요소이다. 박물관과 관련기관(국립공원이나 기념물 등) 외에 진품을 사람들에게 보여주는 공간은 없다. 사람과 문서 간의 상호작용은 결국 박물관의 모든 업무로 연결된다. 박물관 종사자들은 스스로에게 왜, 무엇을, 어떻게 해야 하는지 질문을 던져야 한다. 왜 유물을 목록화 해야 하고, 전시를 열어야하며, 브로셔를 만드는 목적은 어디에 있고 학생들이에 왜 이런 주제를 가르쳐야 하는지. 이러한 것들이 바로 사람과 유물 사이에서 일어나는 '소통'이다. 관람객들도 마찬가지이다. 어째서 박물관에 직접 왔는지, 무엇을 배우고자 하는지를 생각해볼 필요가 있다. 다큐멘터리를 보거나 디즈니랜드에 가거나 아니면 오페라 공연을 볼 수도 있었다. 그러나 박물관 유물로부터 느껴지는 존재감이 박물관에서의 경험을 특별하게 만들기 때문에 박물관을 찾아 온 것은 아닐까.

제4부

누가 (WHO)

7

박물관에서 일하는 사람들

초창기 박물관의 업무

　박물관이 생겨난 이래 박물관 종사자들의 업무는 엄청나게 다양해 지고 있다. 2장에서 설명한 것처럼 박물관은 르네상스 시기 개인 소장형식의 캐비닛에서 성장했는데, 캐비닛 소유자에 대해서는 많이 알려져 있지만 캐비닛을 관리한 사람들에 대해서는 거의 모른다. 몇 가지 기록을 통해서 엿볼 수 있을 뿐이다.

　페란테 임페라토(Ferrante Imperato, 1525-1625)의 <Dell'historia naturale>(1599년)에는 캐비닛을 묘사한 삽화 그림이 실려 있는데, 이것이 박물관의 모습을 보여주는 첫 번째 그림이다. 객실에 선반과 캐비닛이 늘어서 있고 박제 된 동물이 걸려 있으며, 임페라토가 긴 막대기로 자신의 전리품들을 가리키고 있다. 그런데 여기에는 표본을 준비하고 유물을 정리하는 조수의 모습은 표현되어 있지 않다.

　반면 1677년 제작된 에칭 작품에는 페르디난토 코스피(Ferdinando Cospi, 1606-1686)의 소장품을 관리하는 난쟁이 세바스티아노 비아바티(Sebastiano Biavati)가 등장한다. 방 가운데 서서 선반의 유물을 정리하고 있는데, 비아바티는 관리자이이지만 또 한편으로는 소장품의 일부로 즉 비정상적인 존

7-1. 빈센트 박물관(1706년)

재로 표현되어 있다. 비아바티를 제외하면 초기 박물관 종사자에 대해 언급한 자료는 거의 발견되지 않는다.

레빈 빈센트(Levin Vincent) 박물관의 1706년 카탈로그에 실린 <자연의 경이로운 극장(the Wondertoonel der Natur)>에는 조수들과 함께 박물관을 방문한 수집가들의 모습이 묘사되어 있다. 빈센트(1658-1727)는 자신의 재산을 털어 상당한 규모의 캐비닛을 만들고 수집품 카탈로그를 발행한 암스테르담의 의류 상인이었다. 그림에 묘사 된 방문객들의 옷차림이 매우 화려한 것으로 보아 빈센트와 비슷한 사회 경제적 계층의 구성원임을 알 수 있다. 그런데 화면의 오른쪽 모서리를 보면 비교적 간소한 옷을 입은 젊은 사람이 눈에 띈다. 아마도 이들과 동행한 조수 중 한 명으로 누군지 모를 방문객을 도와주고 있는 것처럼 표현되었다.

1800년대 박물관 예산을 기록한 문서에는 조수에게 급여를 지급했다는 내용이 있지만 이들이 훈련을 받은 사람들인지 그리고 어떤 작업을 했는지는 알 수 없다. 1900년 윌리엄 플린더스 매튜 페트리(William Flinders Matthew Petrie)는 런던 박물관에 수장고 구축, 소장유물의 목록 작성 그리고 직원 교육을 제안하였다(페트리 1900; Podgorny 2012). 유물 리스트에는 새로운 기술인 흑백사진과 확대사진을 실어야 한다고도 했다. 박물관에서의 소장품 관리가 유물 목록을 토대로 이루어질 것이라는 그의 예측은 정확히 맞아떨어졌다. 물론 이 목록이라는 것이 오늘날 박물관에서 볼 수 있는 수준 높은 정보의 집약체는 아니지만 말이다.

20세기 초반 박물관의 전문화와 함께 박물관에서 일하는 사람들 역시 점점 더 많은 훈련을 받아야만 했다. 1차 세계 대전 당시 최초로 정식 고용된 박물관교육사는 학교 교사였다고 하니, 그 수준 높음을 짐작할 만하다. 큰 규모의 박물관에서는 인류학, 미술사, 생물학, 역사학 분야에서 학위를 받은 전문 큐레이터들을 고용했고 특히 전시 인력들은 그래픽 아트나 미술에 조예가 깊은 사람들로 채용되었다

뉴저지(New Jersey) 뉴어크(Newark)에 위치한 뉴어크 박물관(The Newark Museum)의 관장 존 코튼 다나(John Cotton Dana)는 박물관교육의 선구자이다. 다나는 박물관교육자의 존재가 박물관을 '방목하는 박물관'에서 '시각적인 교육의 기관'으로 변화시킬 수 있다고 생각했다. 1920-1930년대에는 박물관교육과 관련된 연구물들이 발표되어 박물관교육의 전문화를 이끌었

다. 그 결과 1932년에는 미국 박물관의 15%만이 교육 프로그램을 운영했지만, 1960년대에는 그 비율이 79%까지 올라갔다. .

20세기 박물관이 전문화되자 전시 개발자, 소장품 관리자, 관람객 서비스 관리자 등 새로운 명칭들이 생겨났다. 그리고 1889년 영국을 시작으로 박물관 근로자들의 전문협회가 등장하기 시작했는데, 이것 역시 박물관이 전문화 되었다는 증표 중 하나이다. 1906년에 미국박물관협회(The American Association of Museums)가 설립되었고, 첫 번째 정기 간행물인 『Museum Work』는 1918년부터 간행되기 시작했다. 미국역사협회(The American Historical Association)는 1884년, 미국지역역사협회(American Association for State and Local History(AASLH))는 1940년에 발족되었고 국제박물관협회(The International Council of Museums, ICOM)는 1946년에 설립되었다.[6]

박물관에서 업무를 수행하기 위한 훈련과 준비

박물관학의 역사가 100년이 넘은 것에 비해 대학에서 박물관학 프로그램을 운영한 지는 아직 40년밖에 되지 않았다. 이처럼 박물관학 교육 프로그램의 개발이 오래 걸린 까닭은 사람들이 전문교육을 왜 받아야 하는지 잘 알지 못했고 어떤 교육을 해야 할지에 대한 합의가 이루어지지 않았

6) 한국의 박물관 역사는 국립박물관(2009)이 출간한 '한국박물관 100년사'에 정리되어 있다. 한국에서의 박물관 협회들에 대해서는 박물관협회(2016)이 출간한 '한국박물관협회 40년사'와 한국대학박물관협회(2011)가 출간한 '한국대학박물관협회 50년사'에 그 역사가 설명되어 있다.

기 때문이었다. 박물관 경력을 위해 준비해야 할 학위과정(인류학이나 역사학 등), 기술 과정(회계, 교수법 등) 그리고 박물관에서의 업무경험 정도만 있으면 충분하다고 생각했다. 그러나 이렇게 하면 유능한 박물관 노동자는 될 수 있지만, 철학과 이론에 조예가 깊은 박물관학자(museologists)는 될 수 없다(2006년 시몬스).

전문 박물관인 양성을 위한 미국의 첫 번째 공식 훈련 프로그램은 1908년 펜실베니아 박물관의 사라 요크 스티븐슨(Sarah Yorke Stevenson)에 의해 만들어졌다. 그리고 이후 1910년 웰슬리 대학(Wellesley College), 1911년 아이오와 대학(University of Iowa), 1921년 하버드(Harvard) 대학 그리고 1925년 뉴어크 박물관(the Newark Museum)으로 이어졌다. 그러나 박물관학 대학원과정은 1970년대에 이르러서야 확산되었다. 오늘날에는 인가된 온-오프라인의 다양한 박물관학 석사학위 과정과 대학교 박물관학의 다양한 분야를 교육하고 수료증을 발급해 주는 기타 기관들이 늘어나고 있다.

직책, 부서 그리고 업무

박물관에는 수행해야 할 과제가 많다. 큰 박물관에서 일하는 직원들은 전문성이 높기 때문에 해야 할 업무의 숫자는 적지만 대신 업무의 빈도는 잦다. 반면 작은 박물관에서 근무하는 직원들은 다양한 업무를 혼자 수행해야 한다. 그런데 대부분의 박물관 종사자들은 작은 박물관에 소속되어 있기 때문에 한 사람이 여러 가지 일들을 맡아 처리할 수밖에 없고, 그래서 직책만 보고는 무슨 일을 하는 사람인지 알기 어렵다.

게다가 요즘에는 박물관의 고비용 문제 때문에 가급적 적은 돈으로 많은 작업을 수행할 수 있는 새로운 방법을 강구하는 상황이다. 박물관의 규모는 점차 커져가지만 잘 훈련된 전문 인력의 숫자는 오히려 줄어들고 있다. 이러한 경향은 앞으로도 계속될 것이다. 현재 박물관에서 근무하는 전문가들은 역대 전임자들에 비해 훨씬 더 다양한 작업을 하고 있는데, 앞으로 근무하게 될 사람들은 지금보다도 많은 종류의 일을 맡게 될 것이라 예상을 할 수 있다. 박물관 업무의 또 다른 추세는 컨설턴트의 존재이다. 박물관의 직원 수는 예산에 한계가 있기 때문에 늘릴 수 없다. 따라서 전시 개발과 구조물 설치, 웹 디자인, 전시 평가, 모금활동 등 이제까지 박물관 내부에서 해결하던 일들을 외부 컨설턴트와의 계약으로 수행하는 추세이다.

직책과 관련된 단어들

박물관의 업무를 직원들에게 분배하는 방법은 박물관의 크기, 조직체계, 소장품의 성격 등에 따라 차이가 있을 수밖에 없다. 박물관에서 일하는 전문가들의 직책과 이들이 무슨 일을 해야 하는지 정해져 있기는 하지만, 실제로는 한 사람이 여러 가지 일들을 동시에 수행한다. 특히 큐레이터라는 직책은 박물관마다 업무 영역과 범위가 다르다. 박물관에 취직하려는 사람들은 시전에 어떤 일을 해야 하는지 직무설명서를 자세히 읽어봐야 한다. 직책명 보다는 박물관에서 내가 무슨 업무를 맡게 될지 이해해야 한다는 뜻이다. 그러나 박물관 시스템은 상호 복잡하게 연결되어 있고 계층적이지 않다는 점을 항시 명심해야 한다. 그래서 어떤 박물관에는 있지만 다른 박물관에는 없는 직책도 있을 수 있다(예: 개발 책임자).

관리직 Administration

〈관장(Director)〉

박물관 관장은 박물관 운영을 책임지는 관리자이다. 일부 대형 박물관의 관장은 CEO라는 직함을 가지고 있기도 하다. 박물관 관장은 이사회나 정부기관에 박물관 운영 현황을 보고하고 이들의 감독을 받는다. 오늘날 박물관 관장들은 잠재적 기증자를 모집하고, 기금모금을 위해 후원자들과 함께 일하며 재정지원 호소에 엄청난 시간을 소비한다. 또 전문 인력을 구하고 재정을 책임지는 등의 관리능력은 물론 참신한 기획력과 소통력을 갖추어야 한다. 상황에 따라 세련된 사교기술을 발휘해야 할 때도 있다. 규모가 큰 박물관의 관장들은 모든 직원들을 직접 감독하지 않는다. 그래서 관장들은 전문가의 협력을 얻거나 신뢰할 수 있는 네트워크에 의존해서 업무를 파악하기도 한다.

〈개발 책임자(Development Officer)〉

기금 마련은 박물관의 미션 수행을 위한 중요한 활동이다. 기금을 모집하는 직원은 일반적으로 전문성이 요구되지는 않지만 이들이 박물관을 잘 이해하면 할수록, 잠재적 기부자들로부터 효과적인 협력을 유도할 수 있다. 보통 금융, 회계, 또는 비즈니스와 관련된 전공자들로, 우수한 소통 능력을 가지고 있다. 개발 책임자들은 박물관 운영을 위한 다양한 업무 즉 박물관이 아이들을 돌보는 문제, 박물관의 사명을 뒷받침하기 위해 무엇이 필요한지, 박물관 소장품을 발전시키고 안전하게 유지하는 방법 등을 이해해야 한다. 그리고 박물관의 재무 목표를 달성하기 위해 기증자, 보조금 지원자,

자금 조달 기관과 함께 일을 한다.

〈보조금 유치 인력(Grant Writer)〉

보조금 신청서 작성은 특별한 형식을 갖고 있다. 보조금 신청 담당자는 세부사항에 유의하고 보조금 신청 양식의 지시사항을 잘 따라야 하지만, 한편으로는 박물관의 요구를 설득력 있게 제시 할 수 있어야 한다. 박물관학 교과목에는 포함되어 있지 않지만, 박물관의 기능과 시스템을 잘 이해하고 있다면 보조금을 신청하는데 큰 도움이 될 수 있을 것이다. 보조금 신청 담당자는 다양한 재단과 정부 보조금에 대한 정보 그리고 각 유형의 보조금마다 별도로 요구하는 조건, 마감기한에 대해 잘 알고 있어야 하며, 보조금 유치 실적을 대내외적으로 홍보해야 한다. 이들은 정직원이 아닌 임시 직원이나 컨설턴트로 고용되는 경우가 많다.

〈웹 디자이너(Web Designer)〉

웹 디자이너의 중요성에 대해 많은 사람들이 생각을 잘 못한다. 그러나 박물관 관람객들은 대개 웹사이트를 통해 박물관을 처음 알게 된다. 따라서 잘 설계된 사이트가 중요하다. 웹 디자이너는 정보 기술과 디자인에 대한 배경 지식이 있어야 한다. 박물관 연구 학위 취득에서 웹 디자이너에 대한 요구 사항은 없지만 박물관의 복잡성을 이해하고 있다면 박물관을 위한 최고의 결과물을 만들어 낼 수 있을 것이다.

〈변호사(Attorney)〉

박물관 법을 다루는 변호사는 많지 않다. 그만큼 전문성이 높고 매우 가치 있는 업무이다. 이들은 문화재법, 식물 및 야생 동물의 이동에 대한 국제 법률, 저작권법 등을 다룬다. 대부분 박물관에서 변호사를 정식직원으로 채용하는 경우는 별로 없고 필요할 때마다 변호사를 고용한다. 박물관 변호사는 일반적으로 법학박사 학위를 취득하고 변호사 자격증이 있어야 한다.

〈재무 책임자(CFO)〉

박물관 재무 책임자는 박물관의 규모와 복잡성에 따라 다르기는 하지만 공인 회계사(CPA) 자격증이나 관련 학위를 가지고 있어야 한다. 재무 책임자는 예산 책정 및 박물관의 금전·급여 관리에 대한 책임을 진다. 대규모 박물관에서는 재정을 관리하는 것이 매우 복잡하다. 재무 책임자는 일반 사업비용 처리 방법뿐만 아니라 박물관 현장의 특수성을 이해해야 한다(디자인과 전시구성, 유물을 구입하고 파는 상업시장의 변덕 등). 그리고 비영리기관에 영향 끼치는 법률 및 규정에 대해서도 예리하게 주시해야 한다.

〈인력고용 책임자(Human Resources Officer)〉

박물관에서 일하는 인력고용 책임자의 임무는 다른 조직과 다르지 않다. 이들은 직원들의 고용을 책임 져야하는데 일반적으로 인사관리 또는 비지니스 학위를 가지고 있다.

〈회원 관리자(Membership Director)〉

회원들의 후원금에 의존하고 있는 박물관이 많기 때문에 회원 관리자의 업무는 매우 중요하다. 회원 관리자 또는 코디네이터라고 불리는 이들은 회원들을 위한 프로그램 설계, 회원들의 활동 관리, 회원모집 등을 자원봉사 코디네이터, 개발부 직원들과 밀접하게 상호작용하면서 일을 한다. 실제 회원 관리자는 회원들이 박물관을 지지하고 관심을 갖도록 하는데 영향을 크게 미친다. 이들은 뛰어난 대인 관계 기술을 갖고 있으며 홍보 마케팅과 박물관학에 대한 이해가 깊다.

〈자원봉사자(Volunteers)〉

자원봉사자들은 박물관에서 중요한 역할을 한다. 작은 박물관들에서는 유급 직원 없이 이들이 박물관의 업무를 보기도 한다. 자원봉사자들은 일반적으로 해당 박물관의 오리엔테이션을 통해 교육을 받은 사람들로 안내 데스크나 특별 이벤트가 열릴 때 공공 인터페이스에서 일을 수행한다. 하지만 이뿐만 아니라 투어 가이드, 교육자, 수집 또는 연구 조교, 큐레이터의 역할을 할 수도 있다. 전문 과학자와 학자들이 은퇴 후 박물관에서 자원봉사를 하는 일이 드물지 않다. 도슨트와 자원봉사자를 구분하는 박물관도 있지만 또 어떤 박물관에서는 이들 모두를 자원봉사자로 칭한다.

〈도슨트 코디네이터(Volunteer or Docent Coordinator)〉

1893년부터 1925년까지 보스턴 미술관의 이사였던 벤자민 이브 길만(Benjamin Ives Gilman, 1852-1933))은 박물관에서 도슨트라는 용어를 사용했다. 도슨트의 어원은 '가르치다'를 의미하는 라틴어 'docere'이다. 미국에서 도슨트는 전시설명을 하거나 강의를 하는, 공공 서비스와 관련된 임무를 수행하는 훈련된 자원 봉사자를 지칭한다. 일부 박물관에서는 매우 폭넓은 도슨트 프로그램을 정기적으로 운영하고 있다. 도슨트를 모집하고 훈련시키며 감독하는 것이 도슨트 코디네이터의 일이다. 도슨트 코디네이터

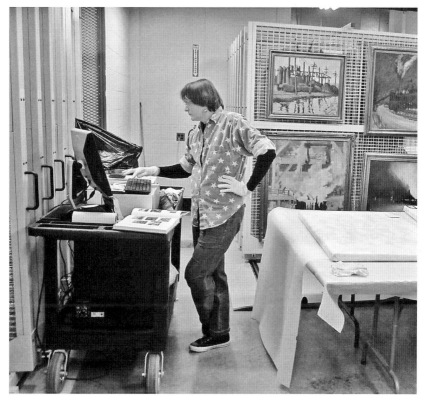

7-2. 펜실베이니아 주립대학 지구광물과학박물관의 전자 데이터베이스에 정보를 입력하는 모습

들 역시 탁월한 대인 관계 능력이 있어야 하며 교육 경험이 풍부해야 한다.

소장품 Collections

〈기록보관인(Archivist)〉

기록보관 작업은 각종 원고와 기록들을 조직, 색인, 분류, 저장하고 이를

슈미틀 직

내 직책은 소장품 큐레이터였다. 이 장에서 언급한 박물관의 여러 직책으로 볼 때 조금 헷갈릴 수도 있지만, 나는 소장품 관리자이자 소장품의 큐레이터이기도 했다. 박물관에서 다루는 주제인 우주 역사의 전문가 아니었지만, 시간이 흐르면서 우주에 대해 자연스럽게 알게 됐다. 내 업무는 등록 업무(박물관 내 유물이동과 대여업무), 소장품관리 그리고 연구 및 전시물 설치 등이었고 정책, 예산, 집필뿐만 아니라 박물관 내부의 공간디자인까지 책임지고 있었다. 그 어느 업무에서도 관련 박사학위를 갖고 있지 못했지만, 사실 가질 필요도 없었다. (KFL)

검색할 수 있도록 하는데 초점이 맞추어져 있다. 예전에는 정보를 담는 매체가 대게 종이문서였지만, 현대 아카이브는 필름, 테이프, 디지털 형식을 포함하고 있다. 디지털 보존은 모든 종류의 기록을 보관 하는데 유용한 기술이다. 박물관에서의 기록들은 주로 소장품과 박물관의 역사, 운영과 관련되어 있다. 이들은 대부분 서지학, 정보과학, 정보역사 전공자들이다.

〈소장품 관리자와 유물등록자(Collection Manager and Registrar)〉

소장품 관리자와 유물등록자(registrar)의 직업은 매우 유사하다. 유물등록자이라는 명칭은 유물 등록과 처리 및 수집 관련 기록들을 담당하는 박물관의 전문인력을 말하는데 19세기 말에서 20세기 초에 생겨났다. 반면 소장품 관리자(Collection manager)라는 용어는 1970년대 중반 자연사 박물관에 사용하기 시작했다. 그래서 한때 소장품 관리자란 큰 규모의 자연사나

7-3. 캔사스주 허친슨에 위치한 캔사스천체우주센터의 제미니우주선 내부를 조사하고 보고서를 작성하는 모습

역사박물관에서, 유물등록자는 다소 규모가 작은 박물관에서 소장품을 관리하는 사람이라는 인식이 있었다. 하지만 1990년대 말에 이러한 구분은 사라져 버렸다. 박물관 소장품 관리자 및 유물등록인의 역할을 하려면 박물관학 대학원을 나오거나 도서관과 정보과학 분야에서 학사 학위를 받아야 한다.

〈큐레이터(Curator)〉

큐레이터라는 명칭이 광범위하게 쓰이고 있지만 사실 모순된 용어이기

7-4. 살아있는 역사 해설자 역시 박물관 교육사로 봐야 한다. 라탐(K. R. Latham)이 1830년대 오하이오주 아크볼드 사우더 빌리지의 아미쉬 이주자로 분장하고 있는 모습

도 하다. 큐레이터는 특정 주제에 고도로 전문화된 인력이고 동시에 소장품을 관리하는 사람이라 할 수 있다. 큐레이터는 관련 학위를 가지고 소장품을 기반으로 연구를 하는 전문가이다. 전시와 교육 프로그램을 위한 전문 콘텐츠를 제공하고 소장품을 성장, 발전시키기 위해 노력한다. 그리고 소장품 관리에 일차적인 책임을 져야 한다. 일반적으로 학술적인 주제로 학사학위를 따고 박물관학 또는 유사한 전공의 석사학위(역사 같은)를 가지고 있다. 일부 박물관에서는 큐레이터가 유물을 수집 등록하고 카탈로그를 만드는데, 이것은 큐레이터가 점점 무대 뒤에서 나와 대중들에게 정보를 제공하는 역할을 해야 함을 뜻한다.

〈정보기술자(Information Technologist)〉

박물관의 정보기술자는 여러 가지 영역에 관여한다. 예산 및 급여 지급을 위해서 소프트웨어와 하드웨어를 관리해야 하고, 유물관리 시스템에 대한 이해도 있어야 한다. 또 박물관 식당이나 상점에서 사용하는 프로그램까지 숙지하고 있어야 하며, 심지어는 전시디자인을 위한 각종 장비관련 일도 해야 하는 경우가 있다. 이들은 대부분 정보 기술 또는 컴퓨터 과학 학위를 가지고 있다.

〈유물 포장 전문가(Preparator)〉

유물 포장 전문가는 박물관 유물의 포장 및 운송을 전문으로 사람이다. 때론 유물의 설치하고 제거하는 일도 맡는다. 특수한 업무이기 때문에 별도의 훈련을 받아야 하지만 순수예술이나 응용미술 학위를 가진 사람들도 있다.

〈사진작가(Photographer)〉

디지털 기술의 도입으로 박물관에서 사진작가의 위치는 지난 15년 동안 크게 변했다. 현재 박물관의 사진작가는 반드시 높은 전문성을 지녀야 할 뿐만 아니라 소장품, 전시, 마케팅 담당 직원들을 만족시킬 수 있어야 하며 3D영상을 포함한 디지털 기술에 능해야 한다. 또 사진작가들은 저작권 및 라이선스 문제에 대해서도 숙지하고 있어야 한다. 박물관에서는 디지털 이미지는 물론 여전히 전통적인 필름 형식(흑백 네거티브 필름, 컬러 네거티브 필름, 컬러 슬라이드, 영화 필름, 비디오 등)의 이미지 소장품을 다량 가지고 있다. 그래서 박물관에서는 사직작가들이 이들 자료들을 모두 다룰 수 있기를 바란다.

보존 Conservation

〈보존 처리사(Conservator)〉

보존 처리사가 되기 위해서는 유물을 진단하고 보존하는 훈련을 받아야
한다. 보존 작업은 세 가지 유형으로 크게 나뉜다. 개별 유물들을 작업대 위
에 올려놓고 이를 수복하는 일, 유물손상을 막을 수 있는 환경을 조성하는
일, 보존처리 기술과 방법을 연구하는 일이 바로 그것이다. 이들은 보통 보
존 과학 석사 학위를 가지고 있고, 이 중 연구직은 재료 과학이나 화학 분
야의 박사 취득자여야 한다. 박물관 보존 처리사의 작업은 박물관의 크기
와 소장품의 종류에 따라 달라진다. 작고 다양한 유물을 소장하고 있는 기
관의 보존 처리사는 여러 분야의 보존 지식을 두루 갖추어야 하지만, 큰 기
관에서는 특화괸 세부 전공자를 고용하는 경우가 많다.

〈보존처리 기사(Conservation Technician)〉

보존처리 기사는 보존 처리사보다 경험과 관련 지식이 적은 전문가들이다.
이들은 보존 처사의 지시에 따르거나 긴밀한 협의 아래 업무를 수행한다.

교육 Education

〈교육사(Educator)〉

옛날에는 박물관교육사들이 학교 교사들처럼 교육 훈련과 인증을 받아
야 했다. 그러나 박물관교육, 비형식 학습에 대한 연구가 진행되면서 교육

학 전공자 보다는 박물관학 학위를 취득한 박물관교육사를 선호하게 됐다. 박물관교육사들은 대체로 해박한 이론을 섭렵하고 있음은 물론 관람객들에게 어떻게 다가가서 설명해야 할지를 교육받는다. 이들은 성인에서부터 유치원생들까지, 특정 연령그룹에 특화괸 프로그램 운영자들로써 전문성을 갖추고 있다. 교육 대상자는 개인일 수도 있고 가족단위일 수도 있으며, 요즘에는 (도서관처럼) 홈 스쿨링 그룹을 가르칠 수 있도록 훈련된 교육사도 등장했다. 박물관교육사들은 박물관의 소장품을 기반으로 교육안을 짜거나(소장품을 해석하는 작업에 큐레이터들이 함께 참여하기도 한다), 전시주제와 관련된 프로그램을 개발하고 그 학습결과를 평가하는 일도 맡고 있다.

〈프로그램 개발자(Program Developer)〉

교육부서의 규모가 큰 박물관에는 박물관교육사 외에 프로그램 개발자가 따로 존재한다. 프로그램 개발자는 대게 박물관학 학위를 가지고 있으며, 박물관의 소장품과 전시주제를 기반으로 교육 프로그램을 개발하는 전문가이다.

〈평가관(Audience Evaluator)〉

외부 전문가와 계약을 체결하지 않고 전시 및 기타 프로그램을 평가하는 직원을 고용하기도 한다. 이들은 어떻게 평가할 것인가를 설계하고 이를 수행해 담당 직원에게 평가의 결과를 해석해 주는 일을 한다. 평가자는 소비자학, 교육학, 환경 디자인, 커뮤니케이션, 마케팅, 발달 심리학과 같은 지식을 두루 갖추고 있어야 한다.

박물관의 SWAT 팀

내가 큐레이터로 일하고 있을 때, 지방 SWAT 팀이 우리 박물관에서 기동 연습을 한다는 통보를 받았다. 어둡고 꾸불꾸불한 미로가 많은 우리 박물관의 전시장이 훈련에 가장 적합한 장소라는 것이었다. 우리는 소장품이 있는 곳에 큼직한 무기와 야간 투시경을 들고 돌진하는 것이라 생각해서 긴장하지 않을 수 없었다. 박물관에는 안전요원이 없지만 부관장이 안전 책임자였고 교육사 중의 한 사람이 경찰관 역할을 맡아서 훈련을 받았는데 결국 아무것도 파손되지 않고 무사히 끝났다. 나중에 부관장에게 들은 말이지만, 우리 박물관에 대해 잘 알고 있는 SWAT 팀이었다고 한다. (KFL)

전시 Exhibition

<전시 개발자(Exhibition Developer)>

전시담당 직원들은 박물관학에 대해 잘 알고 있어야 하고 디자인 능력도 탁월해야 해서, 이들 중에는 아예 디자인 예술 학위를 가진 사람들도 있다. 아카이브 자료의 사용법과 박물관 전시실의 설계와 건설 자재에 대한 지식도 필요하다. 이들의 업무는 앞으로 개최할 전시를 기획하고 디자인하는 일에서부터 전시를 열고 먼지를 닦아내는 일까지 매우 폭넓다. 전시 개발자들은 대체적으로 손재주가 뛰어나고 전시 기획과 디자인 관련 업무를 소화해 낼 수 있는 능력을 갖추고 있는데, 큰 박물관에서는 전담 전시담당자가 있지만 작은 박물관에서는 여러 분야의 직원을 동원하여 전시팀을 꾸리

훌륭한 경비원은 보석과 같은 가치를 지닌다.

톨레도예술박물관의 경비원 한 사람이 기억에 남는다. 당시 나는 아무 말 없이 전시실에 서서 방문객들을 의심스러운 눈초리로 쳐다보고 방문객들을 불안하게 만드는 경비원들이 정말 예산 낭비라 생각하고 있었다. 그런데 이 경비원은 이런 나의 관점을 완전히 바꾸어 버렸다. 나는 르네상스 시대의 초상화가 전시되어 있는, 내가 가장 좋아하는 전시실로 들어갔다. 그때 경비가 다가오더니 "여기 와보세요. 이것 좀 보세요. 이게 내가 이 박물관에서 가장 좋아하는 것입니다." 경비는 의자를 들어서 렘브란트 작품 앞에 놓더니 나보고 앉으라고 하는 것이었다. 그리고 그는 얼굴에 함박웃음을 지으며 내가 그림을 자세히 감상할 수 있도록 자리를 떠났다. (KFL)

기도 한다. 또 민간 기업이나 컨설턴트에 전시 업무를 의뢰할 수도 있다.

〈예술가(Artist)〉

회화나 조각에 전문성을 갖고 있는 사람들이 고용되는데, 박물관에서 필요로 하는 라벨이나 패널 등을 디자인하고 만들어낼 뿐만 아니라 전시 보조물로 사용할 오브제를 자체를 제작하기도 한다.

〈목수(Carpenter)〉

목수는 프레임 작업에 능숙해야 하며 건축 및 건설 분야의 지식과 기술을 보유하고 있어야 한다. 박물관의 목수는 무거운 유물을 떠받치는 구조물에서부터 작고 부서지기 쉬운 오브제들을 보호하는 보조물까지 만들어

7-5. 텔레도 예술박물관의 관람객을 위한 의자

박물관학의 기초 - 진화하는 지식의 시스템

그들의 이름을 기억하라.

박물관 직원들이 청소, 잔디관리, 안전 등을 담당하는 사람들을 소홀히 대하는 경우가 있는데 이건 큰 착각이다. 예를 들어 박물관에서 해충문제가 발생했을 때 청소관리인들의 역할이 무엇보다 중요하다. 소장품 처리반이 도착하기 전에 청소 관리인들이 먼저 작업을 하게 되는데 작업과정에서 해충의 흔적이 지워질 수도 있다. 그리고 청소 관리인들이 (의도한 것은 아니겠지만) 해충방제를 위해 쓰는 화학약품이 증기를 내뿜어 유물에 손상을 줄 수도 있다. 이런 점에서 소장품 관리자와 청소 관리인들의 소통은 매우 중요하다. 우리는 박물관학 강좌에서 학생들에게 만일 청소부들의 이름을 외우지 못한다면 일을 제대로 안한 것이라 가르친다. (UES와 KFL)

내는 복잡한 작업을 담당한다.

〈디자이너(Designer)〉

디자이너는 디지털 자동 설계 소프트웨어 기술을 포함해 다양한 분야의 지식을 가진 전문가들이다. 연출을 통해 복잡한 아이디어를 시각화시키고 전시 주제에 맞춰 잘 깨지고 예민한 유물들을 전시실에 조화롭게 배치할 수 있어야 한다. 큐레이터, 교육사 및 기타 콘텐츠 전문가와 함께 팀의 일원으로 활동할 일이 많으므로 협업 능력도 필요하다.

이 중요한 물건에 네 이름을 새겨라

박물관에서 소장품 책임자로 근무할 때, 나는 '안돼'라는 부정적인 말을 일삼는 사람이었다. 우리 박물관의 전시물 중 하나인 SR-기 블랙 버드(비행기)를 점검하던 날, 표면에 새겨진 낙서를 발견하고는 기분이 무척 안 좋았다. 이 비행기는 누구나 만질 수 있는 위치에 놓여 있지만, 관리 책임자는 안전 줄이나 주의를 주는 안내판을 세우려 하지 않았다. 우리 박물관에서는 공간 임대 사업을 하고 있는데, 물론 전시장은 아니고 박물관 입구 쪽이다. 그런데 어느 날 우리 박물관의 행사담당 직원들이 테이블을 가져다 놓는 것을 보았는데, 문 바로 앞 공간 즉 비행기 코 바로 아래에 테이블을 설치하는 것이었다. 사람들이 저녁 내내 비행기 코 밑에서 마시고 먹겠다는 것이었다. 비행기에 손대지 않고는 못 배길 것임이 너무나 명백한 일이다. 손님들은 이 비행기가 하늘을 드높이 날던 귀한 유물이라는 것을 알 리가 없을 테니 말이다. (KFL)

대중들과의 관계 Public Relations

〈홍보 담당관(Public Relations Officer)〉

박물관 홍보 담당자는 뛰어난 의사소통 능력을 바탕으로, 일반 대중이 이해할 수 있는 용어를 사용해 복잡한 아이디어를 전달하는 업무를 맡는다. 이들은 대게 저널리즘, 마케팅, 통신, 또는 광고학 학위를 가지고 있다.

보안 Security

〈보안 담당자(Security Officer)〉

지금껏 박물관 보안 담당자의 주요 임무는 관람객들이 전시물을 만지지 못하도록 감시하고 소장품이 도난당하지 않게 지키는 것이었다. 그러나 공공장소에서의 각종 폭력 사건이 증가하면서 박물관의 보안 문제는 복잡해졌다. 보안 담당자가 되기 위해서는 폭발물의 탐지, 공공 안전평가(무장 침입자 처리, 군중의 안전한 이동과 응급처치, 박물관 보안 시스템) 훈련을 받아야 한다. 그리고 범죄학, 형사법, 경찰 과학 및 공공의 안전에 관한 지식과 풍부한 현장 경험을 필요로 한다.

〈경비원(Guard)〉

박물관 경비원은 관람객들에게 가장 눈에 잘 띄는 박물관 보안의 한 축이다. 박물관의 크기와 소장품의 성격에 따라, 경비원들은 박물관 개관 시간에만 근무를 설수도 있고 아니면 24시간 내내 교대로 일할 수도 있다. 박물관 경비원들은 관람객과 같은 공간에서 일하기 때문에 의사소통 기술을 가지고 있어야 하고 보안 훈련이 잘 되어 있어야 한다.

시설유지와 관리 Maintenance

〈시설 관리자(Facilities Manager)〉

박물관 시설 관리자는 작업 관리자라고도 불린다. 이들은 전기, 물, 가열 및 냉각 시스템을 포함한 박물관 건물의 물리적 구조를 관리하고 감독한다. 대부분의 시설 관리자는 엔지니어링에 대한 배경지식을 갖고 있다. 그러나 난방과 공기 정화(HVAC) 시스템은 물론 박물관 건물의 특성과 소장품의 성격 등도 알아야 한다. 건물을 수리하거나 증축하는 등의 계획이 있을 경우 시설 관리자는 박물관과 건설 사무소의 중개인 역할을 하게 된다. 시설 관리자는 일반 관리인(청소부)과 경비원뿐만 아니라 건물의 기능을 전반적으로 통괄 관리한다.

〈청소 관리인(Custodian)〉

청소 관리인은 박물관의 청소를 담당한다. 다른 업무에 비해 중요성을 인정받지 못하는 것이 사실이지만 이들의 역할은 박물관 운영에 매우 중요하다. 청소 관리인은 보통 시설 관리자의 지시에 따라 작업하게 되는데, 청소일에 특별한 배경지식은 필요치 않지만 전시의 특수성에 대해 알려주는 것이 유리하다.

〈지상 근무자(Grounds Keeper)〉

박물관의 잔디밭, 산책로, 주차 구역의 관리는 시설 관리자의 지시에 따라 지상 근무자가 책임을 진다. 건물과 주변 환경의 관계에 대해 잘 알고 있어야 박물관 건물은 물론 소장품 역시 안전하게 유지될 수 있다.

관람객 서비스 Visitor Services

〈관람객 서비스 코디네이터(Visitor Services Coordinator)〉

관람객들이 박물관에서 즐거운 경험을 알 수 있도록 관람객 서비스 코디네이터를 두는 박물관들이 있다. 이 업무를 직원들에게 배분하는 방법은 박물관마다 다르다. 그러나 관람객들에게 최적의 서비스를 제공하기 위한 모든 일(입장료 할인, 화장실 용품 구비, 직원과 박물관 직원의 시설 사용 순서, 이벤트 기획, 기프트 숍 등)이 방문자 서비스 코디네이터의 업무라는 점은 동일하다.

〈이벤트 플래너(Event Planner)〉

박물관의 공공장소를 대관해 주고 결혼식, 생일파티, 회의 등을 진행하는 이벤트 플래너가 있다. 이벤트 플래너는 박물관의 수익을 위해 다양한 서비스를 제공하는데, 이들은 일반적으로 마케팅, 홍보, 또는 비즈니스에 대한 배경 지식을 가지고 있다.

〈뮤지엄샵 관리자(Retail Store Manager)〉

박물관의 뮤지엄샵은 관람객들의 박물관 경험을 풍부하게 하는 보조적인 역할을 한다. 비영리 기관에 적용되는 법에 따라 매장에서 판매되는 물건들에는 박물관의 미션이 반영되어 있어야 한다. 그래서 뮤지엄샵의 상품들은 박물관의 전시나 현재 운영되고 있는 프로그램을 테마로 만들어진다. 뮤지엄샵 관리자는 비즈니스 능력이 높아야 하고 박물관이라는 기관의 특성을 잘 이해하고 있어야 한다.

연구 Research

〈큐레이터(Curator)〉

앞서 이야기한 것처럼 박물관 큐레이터는 연구를 수행하거나 기타 학술
활동에 참여한다. 이때 일반적으로는 소장품에 대한 또는 수집과 관련한
주제의 연구를 하게 되는데, 특히 과학, 예술, 역사 박물관의 큐레이터들이
연구의 책임이 크다. 대학 박물관의 큐레이터들은 박물관과 학술기관에 공
동 임명되기도 한다.

〈사서(Librarian)〉

박물관에 설치된 도서관의 사서들 역시 일반 도서관에서 하는 작업과 유
사한 업무를 한다. 사서는 큐레이터, 전시 디자이너, 박물관 교육사의 전문
성을 충분히 알아야 하며, 희귀한 도서와 원고들이 다량 보관된 박물관도
있는 까닭에 사서들은 종종 연구 및 학술적인 업무를 담당한다.

8

박물관 이용자들

박물관을 이용하는 사람들이란?

박물관은 불특정 다수의 관람객들에게 서비스를 제공한다. 다양하고 복잡한 목적을 가지고 박물관을 찾는 사람들을 위해 박물관 관계자들은 박물관을 누가 이용하는지 알아야 한다. 박물관 이용자에는 내부 이용자와 외부 이용자가 있을 수 있다. 외부 이용자란 박물관 문을 열고 들어와 전시를 관람하고 프로그램에 참여하는 사람들이다. 온라인을 통해 박물관을 경험하는 사람들도 외부 이용자에 속한다. 반면 내부 이용자에는 박물관 근로자와 자원봉사자들이 포함된다.

3장에서 이야기한 것처럼 관람객이 없는 박물관은 한낱 저장소나 창고에 불과하다. 그 무엇으로도 대체할 수 없는 물적 자원의 보고인 박물관은 그 본연의 그 목적을 달성하기 위해 반드시 관람객들을 필요로 한다. 의미 있는 박물관이 되기 위해서는 그 자원의 의미를 확인하는 누군가가 - 관람객

박물관	대체할 수 없고 의미 있는 물질적 자원을 영구적으로 유지하고 그것에 대한 생각과 개념을 대중에게 전달하기 위해 만들어진 시스템

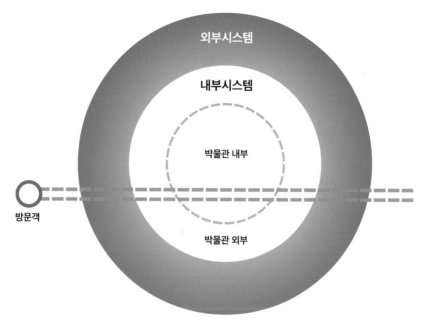

외부시스템

내부시스템

박물관 내부

방문객

박물관 외부

8-1. 박물관 시스템의 사용자

이 - 있어야 하기 때문이다. '관람객이 전시물과 소통하는 공간'이 바로 박물관의 정의인 까닭이다. 따라서 이번 장에서는 박물관을 이용하는 사람들이 누구인지, 왜 그리고 어떻게 박물관을 이용하는지, 박물관 근무자들은 어떻게 박물관 이용자들의 다양한 요구를 수용할 수 있는지 살펴보고 박물관 이용자들에게 동기를 부여 할 수 있는 방법을 탐색해볼 것이다.

8-2. 우주인같이 행동하기. 우주박물관에서 아이들을 위한 즐거운 활동

박물관학의 기초 - 진화하는 지식의 시스템

누가 박물관을 이용하는가?[7]

박물관의 내부 시스템은 대게 가려져 있어 복잡해 보인다. 그러나 누가 박물관을 이용하는지는 명확하다. 결론부터 이야기 하자면 박물관을 이용하는 관람객들은 모두 사람이다. 박물관은 누구나에게 열려 있지만 이것이 모든 사람이 박물관에 간다는 것을 의미하지는 않는다. 장애물을 예기치 않게 만날 수 있다.

이용자의 범위가 개인에서 단체로까지 넓어지면서, 학교에서 오는 단체 관람객과 가족 관람객들에게 관심이 쏠리고 있다. 박물관을 방문하는 (할 수도 있는) 이용자들을 모두 다룰 수는 없지만 박물관에서 가장 높은 비율을 차지하는 개인 관람객 그리고 단체 관람객들의 방문 동기와 요구사항은 연구되어야 한다. 이때 연구는 반드시 박물관이라는 맥락 안에서 시간성을 고려하여 행해져야 할 것이다.

미국 박물관을 찾는 일반(성인) 관람객

리치 어드바이저(Reach Advisors)의 40,000개가 넘는 최근의 연구들은 박물관을 방문한 이용자들에 대한 흥미로운 현상을 제시하고 있다. 미술관 관람객의 65%가 60세 이상이고 전체 관람객의 92%가 백인이며 86%는 적어도 학사 학위를 가지고 있다. 과학센터에는 어린이 관람객들이 많

---

7) 박물관의 이용객은 사회의 발전단계와 사회 속에서 박물관이 차지하는 구조적인 비중 등에 의해서 크게 좌우되므로 각 사회마다 현격하게 차이가 날 수가 있다. 한국에서는 학생들이 교사나 다른 학습지도사들과 함께 이용하는 경우가 많으며 또한 작은 박물관들은 관광객이나 부모를 동반한 어린이 유형이 많다. 이러한 경향은 지식에 대한 사회적 수요의 변화나 학교교육 제도의 영향에서 오는 것이라고 할 수 있다.

기 때문에 관람객의 72%가 50세 이하이며, 그들 중 66%가 대부분 초등학교에 재학 중인 미성년자의 부모들이다. 과학센터 관람객의 80%는 학사 학위를 가지고 있으며, 백인이 84%이다. 또 역사박물관과 유적지를 방문한 관람객의 65%는 60세 이상이고, 그들의 25%가 중고등학교에 재학 중인 미성년자의 부모이다. 역사박물관 관람객의 68%는 적어도 학사 학위를 가지고 있으며, 95%가 백인이다. 어린이박물관은 어린이를 대상으로 하는 기관이므로 자연스럽게 89%가 50세 이하이며 64%가 40세 이하이다. 어린이박물관 관람객의 89%가 여성이고 그들의 88%는 어린이, 유치원생, 미성년자의 부모이다. 어린이박물관 관람객의 81%는 대학 졸업자들이다.

학교와 교사

전체 관람객 중 초등학생이 차지하는 비율이 가장 높다. 그러나 지난 10년간 과도한 입시 경쟁과 학교의 예산 감소로 그 수가 점점 줄어들고 있다. 그럼에도 불구하고 수업 내용의 강화를 위해 학교에서는 아이들을 박물관으로 종종 보낸다. 선생님들은 학생들에게 박물관에 가면 다른 방식으로 바라보고 생각할 수 있게 된다며 박물관 방문을 독려하기도 한다. 박물관에서는 아이들 눈높이에 맞추어 전시설명을 해주거나, 아웃리치 프로그램(outreach programs)을 통해 직접 경험(hand-on)해 볼 수 있는 기회를 제공하기도 한다. 또 어떤 곳에서는 선생님들이 직접 전시연계 교육 콘텐츠를 개발할 수 있도록, 그리고 혁신적인 교육 전략을 짤 수 있도록 도움을 준다.

가족 관람객 그리고 어린이

가족 관람객은 박물관 관람객의 약 40%를 차지한다(보룬, Borun 2008). 가족들에게 박물관 관람은 학습이자 사회화 과정이고 즐거운 오락이다. 그래서 박물관에서는 가족을 위한 전시 프로그램을 만들고 가족들이 상호작용할 수 있는 기회를 주어 가족 관람객들이 박물관 견학을 긍정적인 경험으로 인식할 수 있도록 노력하고 있다.

어린이 관람객들은 성인과 다른 방식으로 박물관을 이용한다는 것을 기억해야 한다. 어린이들은 새로운 정보를 놀라울 정도로 빨리 학습할 수 있지만, 연령에 따라 학습 방식이 다르다. 유아기 때는 매우 구체적으로 가르쳐줘야 하지만, 아동으로 성장함에 따라 아이들은 추상적인 개념을 잘 받아들인다.

2005년 '혁신 학습 연구소(The Institute for Learning Innovation)'에서는 인디애나폴리스 어린이 박물관(The Children's Museum of Indianapolis)을 방문한 가족 관람객들을 대상으로 박물관을 어떻게 이용했는지 그리고 이들에게 박물관의 학습 환경이 어떠했는지에 대해 조사하였다. 그 결과 매우 중요한 몇 가지 사실을 발견하였다.

A. 아기에서부터 조부모까지 모든 가족 구성원들이 학습하기에 적합한 환경이 필요하다. 이것은 여러 연령층이 이용할 수 있는 다양한 수준의 학습 콘텐츠가 갖춰져 있어야 한다는 것을 의미한다.

B. 가족들은 즐거운 경험을 추구한다. 가족 모두가 새로운 것을 보길 원하고, 학습하는 동안 재미있기를 기대한다. 부모가 아이들에게 패널에 적힌 설명글을 큰 소리로 읽어주고, 스스럼없이 서로 이야기를 주고받을 수 있는 분위기를 만들어야 한다.

표 8.1. 방문객들의 정체성

정체성	설명
탐험가	박물관에 가는 것이 관심사이고 호기심을 자극함
	구제적인 학습 목표는 없지만 새로운 것을 알고 싶어 함
	목표는 호기심을 충족시키는 것
	학습양이 많지만 전문가는 아님
	대게 새로운 전시와 희귀한 유물에 마음이 끌림
	시야를 확장시키길 원함
	다수의 관람객들이 여기에 속함
	구조화된 방문을 원하지 않음
	해석 도구와 가이드 투어를 피할 것, 너무 구속적임
	블록버스터 전시를 원하지 않음
	레이블을 자세히 읽고 이해함
조력자	다른 사람에 이끌려 방문
	함께 온 사람과 좋은 경험을 만드는 것이 목표
	가격을 따지고 시간을 의식함
	주된 동기는 동행의 만족을 확인하는 것
경험을 추구하는 사람	경험을 수집함: 해야 할 일의 목록에 체크 표시를 함
	지역민으로서 의무감에서 방문
	그곳에 가서 직접 경험해본 것과 같은 느낌을 원함
	목적지, 건물 또는 전시의 상징성을 확인
	만족감을 얻기 위해서 박물관의 하이라이트를 볼 필요가 있음
	단지 주말에 재미있는 것을 찾아온 사람일 수도 있음
	친구나 가족과 함께 재미있게 놀고 싶어 함
	전시 주제에 크게 좌우되지 않음
	아이 때문에 방문한 사람들도 있을 것으로 예상
	정기적으로 박물관을 찾는 관람객이 아님
	몇몇 상징성이 강한 대형 박물관을 제외하면 이들을 볼 수 없음

전문가/취미 활동가	관람객의 비율은 작지만 매우 영향력이 큼(박물관 전문가, 미술품 및 골동품 수집가, 사진작가, 교사, 예술가, 사학자 등)
	가장 비판적인 관람객임
	목표와 임무를 가지고 옴
	극소수의 틈새 관람객임
재충전을 원하는 사람	박물관을 모든 것으로부터 벗어난 공간으로 인식, 스트레스를 줄이고 깊이 생각하고 활력을 되찾기 위해 방문
	박물관을 바깥 세상의 소음을 피할 수 있는 기회의 장소로 생각, 휴식 공간
	정신적 재충전을 위해 방문
	군중이나 센세이션한 것들을 피하는 경향이 있음
	상당히 자급자족함
	성공적인 박물관 경험이란 멀리 떠나와 있다고 느끼게 하는 것
	미술관, 식물원, 수족관에는 이런 관람객들이 많음
	유물에 관심을 갖지 않음, 유물은 단지 풍경의 한 부분일 뿐
	특별 전시나 블록버스터에 거의 매료되지 않음

C. 박물관에서의 경험과 본래 알고 있던 사실들을 연결시켜 새로운 지식을 구축한다.

D. 가족 관람객들은 다양한 방식으로 학습 한다.

청소년

청소년들은 관람객 통계에서 무시되어 왔다. 청소년들은 영화, 만화책, 비디오 게임, 스포츠 등 즉각적인 즐거움을 줄 수 있는 활동들과 박물관 관람 사이에서 항상 갈등 한다. 청소년들의 박물관 관람 빈도가 낮을 수밖에

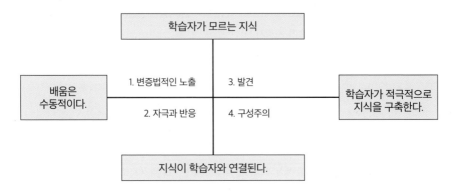

```
                    ┌─────────────────────────┐
                    │     학습자가 모르는 지식     │
                    └────────────┬────────────┘
                                 │
  ┌──────────────┐    1. 변증법적인 노출    3. 발견     ┌────────────────────┐
  │    배움은      │────────────────┼────────────│ 학습자가 적극적으로  │
  │   수동적이다.   │    2. 자극과 반응    4. 구성주의   │   지식을 구축한다.   │
  └──────────────┘                 │            └────────────────────┘
                                 │
                    ┌────────────┴────────────┐
                    │    지식이 학습자와 연결된다.   │
                    └─────────────────────────┘
```

8-3. 지식이론과 학습이론

없다. 청소년들은 여러 유형의 박물관 중 비교적 근대사나 과학기술 현상에 초점을 맞춘 박물관을 좋아하는 경향이 있다. 그 속에서 청소년들은 정체성을 찾고 의미 만들기를 한다. 따라서 박물관을 많이 이용하면 할수록 아이들의 내면세계에 박물관이 자리할 가능성이 높다.

노인

윌켄닝과 청(Wilkenning and Chung 2009)은 노년층의 경우 성별에 따라 박물관을 대하는 태도가 다르다는 것을 알아냈다. 우선 "멋진 관람객(dream visitors)"이라고 불리는 여성 노인들은 박물관을 가치 있고 몰입을 경험할 수 있을 뿐만 아니라 여러 사람들과 함께 공감 할 수 있는 아름다운 곳이라 생각했다. 반면 남성 노인들은 개인적인 방문을 원했으며 스스로 무엇인가를 배울 수 있는 도구를 제공받길 원했다. 노인 관람객 중 여성의 비율이 높은 것은 남성과 달리 여성 노인들은 가족들과 함께 박물관을 찾기 때문일 것이다.

사람들은 왜 그리고 어떻게 박물관을 이용하는가?

간단해 보이는 질문이지만 답하기는 쉽지 않다. 박물관을 찾는 이유가 수만 가지이기 때문이다. 함께 온 사람이 누구인지 그리고 얼마나 박물관에 대해 관심이 있는 사람인지에 따라 관람의 목적이 달라질 수 있다.

사람들은 보통 사회적인 이유로 박물관을 찾는다. 스스로는 무언가 배우기 위해 온다고 말할지 모르지만, 가족들과 좋은 시간을 보내고 연인과 데이트를 하거나 친구들과 놀이삼아 박물관을 방문하는 일이 많다. 물론 개인적인 경험 때문에 박물관을 찾기도 한다. 추억에 잠기고 휴식을 취하고 평온을 즐기는 명상의 장소로써 말이다.

지난 수십 년 동안 많은 이들이 관람객들의 관람동기에 대해 연구했다. 이 중 스미스소니언연구소(institutional studies at the Smithsonian)의 감독 자하바 도링(Zahava Doering)은 '관람객에게 가장 만족스러운 전시란 관람객들이 자신의 경험에 비추어 전시를 이해하고 기존의 세계관을 확인하는 동시에 보다 풍요롭게 해줄 수 있는 정보가 제공되는 전시'라고 했다(도링 & 페카릭, Doering & Pekarik 1997, 47). 간단히 말해 사람들은 의미 만들기를 위해 박물관을 찾는다는 것이다(4장 참고). 그래서 실버맨(Silverman, 1995)은 박물관 종사자들은 박물관 경험의 핵심인 의미 만들기(meaning-making)에 대해 충분히 이해하고 이를 원활히 하기 위해 논의해야 한다고 강조한다.

패커(Packer, 2008)는 박물관에서의 경험은 학습과 다르다고 이야기 한다. 왜냐하면 박물관에서는 지식습득은 물론 행복한 감정을 느낄 수가 있는데, 이것이 결국 일상생활 속에서 긍정적인 대인관계, 자아 수용, 긍정적인 생각 등에 영향을 미치게 되는 까닭이다.

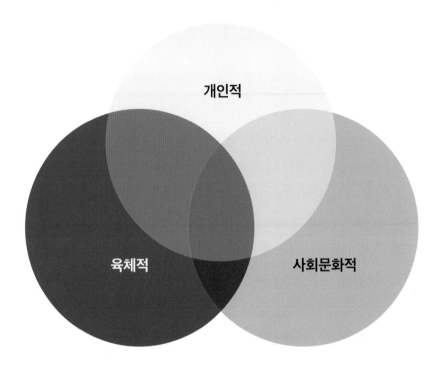

개인적

육체적

사회문화적

8-4. 학습에 대한 맥락 모델(Context Model)

포크(Falk, 2009)는 박물관 관람 경험과 의미 만들기는 개인의 관심과 정체성에 따라 다른데, 이를 크게 5가지로 유형을 나눌 수 있다고 했다(탐험가, 조력자, 경험을 추구하는 사람, 전문가/취미활동가, 재충전을 원하는 사람). 우선 탐험가들은 호기심이 많고 시각 확장을 좋아하는 사람들이다. 반면 조력자들은 자신보다는 동행한 사람이 박물관에서 좋은 시간을 가질 수 있도록 행동한다. 경험을 추구하는 사람들은 그들의 해야 할 목록에 박물관 관람이 들어있고 이를 수행한 후 목록에 체크하길 원한다. 전문가/취미 활동가들은 주로 일 또는 취미 때문에 박물관을 찾는 사람들로 방문 목표가 뚜렷

표 8.2. 일반적인 학습 요소들

발표의 복합적인 수단들	학습자들이 정보와 지식을 얻기 위한 다양한 방법을 얻게 된다.
표현의 다양한 수단들	학습자들은 자신들이 알고 있는 내용들을 다양한 방법을 선택하여 발표한다.
참여의 복합적인 수단	학습자들이 자극을 받게 된다; 학습자들은 적절하게 도전을 하게 되고 또한 배울 수 있도록 동기부여가 된다.

하다. 마지막 재충전을 원하는 사람들은 박물관의 조용한 환경 속에서 휴식을 취하고 싶어 한다. 이처럼 관람객들은 서로 다른 정체성을 갖고 있지만 박물관은 동시에 이 모든 요구를 제공해 줄 수 있어야 한다.

관람객들의 요구사항은 어떻게 박물관에 반영되는가?

대부분은 박물관을 교육기관이라 생각한다. 물론 박물관이 학습의 장인 것은 맞지만, 앞서 이야기한 것처럼 박물관은 그 이상의 역할을 하는 곳이다. 학습은 박물관에서 일어날 수 있는 수많은 것들 중 하나에 불과하다. 사람들이 박물관에서 어떤 경험을 하는가에 대한 연구는 박물관에서 이들에게 무엇을 제공해야 하는가를 알기 위함이며, 또 학습을 넘어 이들이 무엇을 요구하는지 확인하기 위한 작업이다.

박물관이 제공하는 학습 자원들

박물관은 관람객에게 비형식 학습기회를 제공한다(informal learning environments). 박물관학자들은 '모든 사람들이 일상에서 경험할 수 있는(가

8-5. 오하이오 콜럼버스 미술관에서 운영하는 교육 프로그램에 참여해서 조각품을 만들고 있는 관람객

족과 이웃으로부터, 일과 놀이를 통해, 시장·도서관·대중 매체로부터) 배움의 과정'
을 비형식 학습(informal learning) 또는 자유선택 학습(free-choice learning)
이라는 용어를 사용해 설명한다(관람객 연구 협회, Visitor Studies Association
2013).

박물관에서의 학습은 학교 수업과 다르다. 비형식 학습은 자발적 호기심
과 자유로운 탐구를 바탕으로 하는데, 박물관은 사회적, 역사적, 미학적, 문
화적, 과학적 정보를 무한히 제공해 준다는 점에서 자기 주도적 학습을 위
한 최적의 환경이라 할 수 있다.

박물관 전문가들은 관람객들이 각기 다른 방식으로 학습한다는 것을 알
아야 한다. 하인(Hein 1998)은 박물관 학습을 분석하는데 유용한 이론적 틀

END OF
MAMMOTH TUSK

8-6. 유물 만져보기

을 정리했다(표 8.3 참고). 학습 이론의 한 측면은 지식의 본질이다. 학습자 외부에 존재하는 지식(knowledge exists outside the learner)과 학습자가 가지고 있는 지식(knowledge is created by the learner), 두 가지가 존재한다. 학습 이론의 두 번째 측면은 학습 방식에 관한 것이다. 학습은 꾸준히 그러나 수동적으로 이루어지기도 하고, 반대로 학습자가 적극적으로 지식을 구성하기도 한다.

하인의 병렬 구조를 박물관에 적용해보면, 다음과 같이 4개의 학습 영역이 만들어진다(교훈적-해설적/자극과 반응/발견/구성주의). 우선 '교훈적-해설적' 영역에서는 전시와 프로그램이 순차적으로 제시되므로, 시작과 끝이 존재하고 순서대로 학습이 이루어진다. 그래서 소장품의 레이블에는 학습해야할 기본적인 것에서부터 전문적이고 복잡한 지식에 이르기까지 위계적으로 정보가 나열되어 있어야 한다. '자극과 반응' 영역에서는 학습할 내용들이 관람객들을 자극해야하고, 관람객들이 질문에 반응할 수 있도록 구성되어 있어야 한다. '발견'은 적극적인 학습 방법 중 하나로 전시는 관람객들이 탐험해가며 이해할 수 있도록 디자인되어야 하고, 설명 패널에는 관람객들이 생각할 수 있는 질문들이 적혀 있어야 한다. 마지막으로 학습자의 적극적인 참여가 중요한 '구성주의' 영역은 오늘날 박물관에서 널리 사용되는 학습 방식이다. 구성주의 전시는 특정 방향이나 뻔한 시작 또는 결말을 가져서는 안 되며, 다양한 시각을 포함해야 한다. 관람객들은 체험을 통해 소장품과 상호작용 하고 이를 자신의 생각과 상상력으로 연결시키게 된다.

비형식 학습을 이해하기 위한 또 다른 중요하고 유용한 체계는 포크와 디어킹(Falk and Dierking)의 맥락 모형(Contextual Model of Learning)이다(개인적 맥락, 사회 문화적 맥락, 물질적 맥락). '개인적 맥락'은 학습 상황에서 일어나는 극히 개인적인 특성이다. 개인적 맥락 학습에 영향을 끼치는 주요 요인은 동기와 기대이다(사전 지식, 관심사, 신념, 선택과 등). '사회 문화적 맥락'은 일상생활에서 경험할 수 있는 가치, 규범, 도덕, 문화 같은 요인들이다. 사회 문화적 맥락에서는 주변인들의 태도와 생각에 많은 영향을 받는다. '물리적인 맥락'의 핵심은 주변 환경을 포함한 모든 물리적 요소들이다. 맥락적 학습 이론은 박물관 전문가들에게 비형식 교육을 간단히 정리하고 이해할 수 있는 체계를 제공해 주었다. 그리고 관람객들이 박물관을 경험하는 방식과 박물관에 기대하는 다양한 요건들에 대해 생각할 수 있게끔 만들어 주었다.

보편적인 박물관 경험

박물관의 관람객들은 적극적인 학습자 집단이다. 따라서 관람객들이 원하는 학습의 기회를 제공하는 것이 박물관 종사자들의 임무라 할 수 있다. 이를 위해 박물관에서는 가능한 많은 사람들이 이용할 수 있는 보편적인 전시 디자인과 학습 환경을 구축해야만 한다.

'보편적 디자인(Universal Designing)'은 건축학에서 비롯된 개념이다. 일견 장애인들을 위한 것으로 생각하기 쉽지만, 진정한 보편적 디자인(Universal Designng)란 다양한 특성을 가진(장애인과 노인, 어린이 등을 포함) 잠재적인 이용자의 요구를 널리 충족시킬 수 있는 디자인을 말한다. 예를 들어 강렬한 색상과 시각적으로 두드러지는 보색을 이용하면 색맹이나 눈이 나쁜 사람들에게 도움을 줄 수 있다. 어린아이 또는 정상적인 운동 기능을 상실한 관람객들에게는 레버가 있는 문이 손잡이가 달린 문보다 열기 쉬운 것이 당연하다. 보편적 디자인은 박물관 전시와 프로그램을 개발할 때부터 고려되어야 한다. 모든 사람들에게 유용한 프로그램, 정책, 환경, 지식정보를 만들어야 하기 때문이다. 보편적 디자인의 주요 원칙은 아래와 같다(Center for Universal Design 1997).

공평한 사용

융통성 있는 사용

단순하고 직관적인 기능

인식 가능한 정보

실수에 대한 포용력

최소한의 신체적 노력

접근과 사용을 용이하게 하는 크기와 공간

1990년대 초 응용특수기술센터(Center for Applied Special Technology, CAST)는 보편적 디자인을 교육 분야로 확장시켰다. 보편적 학습 설계(Universal Design for Learning)는 모든 이들이 더 많은 지식과 기술을 학습하고 흥미를 느낄 수 있도록 교육과정 설계의 틀을 제공했다. 교육사(educator)에게 제안된 보편적 학습의 3가지를 요건은 아래와 같다.

다양한 방식과 매체를 통해 정보를 제공할 것

관람객들이 자유롭게 행동하고 표현할 수 있는 다양한 경로를 마련할 것

관람객들의 흥미와 동기를 이끌어 낼 수 있는 방법을 고안해 낼 것

박물관에서 보편적으로 설계된 학습 경험의 구성요소는 다층적이고 다면적이다. 다양한 재현 방법으로 중요한 정보를 강조하고 여러 매체를 활용해 내용을 전달하며 관련 연구를 통해 전시 주제를 설명할 수 있다. 관람객들이 표현할 수 있는 다양한 기회의 장을 마련하고(관람객들이 자신감을 갖고 스스로 능력을 키울 수 있도록 도와주는 자원), 정확한 피드백을 제공해야 한다. 관람객들의 적극적인 참여는, 박물관의 친밀도는 높이고 우리 사회가 박물관에 바라는 점을 들을 수 있는 좋은 수단이다.

재현의 다양한 방법(representation)	정보와 지식을 다양한 방법으로 습득
표현의 다양한 방법(expression)	정보를 제시하고 보여주는 여러 가지 수단 존재
참여의 다양한 방법(engagement)	관심자극, 동기부여

어떻게 하면 관람객들이 무엇을 좋아하는지 알 수 있을까?

관람객들의 요구사항, 좋아하는 것, 싫어하는 것을 알려면 이들에게 직접 물어봐야 한다. 관람객들이 박물관을 어떻게 이용하는지 관찰하고, 간단히 의견을 묻거나 때로는 심층면담을 통해 파악할 수 있다. 관람객 평가는 유물 수집, 전시 개발, 예산 집행 못지않게 중요한 업무이다.

관람객 연구
관람객 연구(Visitor studies)는 인간의 경험을 총체적으로 다루는 학제간 연구이다. 소장품을 어떻게 활용할 것이며, 어떤 이슈를 전시로 풀어낼 것인가를 결정하는 중요한 근거가 된다. 대개 관람객 연구는 평가(프로그램이나 전시에 대한 관람객들의 피드백)와 관람객 조사(관람객들의 다양한 생각과 경험)로 나뉠 수 있지만, 사실 이 둘 사이에 중복되는 요소들이 많다. 전시 설치 전, 설치 중, 설치 후의 효과를 평가하기 위해 박물관에서는 관람객들의 의견을 듣는데 이를 통해 박물관에서의 학습 잠재력과 즐거움을 증대시킬 수 있다.

관람객 평가는 다양한 방식으로 할 수 있다. 특정한 형식이나 방법은 없다. 현장조사 또는 온라인 설문조사, 관찰, 인터뷰 등이 사용될 수 있다. 평가의 유형은 진입단계 평가(front-end evaluation), 진행과정 평가(formative evaluation) 그리고 총괄 평가(summative evaluation)가 있다. 평가 자료는 항상 계획적이고 체계적으로 수집되어야 하며, 다양한 환경 속에서 관람객들이 어떻게 생각하는지 들어야 한다(전시 환경에서, 학교단체 방문시, 관람객과 유물 간의 상호작용 과정에서).

관람객 조사는 관람객 연구의 한 부분이다. 관람객과 박물관 사이의 상호작용 연구, 관심사와 동기에 대한 연구 등이 있을 수 있는데, 이를 통해 관람객에 대한 여러 가지 정보들을 얻을 수 있다. 관람객 조사는 관람객들이 요구하는 사항이 무엇인지 알 수 있게 하고, 결국 관람객들의 참여를 촉진함으로써 박물관 운영의 당위성을 알릴 수 있는 유용한 도구이기도 하다.

모든 관람객 조사는 목적의식 아래 이루어져야 한다. 영국박물관협회(The Museums Association, 2013)는 박물관에서 관람객 조사를 실시하기 전에 다음과 같은 질문을 스스로에게 던져봐야 한다고 충고한다.

당신은 무엇을 알아내길 원하는가?

당신은 왜 그것을 알아내고자 하는가?

그 정보로 무엇을 할 것인가?

어떻게 알아낼 것인가?

누구로부터 알아낼 것인가?

어떻게 이야기할 것인가?

얼마나 많은 시간과 인력을 필요로 하는가?

어떤 종류의 자료를 수집하길 원하는가(양적인, 질적인 또는 복합적인)

이것을 사내에서 수행할 것인가 아니면 컨설턴트를 고용해 조사할 것인가?

   지금껏 관람객 조사는 몇몇 대형 박물관에서만 할 수 있는 일로 여겨져
왔다. 그러나 관람객을 이해하는 것은 박물관 기획과 운영에 필수적일 수
밖에 없다. 박물관과 관람객 사이에 오가는 소통의 흐름이 중요한 까닭이
다. 4장에서 논의한 것처럼 '문서 중심의 박물관'은 사람과 유물의 교차점
이고 생각과 아이디어의 흐름이며 모든 방향에서 이루어지는 경험이어야
한다.

제5부

어디에서 (WHERE)

9

세계의 박물관

현대사회의 박물관

　박물관은 서유럽에서 시작되었지만, 지금은 세계 곳곳에 박물관이 있다. 박물관이 박물관이기 이전부터 수집의 전통은 있어왔다. 정확한 파악은 불가능할 터이나, 『세계의 박물관들(Museums of the World)』(2012)이라는 책에는 202개국에 위치한 55,000개 이상의 박물관들이 22개의 카테고리로 나뉘어져 있다. 그리고 132개국에 설립된 500개의 전문 박물관 협회가 소개되어 있다.

　박물관에서 무엇을 어떻게 수집하고 해석하는지, 자금은 어디에서 나오고 아트샵에서 무엇을 파는지는 국가마다 꽤 다르다. 다른 나라와 구별되는 미국 박물관들의 가장 큰 특징은 정부로부터 많은 보조금을 받는 대신 통제를 당한다는 것 그리고 박물관 종사자들이 대부분 공무원이라는 사실이다.

　유네스코(UNESCO)와 국제박물관협회(ICOM), 국제기념물유적협의회(ICOMOS), 국제문화유산보존센터(ICCROM)는 가장 큰 박물관 관련 기관들이다. 윤리 강령을 제정하고 정책을 공식화하며, 박물관 후원은 물론 전문성 강화를 위한 훈련 모델을 제공하는 등 박물관 운영에 필요한 매뉴얼을 만들어 보급하고 있다. 또 국가를 초월한 협력망을 구축하여 소통의 창구 역할도 한다. 프랑스 파리에 있는 아이콤 정보센터(ICOM Information Center)는 세계에서 가장 큰 박물관의 정보 저장고이다.

비유럽 국가에서는 1970대 들어서야 불법으로 유물을 들여오거나 판매하는 것을 금지하는 협약에 가입했다. '유네스코 협약'이라고 불리는 이 규정에 따라 문화 소유권 보호 품목을 가맹국이 불법으로 거래하여 자국으로 들여올 경우 압수할 수 있게 되었다. 그러나 그럼에도 불구하고 여전히 문화유산들은 국제 암시장의 성행으로 위험에 노출되어 있다. 유네스코에서는 각국(원전지)의 박물관에서 이들 문화유산을 보호할 수 있도록 여러 가지 기준을 제정하고 있다(고고학 물질을 어떻게 정의할 것인가, 민족지학적 관심이란 어떤 것이며, 희소성의 뜻이 무엇인가 등). 이렇게 전세계 박물관들이 소통하고 서로 협력한다면 불법거래를 막을 수 있을 것이다.

유네스코는 이밖에도 '지역사회와 국가의 다양한 문화유산을 수호하는 박물관'이라는 개념을 규정했고, 박물관의 효율적인 운영과 소장품을 활용하는 것이 박물관의 의무임을 강조하여 여러 문화유산들이 전시로 구현될 수 있는 발판을 마련해 주었다.[8]

8) 유네스코는 2015년 말에 글로발 시대에 박물관 진흥을 위하여 'Recommendation concerning the protection and promotion of museums and collections'을 발표하고 박물관을 각 나라들이 지속가능사회를 만드는데 활용하는 것을 적극 권장하고 있다. (참고: www.unsco.org)

혁명 만세

몇 년 전 엘살바도르에서 게릴라 전투 활동을 하던 사람들에게 에코관광 가이드 훈련을 시키고 있을 때였다. 어느 길고도 더운 오후에 훈련참가자 중 한 사람이 나에게 페르퀸으로 가서 혁명박물관을 보자고 제안하였다. 페르퀸은 1980년에서 1992년까지 엘살바도르 시민전쟁 동안 국민해방군의 본부가 있던 작은 마을이었다. 박물관은 오래된 학교 빌딩 속에 있었는데 그다지 좋은 환경은 아니었다. 전시는 투박했고 라벨이 부정확했으며 유물보존은 재난에 가까운 수준이었다. 그럼에도 불구하고 주민들이 스스로 유물을 해석하고, 하고 싶은 이야기를 전시로 꾸몄다는 점에서 내가 본 박물관 가운데 나는 이곳을 최고로 꼽고 싶다. 전시는 선사시대부터 시작되지만 가장 중점적인 주제는 역시 시민전쟁이었다. 녹슨 무기, 격추된 미제 비행기와 헬리콥터 잔해들이 전시물이었는데 페르퀸 사람들은 이를 몹시 자랑스러워하고 있었다. (JES)

세계화의 영향

런던의 대영박물관, 파리의 루브르박물관, 마드리드의 프라도미술관, 성 페테르브루크의 에미르따쥬박물관, 이집트 카이로박물관 등 세계적으로 유명한 박물관들은 모두 유럽박물관의 이상을 반영하고 있다. 이와는 달리 이름은 그다지 알려져 있지 않지만 지역 사회의 특성을 잘 보여주는 박물관들도 있다. 스트루엘 피터박물관(Struwwel-peter Museum), 태국민요 박물관, 국립경찰역사박물관이 대표적이다.

1800년대 후반, 하인리히 호프만(Heinrich Hoffman)의 동화책 시리즈를 지키기 위해 독일 프랑크푸르트에 스트루트 피터박물관(Struwwel-peter Museum)이 세워졌다. 이 책들이 아이들에게 부적절하다는 이유로 미국 독자들에게는 외면을 당했지만, 독일에서는 문화 아이콘으로 사랑을 받고 있다. 방콕에 있는 태국민요박물관은 중요한 태국 민속 음악가들의 소장품들을 전시하고 관련 정보들을 지속적으로 모아 출간하고 있다. 콜롬비아 보고타에 위치한 국립경찰역사박물관에는 마약조직(카르텔)의 우두머리인 파블로 에스코바르(Pablo Escobar)가 한때 소유했던 모터사이클과 메델린(카르텔의 본거지-콜롬비아)에서 살해당한 에스코바르(Escobar)의 피가 묻은 타일도 있다. 이들 박물관의 컬렉션들은 설립국가의 문화 특수성에 초점이 맞추어져 있다. 그래서 예전에는 지역 주민들과 일부 여행객들만이 아는 곳이었지만, 온라인으로 정보공유가 가능해진 오늘날에는 이들 박물관 역시 세계적인 존재감을 가질 수 있게 되었다.

세계화의 파장

1980년대 초반, 인터넷은 지역적 고립을 감소시키고 국경을 초월한 정보의 확산을 가져왔다. 이런 환경 변화 덕분에 소통력이 커진 것은 사실이지만, 최첨단 기술에 익숙한 관람객들을 유치할 수 있는 새로운 방법과 국제적으로 통용될 수 있는 전문성 강화가 박물관의 고민거리로 남게 되었다. 한 때 지리적 접근성이 낮아 고립되어 있던 박물관들은 가상 전시와 디지털화를 통해 소장유물을 세계인들과 나누게 됐다. 그리고 결국 이로 인해 박물관의 다양성 증대와 접근성 향상을 가져왔다.

더 이상 세계의 모든 박물관들이 유럽 박물관의 전통을 맹목적으로 따를 필요가 없어졌다. 대신 ICOM이 간행한 기준을 고려하여, 각국의 환경과 문화에 맞춰 기능하면 된다. 박물관학이 무엇이고 박물관이 어떻게 분류되는지 그리고 전시학이란 무엇을 말하는지 관련 내용들이 온라인상에 구축됨에 따라, 박물관의 개념과 업무에 관한 더 많은 정보와 노하우를 서로 공유할 수 있게 되었다. ICOM은 정기적으로 매뉴얼을 만들고 여러 박물관의 출판물들을 다국어로 간행할 뿐만 아니라 웹사이트를 통해 누구나 자유롭게 정보에 접근할 수 있도록 하고 있다.

문화유산의 보호

유네스코를 비롯한 다양한 기관의 노력으로 문화유산의 파괴와 절도를 막아야 한다는 인식이 커졌고, 이것이 국립박물관 설립의 원동력이 되었다. 각 지역의 문화를 수집하고 해석하여 표현하는 일련의 일들이 박물관에서 행해지는 까닭에 박물관이야말로 최적의 문화유산 보호처로써 기능할 수 있음이 고려된 것이다.[9]

박물관에서는 유물이 유래된 집단의 고유한 문화의 중요성을 인식하여 고유의 문화를 보호하기 위한 독특한 유물 보존이나 전시 방법을 택하고 있다. 실례로 미국의 몇몇 박물관에서는 미국 원주민 대표에 의해 종교적 의식(cleansing)이 행해지는데, 이는 신성한 유물(남성과 여성 유물이 따로 보관되어 있고 몇몇 유물은 손대는 것이 엄격히 금지된)에 깃든 영혼을 달랜다는 의미를 담고 있다. 그리고 태국에서는 부처에 대한 믿음과 존경을 표현하기 위

---

9) 문화유산을 보존하고 있는 박물관을 보존하기 위한 비정부기구로서 푸른방패국제위원회(International Committee of Blue Shield) <https://theblueshied.org>가 활동하고 있다. 그리고 ICOM과 UNESCO는 박물관과 문화유산을 전쟁과 재난으로부터 보호하기 위해서 국제적인 노력을 하고 있다.

해 불상을 눈높이나 눈높이 이상으로 올려 전시한다.

민족 정체성

민족주의 이념 아래 설립된 박물관들도 있다. 이들 박물관에서는 민족의 정체성을 정의하는 일을 한다. 나이지리아박물관은 혁명 후 나이지리아의 문화를 규정하는 중요한 역할을 했고, 멕시코시티에 있는 인류학박물관은 멕시코의 선사시대와 독립전쟁(1810-1821)을 잇는 가교가 되어 멕시코인들에게 멕시코인이라는 정체성을 심어줬다. 그리고 서유럽 스타일로 지어진 식민지 박물관들 역시 역사를 균형 잡힌 시각에서 보고 독립 후 민족정체성을 만드는 데 큰 역할을 하고 있다. 1990년대 후반에 인종차별 사건(Apartheid)을 겪은 남아프리카의 많은 박물관들은 민족성과 남아프리카의 역사에 대한 새로운 해석을 제공하기 시작했고 몇몇 박물관들은 아예 이를 위해 설립되기도 했다. 넬슨 만델라의 출생지인 쿠누(Qunu)에 세워진 넬슨만델라 국립박물관, 케이프타운의 로벤박물관(반아파헤르트(anti-apartheid) 지도자들이 수용된 감옥이 있던 곳), 요하네스버그의 아파헤르트(Apartheid)박물관, 르완들(Lwandle)에 있는 르완들이주노동자(Lwandle Migrant Labour)박물관 등이 그 예이다.

르완들이주노동자박물관은 인종차별을 받으며 과일 통조림 공장에서 일했던 많은 이주 노동자들에게 헌정된 역사박물관이다. 1994년 문을 연 가나의 케이프코스트성박물관(Cape Coast Castle museum)에서는 '사람과 무역의 교차로'라는 노예제도 관련 프로그램을 개발하고, 500년의 '가나 역사와 노예무역'이라는 주제의 전시를 펼치기도 했다(Kreamer, 2006).

아시아 지역의 박물관들은 여타 지역과는 다른 발전 양상을 보인다. 유럽

선교사들이 19세기 후반에 박물관의 개념을 일찌감치 중국에 소개했지만, 1905년까지 제대로 된 박물관은 없었다(베이징 국립박물관 설립 이전). 20세기 초반 박물관이 생겨난 이래 50년 동안은 유럽의 영향을 받다가 1950년대 이후에는 소련 박물관학에 영향을 받는다. 중국의 문화와 민족성이 반영된 박물관은 1980년대 들어서야 생겨났다. 오늘날 중국에는 총 3,589개의 박물관이 있는 것으로 추정되는데, 이중 535개를 제외한 나머지는 정부 소유이다. 베트남의 박물관은 대게 서양 스타일로 지어져 국가의 험난했던 역사를 주제로 자국민이 아닌 해외 관람객들을 대상으로 전시를 개최하고 있다. 또 캄보디아의 캄보디아 국립박물관은 프랑스 통치 하에 알베르트 사로박물관(Albert Sarraut Museum)이라는 이름으로 시작하여 유명한 서양 미술품의 복사본을 전시해왔다. 지금은 물론 민족적 미술, 역사적 유물, 선사시대 유물들이 박물관 콘텐츠에 포함되어 있다(Muan 2006). 태국의 박물관은 다양한 유형으로 나뉜다. 서유럽 스타일의 국립박물관과 과학박물관 외에도 역사고고학 공원까지 있다. 태국 여행자들은 방콕에 있는 100여개의 박물관 리스트와 어떻게 이용할 수 있는지에 대한 책자를 받아볼 수 있다. 국립박물관과 역사박물관뿐만 아니라 재봉틀, 자전거, 샴고양이, 오래된 시계 박물관까지 만나볼 수 있다.

라틴아메리카의 박물관들은 대부분 식민지시기 설립되었다. 독립 후에는 문화재로 지정되거나 국립박물관으로 승격되어 민족 정체성을 확립하고 민족 문화를 정의하는데 중요한 역할을 하고 있다. 그러나 전시 방식은 여전히 식민지시대에 머물러 있다. 역사적 인물들의 영웅기를 순서대로 진열하는 식으로 말이다. 도미니카공화국에 있는 도미니카 사람박물관(Dominican Man Museum)은 중앙 정부에 의해 1972년에 설립되었는데, 조직과 건축물 모두 미국 양식을 따르고 있다. 그리고 수 십 년 동안 히스파니올라(Hispaniola) 섬의 타이노(Taino) 문화만을 전시하고 있다. 2000년대 중반이 돼서야 아프리카 문화를 전시에 반영하기 시작했는데, 이것이 도미니카공화국의 문화를 처음으로 전시한 사례가 됐다.

1980년대 초반 라틴아메리카의 박물관들은 여러 가지 면에서 발전을 거듭했다. 과거와 현재의 역사를 다룸은 물론 다양한 관점에서 (특히 토착민과 노동자 계급의 관점에서) 사회를 재해석하고 있다. 그 결과 오늘날 많은 라틴아메리카의 박물관들은 사회변화를 이끌어내는 대리인 역할을 하고 있다. 그리고 교육과 정보의 중요성을 강조하면서 다양한 관람객 유치에 힘쓰고 있다. 예를 들어 콜롬비아 보고타에 위치한 박물관들은 시의 정책에 따라 매주 일요일마다 박물관을 무료로 개방한다. 토착민들의 언어가 넓게 쓰이는 지역의 몇몇 박물관들은 스페인어와 포루투갈어 이외에도 토착 언어로 된 안내문과 오디오 시스템을 갖추고 있다.

아프리카와 중동에는 세계적인 문화유산을 소장한 신생 박물관들이 많다. 모로코의 첫 번째 박물관은 훼즈(Fez)에 있는 다르 바타 박물관(Dar Batha Museum)인데, 프랑스 식민지배 당시인 1915년에 설립되었다. 현재 모로코에는 30개가 넘는 박물관이 있지만 75%의 모로코인은 박물관을 한 번도 가보지 않았다고 한다. 박물관이 식민지적 성격을 갖고 운영되는 탓이다. 역사를 식민지배 관점에서 해석하거나 인종집단이 마치 과거에 정해진 것처럼 해석하고 있다. 그러나 최근에 벤 엠식 공동체박물관(Ben M'sik Community Museum)이 모로코의 지역 역사와 문화를 그들의 시각으로 해석함으로써 새로운 지평을 열었다는 평가를 받았다.

걸프만 지역의 박물관 중 가장 오래된 곳은 카타르 국립 박물관(1975년에 설립)인데 민족정체성 확립을 위해 만들어졌고 그 지역 문화유산에 대한 새로운 인식을 전시를 통해 보여주고 있다. 이스라엘에는 현재 약 200개정도의 박물관이 있으며 1984년에 국립박물관법이 제정되었다. 최근 UAE 두바이에 만들어진 여성박물관(Women's Museum)은 처음으로 중동 여성들의 작품을 전시하고 여성들의 권리에 초점을 맞춘 박물관으로 눈여겨볼만 하다.

생태박물관(ecomuseum) : 글로벌 트랜드의 출현

　박물관에 새롭게 등장한 범주는 1960-1970년대에 생겨난 에코뮤지엄이다. 생태박물관의 개념은 19세기 독일의 홈랜드 박물관(Homeland museums)과 스웨덴의 오픈 에어 박물관(open air museums), 영국의 민속박물관(the folk museums)에서 유래했다. 에코뮤지엄이라는 용어는 휴그 드 바린(Hugues de Varine)과 조르주 앙리 리비에(Georges Henri Riviere)라는 두 프랑스 박물관학자들에 의해 만들어졌는데, 그리스어로 생태를 의미하는 "oikos"에서 유래했고 집, 가정, 가족이라는 뜻을 가지고 있다.

　생태박물관에 대한 기본 사상은 문화 경관을 제자리에서 보존하자는 것이다. 생태박물관이라고 부르는 박물관들은 지역 주민들이 사는 마을 자체와 과거 마을 사람들이 어떻게 살았는지를 재현해 놓은 것까지를 포괄한다. 예를 들어 근마난 스타핀(The Ceumannan-Staffin) 생태박물관은 스코틀랜드 스카이 섬에 위치해 있다. 이곳에서는 별다른 건물 외벽이 없이도 스카이 섬의 사람들과 자연환경에 대해 알 수 있다. 또 1986년 스웨덴 루드비카(Ludvika)에 설립된 베르그라겐(Bergslagen) 에코뮤지엄은 노르버그

9-1. 에콰도르 구와야킬 역사공원에 복원된 전통적인 농촌가옥

(Norberg) 구시가지에서부터 광산, 농가, 철공소, 운하까지 이어져 있다.

중국 항저우 사오싱(Zhaoxing)에 있는 당안동민족(The Tang'an Dong Ethnic) 생태박물관에는 170가구와 800명 이상의 주민들이 살고 있다. 이 박물관은 노르웨이 정부로부터 도움을 받아 설립 되었는데, 주민들은 스스로 사람중심의 리빙 박물관(Living museum)이라 칭하며 농업과 직물로 살아가는 전통 생활방식을 구현한다.

최근 생태박물관은 캄보디아, 중국, 일본, 태국, 베트남과 같은 아시아 국가들과 스칸디나비아, 체코, 폴란드, 포르투갈 그리고 터키와 같은 국가들에서도 생겨나고 있다. 첫 생태박물관 회의는 1992년 브라질 리우 데 자네이루에서 열렸고, 첫 번째 에코뮤지엄 국제 컨퍼런스는 2012년 포르투갈에서 개최되었다.

요약

전 세계의 박물관들이 전부 다 미국 박물관과 같은 것은 아니다. 다양한 형식의 박물관들이 존재하며, 문화 집단들의 요구에 발맞추기 위해 끊임없이 적응하면서 발전해 왔다. 그 결과 세계의 박물관들은 놀라울 정도로 다양해졌다. 이제 박물관이 이러저러 해야 한다는 고정관념은 없어졌다. 에콰도르에 있는 과야킬 역사 공원 박물관(Parque Historico de Guayaqui Museum)은 듀얼강(Duale)변에 있는데 면적이 무려 20에이커(단위 면적)에 이른다(1896년 거대한 화재가 발생했던 과야킬 지대 포함). 공원은 1997년 에콰도르 중앙은행에 의해 만들어졌고, 완공을 앞둔 2012년 지방 정부의 후원으로 공립자연공원(Public Agency for Natural Parks and Public Space)로 바뀌게 됐다. 공원은 동·식물원 같이 보이기도 한다. 이 지역에서 자라나는 야생식물을 보호하기 위해 식물표본을 진열하고 이를 관람객들에게 판매하기도 한다. 또 야생동물 구역(The Zona de Vida Silvestre)을 지정해서 문화적으로 중요한 동물들을 지키고 있다. 아메리칸 악어를 비롯해서 흰 꼬리 사슴 등 멸종 위기에 처한 동물들이 그 예이다.

에콰도르의 해안선에 위치한 맹그로브 지역은 (새우 양식장을 만들기 위해 많은 구역이 파괴되었지만) 매우 중요한 환경자원을 가지고 있다. 몽투비오(Montuvio) 문화를 간직한 전전통 마을이 이곳에 위치해 있기 때문이다. 몽투비오(Montuvio)는 에콰도르 해안지방에서 농업과 사냥으로 삶을 영위해 온 스페인 혼혈계, 아메리칸 원주민 그리고 아프리카인을 총칭하는 단어이다. 지금도 이곳에는 몽투비오(Montuvio)의 오래된 농장과 전통 작물들 그리고 짚으로 지붕을 이은 집 등이 있다. 그리고 전통 복장을 입은 재현배우들이 지역주민들이 어떻게 살아왔는지를 온몸으로 보여준다.

또 과야킬 거리에는 1900년대의 사회를 보여주는 목재 빌딩들이 있었는데, 지금은 도시 건축 지역(Urban Architectural Zone) 공원으로 이전되었다. 그 건물에는 당시의 수공예 기술로 만든 상품들을 파는 장인들이 입주해 있다.

과야킬 역사 공원을 박물관 카테고리 안에 규정하는 것은 어려운 일이다. 동물원인가, 식물원인가, 식민시대의 야외 역사박물관인가, 그것도 아니면 에코뮤지엄인가? 어쩌면 이 모두를 합한 것일 수도 있다. 반대로 그 어느 것도 아닐 가능성 또한 있다. 전형적인 유럽의 박물관과는 다르지만 공동체를 위해 존재한다는 기능적인 면에서는 박물관과 다름없다 하겠다.

제6부

CLAY.

박물관학의 기초
진화하는 지식의 시스템

왜 (WHY)

10

박물관의 미래

어째서 박물관인가?

　지금까지 끊임없이 변화하고 적응하는 박물관에 대해 이야기 했다. 박물관은 사람과 유물이 만나는 시스템이라는 시각에서 어떻게 하면 박물관에서 사람들이 의미를 만들어내고 스스로 박물관의 콘텐츠를 이해할 수 있는가를 보여주려 했다. 박물관들은 사람과 유물 사이에서 일어나는 상호작용들이 원활하게 그리고 늘 새롭게 일어날 수 있도록 조작화된 기관이다(J. Bell 2012). 그러나 더 근본적인 질문이 아직 남아있다. 박물관은 의미 있 때문에 존재하는가? 박물관은 왜 필요한가? 박물관의 미래는 무엇인가?

　고스든, 라쉬, 페취(Gosden, Larson, Petch)는 이렇게 말한다. 사람들은 박물관이 유물을 수집하는 곳이라 생각하지만, 사실 박물관의 오브제가 사람들을 끌어 모으기도 한다고 주장한다. 박물관은 대체할 수 없는 중요한 물리적인 자원들을 영구적으로 보존하고 관련된 콘텐츠를 개발하는 곳으로써 이들 자원들과 사람들이 다각도로 교차하는 복잡한 시스템이다. 유물과 관람객, 연구자, 근로자, 수집가 그리고 그 외의 사람들 모두가 박물관의 구성원이라는 점은 변하지 않는다.

　오늘날 박물관은 자타공인 역동적이고 끊임없이 발전하는 기관이다. 박물관 전문가들은 박물관 주변에서 무슨 일이 일어나는지, 박물관의 생존을 위해 어떻게 해야 하는지 알아야하고 박물관을 이용하는 사람들뿐만 아니라 박물관을 이용하지 않는 사람들까지도 이해해야 한다. 또 박물관 안팎으로 내부와 외부 시스템 사이의 벽을 허무는 것이 점점 더 중요해지고 일반화될 것이다.

박물관 직원들은 박물관이 사회적 영향력이 크다는 것을 알고 있다. 박물관 업무는 무엇을 선택하고 어느 것을 배제할 것인가를 결정하는 선택의 과정이다. 왜냐하면 모든 것을 포섭할 방법이 없기 때문이다. 전시유물의 선택은 말할 것도 없고, 다양한 정보들 가운데 무엇을 넣고 빼야할 지를 선택하는 것 역시 이에 포함된다. 후퍼 그린힐(Hooper-Greenhill)은 '박물관은 현재를 변화시키고 오래된 통설을 버리고 더 폭넓은 사회를 위해 더 포괄적으로 접근할 수 있어야 한다'고 주장한다(2007, 573). 이것이 오늘날 박물관이 풀어야할 주요 사안이다.

마지막 10장에서는 박물관의 미래와 목적의식에 대해 다룰 것이다. 오늘날 박물관이 어디에 와있는지 우리는 알아야 한다. 그리고 이 보다 더 중요한 것은 박물관 종사자들(박물관에서 일하고자 하는 이들을 포함해서)이 박물관이 나아가야 할 길이 어느 쪽인지 주시하는 것이다. 이것이 곧 박물관의 미래가 될 것이기 때문이다.

박물관의 미래는?

박물관은 항상 변할 준비를 하고 있어야 한다. 아래에 제시한 4가지 요소

10-1. 클리블랜드 미술관에서 디지털 진흙을 돌려보는 관람객

들은 앞으로 박물관의 미래에 영향을 미칠 것이 분명하므로 박물관의 종사
자들에 이에 대해 대비해야 할 것이다.

가상현실,

지속 가능성과 자금의 문제(재정적 지원)

인구 변화와 박물관 관람객

세계화와 지역화

가상현실

앞 장에서 실재적 물체와 디지털 유비쿼터스에 대한 이슈를 이야기했다. 가상현실을 둘러싼 여러 가지 논쟁들 중 특히 '실존 유물의 가치'와 '정보의 용이한 접근'이라는 문제에 대해 우리는 곰곰이 생각해봐야 한다.

최근에 실재 박물관을 방문한 관람객들을 대상으로 이루어진 설문조사 연구가 있었다(21개 박물관에서 20세~80세 관람객들을 대상으로). 관람객들은 박물관에 전시된 '실재 유물'이 그들에게 어떤 의미가 있는지 질문을 받았다. 대부분의 응답자들은 진정성 있는 유물은 복제품이나 디지털 이미지가 가지고 있지 않은, 말로는 표현할 수 없는 특별함을 지니고 있다고 답했다. Reach Advisors에서 수행한 2010년 조사에서도 관람객들은 실재 유물을 보고 느낀 것을 박물관의 가장 의미 있는 경험으로 꼽았다.

가상현실 박물관의 등장으로 실재 박물관의 존재가 위협받을 것이라고 말하는 전문가들도 있다. 그러나 이는 현실 속에 존재하는 유물의 가치를 간과한 것으로써, 가상 전시와 디지털 이미지는 오히려 박물관의 기능을 더 강력하게 만들어 주었다. 웹사이트상의 가상 전시는 더 많은 관람객들이 박물관을 방문하도록 만들었다. 사람들은 여전히 '실재 유물'을 보는 것을 좋아한다.

지속가능한 박물관 그리고 자금

박물관이 좀 더 의미 있는 장소가 되기 위해서는 박물관 운영자금 문제에 대해 좀 더 진지하게 임할 필요가 있다. 흔히 사람들은 박물관이 정부의 기금으로 운영된다고 생각하는데, 미국 박물관들의 경우 정부로부터 지원받는 기금의 비중은 1/4도 채 되지 않는다. 게다가 정부로부터의 재정 지원은 계속 줄어들고 있다. 전체 예산을 100%로 볼 때, 1989년에는 39.2%였던 것이 지금은 24.4%에 불과한 실정이다. 나머지는 박물관 자체 수익(입장료, 공간 대여료, 아트샵 및 레스토랑 수입) 27.6%, 기부금 36.5%, 기부금을 재투자하여 얻는 이익 11.5%로 충당한다. 3장에서 논의한 바와 같이 비영리기관이 벌어들일 수 있는 돈에는 제한이 없다. 비영리 기관을 구분 짓는 잣대는 이 돈을 어떻게 사용하느냐에 달려있다. '비영리'라는 것은 박물관이라는 장소가 대중들의 신뢰를 기반으로 존재하는 곳이므로 수익금을 박물관 운영을 위해 재사용해야 할 법적 책임이 있다는 것을 뜻한다. 미국의 박물관들이 전적으로 정부 지원금에 의존하는 것은 아니지만, 박물관은 공공기관으로써 소장품의 보존과 학술적 해석 활동을 통해 관람객들에게 봉사해야 한다는 말이다.

　박물관은 예전부터 박물관 입장료, 멤버십 회비, 기부금 그리고 약간의 정부지원금으로 운영에 필요한 자금을 충당해 왔다. 그러나 오늘날에는 이것들이 별로 유효한 방법이 아니다(턱없이 부족하기 때문에). 미래의 박물관 직원들은 박물관 운영에 필요한 자금을 끌어오는 방법을 모색하는 동시에 사업 시행의 효율성까지도 고려해야 한다. 예를 들어 현재 박물관은 주중 아침 9시부터 오후 5시까지 개관하는데 맞벌이 가정이 많은 오늘날 아침부터 박물관을 방문할 수 있는 사람은 거의 없다. 따라서 주말은 물론 주중에도 박물관의 개관시간을 연장할 필요가 있다.

　많은 박물관들이 특정 테마의 기념품을 아트샵(또는 온라인)에서 판매하고 소장품을 다른 기관에 대여해 주는 등 다양한 마케팅 전략을 쓰고 있지만 앞으로는 좀 더 창의적인 형태의 자금 모금 책이 필요할 것이다.

　소장품을 관리해야 하는 박물관 직원의 수도 점점 줄어들고 있는데 이것은 박물관의 자금이 충분하지 않은 탓이다. 미래에는 사이몬이 2013년에 제시한 수집품 관리 데이터베이스 구축이라든지 수집품 보호를 위한 새로운 방법론 등 소수의 인원으로도 많은 수집품들을 체계적으로 관리할 수 있는 좀 더 나은 방법이 개발되어야 할 것이다.

1장에서 도서관·문서보관소·박물관(LAM)이 하나로 통합되고 있는 동향에 대해 소개했는데, 이런 경향은 앞으로도 계속될 것이라는 게 미래학자들의 예측이다. LAM의 핵심목표는 소장품과 관련된 모든 정보가 통합된 디지털 시스템에 사람들이 쉽게 접근할 수 있도록 만드는 것이다. 이는 이용자들에게 좀 더 포괄적인 경험을 제공하려는 목적에서 출발한 것으로써 도서관, 문서보관소, 박물관이 각각의 독립된 기관으로 존재할 때보다 손쉽게 그리고 풍부하게 원하는 정보를 찾을 수 있게 될 것이다. 물리적인 실체를 통합하는 것은 어렵지만 디지털에서의 통합은 이보다 실현 가능성이 높으며, 소장품에 대한 접근성 또한 크게 향상시킬 수 있다.

통합은 도서관, 문서 보관소, 박물관이 공통의 사회적, 조직적, 정치적, 경제적, 법적 맥락 안에서 운영되는 기관이기 때문에 나올 수 있는 아이디어다. LAM의 통합은 비용을 절감하고, 잉여인력을 적재적소에 활용할 수 있다는 점에서 매우 효율적이다. 앞으로 이용자들의 욕구를 실체화하고 각 기관의 장점들을 통합할 때 LAM은 지금보다 더욱 나은 서비스를 우리에게 제공해 줄 수 있을 것이다.

인구형태의 변화 그리고 박물관의 관람객들

인구학적인 변화가 조만간 박물관의 모습을 바꾸어 놓을 것이다. 2010년에 미국박물관협회의 '박물관의 미래를 위한 센터(The Center for Future of Museum)'에서 미국의 인구형태 변화가 박물관 관람객 구성에 어떠한 영향을 미치게 될지, 관람객들이 박물관을 방문하는 방법을 어떻게 변화시킬지에 대한 보고서를 작성했다. 이 보고서에서 파렐과 메드베데바는 미국은 이미 인구형태의 변화가 시작했다고 지적하면서 지금은 소수민족(아프리카계 흑인, 아시안, 태평양 섬 국가 출신, 아메리카 인디언, 알래스카 원주민, 히스패닉 및 라틴계로 정의되는)이 미국인구의 34%정도를 차지하고 있으나 25년 후에는 46%에 육박할 것이며 더 이상 주류민족과 소수민족의 구분이 무의미해질 것이라고 전망했다. 그리고 이민자 가정의 자녀들은 부모와 본질적으로 다른 정체성을 가지고 있으므로 이들이 박물관에 거는 기대는 앞선 1세대들과 차이가 있음을 언급하였다.

지금은 65세 이상의 노년층 관람객이 12.5%에 불과하지만 25년 후에는 20%로 늘어날 것임을 우리는 분명히 알아야 한다. 미국의 전체적인 인구구성이 현재보다 고령화될 것이기 때문에 박물관 역시 초점을 이들 노년층에 맞출 필요가 있다. 이처럼 변화하는 인구형태에 따라 박물관이 제공해야 하는 서비스 역시 바뀌어야 하고 앞으로는 실제 그렇게 될 것이다.

세계화와 지역화[10]

인터넷과 다양한 커뮤니케이션 기술들 덕분에 어떤 박물관도 규모, 위치와 상관없이 세계의 무대에 설 수 있게 되었다. 그러나 그럴수록 박물관은 박물관을 후원하고 지지하는 지역 공동체를 이해하고 그들에게 도움을 줄

---

10) 세계화의 과정 속에서 아시아 지역에서 나타나는 사회, 경제적인 지역불균형 그리고 각 사회 내의 불균형 현상을 극복하기 위한 수단으로서 문화유산의 보존과 아울러 박물관의 선제적인 활용전략이 필요하다.

수 있는 방법을 찾아야 한다. 9장에서 논의했듯이 세계의 박물관들은 서로 다른 방향으로 발전해 가고 있다. 그러나 여전히 박물관은 박물관이고 유물과 사람이 만나는 장소이다.

결론

박물관은 다른 비영리기관과 마찬가지로 전통적인 기능도 충실히 수행해야 하지만, 사회 변화에 적응하고 균형을 맞추어야 한다. 오늘날 박물관이 당면하고 있는 문제 중 하나는 재원의 감소 그리고 운영비용의 증가이다. 소장품은 점점 증가하는데 이를 관리할 수 있는 인력은 줄어들고 있다는 점도 박물관을 어렵게 한다. 디지털화가 진행됨에 따라 소장품에 대한 접근성 향상 방안과 박물관의 관리 및 규제에 대한 이슈도 늘어나고 있다. 관람객들과 전시 유물의 상호작용을 어떻게 하면 원활히 할 수 있을지에 대한 문제도 풀어야 하고(관람객이 좋아할 만한 전시품을 선택할 것인가 vs 과거방식대로 큐레이터의 연구 성과와 관심사에 맞춰 결정할 것인가), 커뮤니티의 글로벌화(소수민족 비중의 증가 등)도 무시할 수 없는 사안이다. 무엇보다도 박물관은 재정적 자립이라는 큰 과제에 직면해 있다. 앞으로는 현재보다 더 투명하고 열린 운영이 박물관에 요구될 것이다. 급격하게 발전하는 기술 탓에 직원교육에 투자를 더 많이 해야 하고, 자원봉사자들의 참여율도 해결해야 할 과제이다. AAM은 현재 자원봉사자들의 수가 줄고 있는 추세이기는 하지만 여전히 자원봉사자들이 하는 일이 현재 박물관 정직원들이 하는 일의 3배라고 밝혔다. 이 비정상적인 구조를 바로잡기 위해서는 똑똑한 젊은 인재들을 발굴해내어 적절한 금전적 보상을 해주고 전문적인 커리어를 개척해나갈 수 있는 기회를 줘야 한다.

박물관의 미래는 가치(value)에 달려있다. 박물관이 우리 사회에서 가치 있는 존재가 될 수 있을까? 박물관이 공공을 위해 중요한 역할을 한다고 사람들이 생각할까? 박물관이 없어지면 사람들이 그리워할까? 물가가 점점 오르고 있는 지금 박물관이 제한된 자금으로 어떻게 번창할 수 있을까? 박물관들은 사람들이 박물관을 가치 있는 곳으로 여길 수 있도록 어떤 대책을 세워야 한다.

사람들에게 인정받는 박물관이 되려면, 박물관의 가치를 사회구조로 통합시켜야 한다. 이를 위해서는 박물관이 소장하고 있는 유물들을 보존하고 지켜나가는 것이 얼마나 중요한지 교육을 통해 가르쳐야 한다. 지역 사회에 박물관이 하는 일을 설명하고, 어린 아이들에게 소장품에 대한 지식을 전해주는 일도 소홀히 해서는 안 될 것이다.

박물관의 가치를 인식시키는 것은 지속 가능한 박물관을 위해 반드시 필요한 일이다. 박물관 운영에서도 이것이 최우선시 되어야 한다. 어떻게 사람들이 박물관을 이용하고 박물관을 찾는 목적이 무엇인지를 넘어서서, 얼마나 박물관을 가치 있게 느끼고 복잡한 사회 시스템에 적합한 조직이라 생각할지는 박물관 종사자들에게 달려있다.

자원봉사자들을 포함하여 모든 박물관 직원들의 태도와 행동은 박물관을 찾는 관람객들의 경험 그리고 박물관에 대한 인식에 영향을 끼친다 (2007). 엘레인 규리안(Elaine Gurian)은 단순히 유용한 곳이 아니라 반드시 존재해야할 기관이 되기 위해 박물관은 노력해야 한다고 말한다. 큐레이터들이 일방적으로 지식을 전달해주거나 관람 동선을 지시하는 권위적인 박물관은 옛날 말이다. 박물관 종사자들은 관람객들이 자신의 관심사에 따라 자유롭게 박물관을 관람할 수 있도록 전시를 구성하고 적절한 정보를 제공해야 하며, 충분한 예산을 확보하여 관람객들의 이러한 활동들을 무료로 제공해야 한다. 그래야지만 규리안이 말한 것처럼, 가끔씩 찾는 장소에서 정기적으로 방문해야 할 필수적이고 일상적인 공간으로 박물관이 인식될 수 있을 것이다. 미래의 박물관은 관람객들이 서로의 다양한 삶을 이해할 수 있도록 배려해야 하고 소장품과 관람객들이 시스템 안에서 무수히 많은 방식으로 상호작용할 수 있도록 해야 한다. 그리고 박물관을 둘러싼 이러한 변화를 긍정적으로 받아들일 때 박물관은 우리 사회의 지속 가능한 기관이 될 것이다.

부록

박물관 관련 법령과
윤리강령

박물관 및 미술관 진흥법 (약칭: 박물관미술관법)

[시행 2016.11.30.] [법률 제14204호, 2016.5.29., 일부개정]

문화체육관광부(박물관정책과) 044-203-2640

제1장 총칙

제1조(목적) 이 법은 박물관과 미술관의 설립과 운영에 필요한 사항을 규정하여 박물관과 미술관을 건전하게 육성함으로써 문화·예술·학문의 발전과 일반 공중의 문화향유(文化享有) 및 평생교육 증진에 이바지함을 목적으로 한다. <개정 2016.2.3.>

제2조(정의) 이 법에서 사용하는 용어의 뜻은 다음과 같다. <개정 2007.7.27., 2009.3.5., 2016.2.3.>

1. "박물관"이란 문화·예술·학문의 발전과 일반 공중의 문화향유 및 평생교육 증진에 이바지하기 위하여 역사·고고(考古)·인류·민속·예술·동물·식물·광물·과학·기술·산업 등에 관한 자료를 수집·관리·보존·조사·연구·전시·교육하는 시설을 말한다.

2. "미술관"이란 문화·예술의 발전과 일반 공중의 문화향유 및 평생교육 증진에 이바지하기 위하여 박물관 중에서 특히 서화·조각·공예·건축·사진 등 미술에 관한 자료를 수집·관리·보존·조사·연구·전시·교육하는 시설을 말한다.

3. "박물관자료"란 박물관이 수집·관리·보존·조사·연구·전시하는 역사·고고·인류·민속·예술·동물·식물·광물·과학·기술·산업 등에 관한 인간과 환경의 유형적·무형적 증거물로서 학문적·예술적 가치가 있는 자료 중 대통령령으로 정하는 기준에 부합하는 것을 말한다.

4. "미술관자료"란 미술관이 수집·관리·보존·조사·연구·전시하는 예술에 관한 자료로서 학문적·예술적 가치가 있는 자료를 말한다.

제3조(박물관·미술관의 구분) ① 박물관은 그 설립·운영 주체에 따라 다음과 같이 구분한다.

1. 국립 박물관 : 국가가 설립·운영하는 박물관

2. 공립 박물관 : 지방자치단체가 설립·운영하는 박물관

3. 사립 박물관 : 「민법」, 「상법」, 그 밖의 특별법에 따라 설립된 법인·단체 또는 개인이 설립·운영하는 박물관

4. 대학 박물관 : 「고등교육법」에 따라 설립된 학교나 다른 법률에 따라 설립된 대학 교육과정의 교육기관이 설립·운영하는 박물관

② 미술관은 그 설립·운영 주체에 따라 국립 미술관, 공립 미술관, 사립 미술관, 대학 미술관으로 구분하되, 그 설립·운영의 주체에 관하여는 제1항 각 호를 준용한다.

제4조(사업) ① 박물관은 다음 각 호의 사업을 수행한다. <개정 2007.7.27., 2016.2.3.>

1. 박물관자료의 수집·관리·보존·전시

2. 박물관자료에 관한 교육 및 전문적·학술적인 조사·연구

3. 박물관자료의 보존과 전시 등에 관한 기술적인 조사·연구

4. 박물관자료에 관한 강연회·강습회·영사회(映寫會)·연구회·전람회·전시회·발표회·감상회·탐사회·답사 등 각종 행사의 개최

5. 박물관자료에 관한 복제와 각종 간행물의 제작과 배포

6. 국내외 다른 박물관 및 미술관과의 박물관자료·미술관자료·간행물·프로그램과 정보의 교환, 박물관·미술관 학예사 교류 등의 유기적인 협력

6의2. 평생교육 관련 행사의 주최 또는 장려

7. 그 밖에 박물관의 설립 목적을 달성하기 위하여 필요한 사업 등

② 미술관 사업에 관하여는 제1항을 준용한다. 이 경우 제1호부터 제5호까지의 규정 중 "박물관자료"는 "미술관자료"로 보며, 제6호 및 제7호 중 "박물관"은 "미술관"으로 본다.

제5조(적용 범위) 이 법은 자료관, 사료관, 유물관, 전시장, 전시관, 향토관, 교육관, 문서관, 기념관, 보존소, 민속관, 민속촌, 문화관, 예술관, 문화의 집, 야외 전시 공원 및 이와

유사한 명칭과 기능을 갖는 문화시설 중 대통령령으로 정하는 바에 따라 문화체육관광부장관이 인정하는 시설에 대하여도 적용한다. 다만, 다른 법률에 따라 등록한 시설은 제외한다. <개정 2008.2.29., 2009.3.5.>

제6조(박물관·미술관 학예사) ① 박물관과 미술관은 대통령령으로 정하는 바에 따라 제4조에 따른 박물관·미술관 사업을 담당하는 박물관·미술관 학예사(이하 "학예사"라 한다)를 둘 수 있다.

② 학예사는 1급 정(正)학예사, 2급 정학예사, 3급 정학예사 및 준(準)학예사로 구분하고, 그 자격제도의 시행 방법과 절차 등에 필요한 사항은 대통령령으로 정한다.

③ 제2항에 따른 학예사 자격을 취득하려는 사람은 학예사 업무의 수행과 관련된 실무경력 등 대통령령으로 정하는 자격요건을 갖추어 문화체육관광부장관에게 자격요건의 심사와 자격증 발급을 신청하여야 한다. 이 경우 준학예사 자격을 취득하려는 사람은 문화체육관광부장관이 실시하는 준학예사 시험에 합격하여야 한다. <신설 2013.12.30.>

④ 제3항에 따른 준학예사 시험에 응시하려는 사람은 문화체육관광부령으로 정하는 바에 따라 응시수수료를 납부하여야 한다. <신설 2013.12.30.>

⑤학예사는 국제박물관협의회의 윤리 강령과 국제 협약을 지켜야 한다. <개정 2013.12.30.>

제7조(운영 위원회) ① 제16조에 따라 등록한 국·공립의 박물관과 미술관(각 지방 분관을 포함한다)은 전문성 제고와 공공 시설물로서의 효율적 운영 및 경영 합리화를 위하여 그 박물관이나 미술관에 운영 위원회를 둔다.

② 운영 위원회의 구성과 운영에 필요한 사항은 대통령령으로 정한다.

제8조(재산의 기부 등) ① 「민법」, 「상법」, 그 밖의 특별법에 따라 설립된 법인·단체 및 개인은 박물관이나 미술관 시설의 설치, 박물관자료 또는 미술관자료의 확충 등 박물관이

나 미술관의 설립·운영을 지원하기 위하여 금전이나 부동산, 박물관 또는 미술관 소장품으로서 가치가 있는 재산(이하 "기증품"이라 한다)을 박물관이나 미술관에 기부 또는 기증(이하 "기부 등"이라 한다)할 수 있다. <개정 2013.12.30., 2016.5.29.>

② 박물관 또는 미술관의 장이 기증품을 기증받고자 하는 경우에는 수증심의위원회를 두어 수증여부를 결정하여야 한다. <신설 2016.5.29.>

③ 국립 박물관 또는 미술관의 장은 제1항에 따른 법인·단체 및 개인이 해당 박물관이나 미술관에 기증품을 기증하여 감정평가를 신청한 경우 기증유물감정평가위원회를 두어 감정평가를 할 수 있다. <신설 2016.5.29.>

④ 수증심의위원회 및 기증유물감정평가위원회의 구성, 운영 및 그 밖에 필요한 사항은 대통령령으로 정한다. <신설 2016.5.29.>

⑤ 국가 또는 지방자치단체가 설립한 박물관이나 미술관은 제1항에 따른 기부 등이 있을 때에는 「기부금품의 모집 및 사용에 관한 법률」에도 불구하고 이를 접수할 수 있다. <신설 2013.12.30., 2016.5.29.>

⑥ 제1항 및 제5항에 따른 기부 등의 절차, 관리·운영 방법 등은 문화체육관광부령으로 정한다. <신설 2016.5.29.>

[제목개정 2016.5.29.]

제9조(박물관 및 미술관 진흥 시책 수립) ①문화체육관광부장관은 국·공·사립 박물관 및 미술관의 확충, 지역의 핵심 문화시설로서의 지원·육성, 학예사 양성 등 박물관 및 미술관 진흥을 위한 기본 시책을 수립·시행하여야 한다. <개정 2008.2.29.>

② 국립 박물관과 국립 미술관을 설립·운영하는 중앙 행정기관의 장은 제1항에 따른 기본 시책에 따라 소관 박물관과 미술관 진흥 계획을 수립·시행하여야 한다.

③ 지방자치단체의 장은 제1항에 따른 기본 시책에 따라 해당 지방자치단체의 박물관 및 미술관 진흥 계획을 수립·시행하여야 한다.

제2장 국립 박물관과 국립 미술관

제10조(설립과 운영) ①국가를 대표하는 박물관과 미술관으로 문화체육관광부장관 소속으로 국립중앙박물관과 국립현대미술관을 둔다. <개정 2008.2.29.>

② 민속자료의 수집·보존·전시와 이의 체계적인 조사·연구를 위하여 문화체육관광부장관 소속으로 국립민속박물관을 둔다. <개정 2008.2.29.>

③ 국립중앙박물관은 제4조제1항의 사업 외에 다음 각 호의 업무를 수행한다. <개정 2008.2.29.>

1. 국내외 문화재의 보존·관리

2. 국내외 박물관자료의 체계적인 보존·관리

3. 국내 다른 박물관에 대한 지도·지원 및 업무 협조

4. 국내 박물관 협력망의 구성 및 운영

5. 그 밖에 국가를 대표하는 박물관으로서의 기능 수행에 필요한 업무

④ 문화체육관광부장관은 문화유산의 균형 있고 효율적인 수집·보존·조사·연구·전시 및 문화향유의 균형적인 증진을 꾀하기 위하여 필요한 곳에 국립중앙박물관, 국립민속박물관 또는 국립현대미술관의 지방 박물관 및 지방 미술관을 둘 수 있다. <개정 2008.2.29.>

⑤ 국립현대미술관은 제4조제1항의 사업 외에 제3항 각 호의 업무를 수행한다. 이 경우 각 호의 "박물관"은 "미술관"으로 본다.

⑥ 국립민속박물관은 민속에 관하여 제4조제1항의 사업 외에 제3항 각 호의 업무를 수행한다. 이 경우 각 호의 "박물관"은 "민속 박물관"으로 본다.

⑦ 국립중앙박물관과 국립현대미술관 및 국립민속박물관의 조직과 운영 등에 필요한 사항은 대통령령으로 정한다.

⑧ 국립중앙박물관에는 관장 1명을 두되, 관장은 정무직으로 한다.

제11조(설립 협의) ① 중앙 행정기관의 장은 소관 업무와 관련하여 국립 박물관이나 국립 미술관을 설립하려면 미리 문화체육관광부장관과 협의하여야 한다. <개정 2008.2.29.>
② 제1항의 협의에 필요한 사항은 대통령령으로 정한다.

제3장 공립 박물관과 공립 미술관

제12조(설립과 운영) ① 지방자치단체는 지역사회의 박물관자료 및 미술관자료의 구입·관리·보존·전시 및 지역 문화 발전과 지역 주민의 문화향유권 증진을 위하여 대통령령으로 정하는 절차와 기준에 따라 박물관과 미술관을 설립할 수 있다.
② 제1항에 따른 박물관과 미술관 운영에 필요한 사항은 지방자치단체의 조례로 정한다.
제12조의2(공립 박물관의 설립타당성 사전평가) ① 지방자치단체의 장이 제3조제1항제2호에 따른 공립 박물관을 설립하려는 경우에는 미리 박물관 설립·운영계획을 수립하여 문화체육관광부장관으로부터 설립타당성에 관한 사전평가(이하 "사전평가"라 한다)를 받아야 한다.
② 사전평가의 절차, 방법 등에 필요한 사항은 대통령령으로 정한다.
[본조신설 2016.5.29.]

제4장 사립 박물관과 사립 미술관

제13조(설립과 육성) ① 법인·단체 또는 개인은 박물관과 미술관을 설립할 수 있다. <개정 2007.7.27.>
② 국가나 지방자치단체는 제1항에 따른 박물관 및 미술관의 설립을 돕고, 문화유산의 보존·계승 및 창달(暢達)과 문화 향유를 증진하는 문화 기반 시설로서 지원·육성하여야 한다.
③ 사립 박물관과 사립 미술관은 제1조 및 제2조에 따른 목적과 기능에 맞도록 설립·운영하여야 한다.

제5장 대학 박물관과 대학 미술관

제14조(설립과 운영) ① 「고등교육법」에 따라 설립된 학교나 다른 법률에 따라 설립된 대학 교육과정의 교육기관은 교육 지원 시설로 대학 박물관과 대학 미술관을 설립할 수 있다.

② 대학 박물관과 대학 미술관은 대학의 중요한 교육 지원 시설로 평가되어야 한다.

③ 대학 박물관과 대학 미술관은 박물관자료나 미술관자료를 효율적으로 보존·관리하고 교육·학술 자료로 활용할 수 있도록 지원·육성되어야 한다.

제15조(업무) 대학 박물관과 대학 미술관은 제4조제1항의 사업 외에 다음 각 호의 업무를 수행한다.

1. 교수와 학생의 연구와 교육 활동에 필요한 박물관자료나 미술관자료의 수집·정리·관리·보존 및 전시

2. 박물관자료나 미술관자료의 학술적인 조사·연구

3. 교육과정에 대한 효율적 지원

4. 지역 문화 활동과 사회 문화 교육에 대한 지원

5. 국·공립 박물관 및 미술관, 다른 박물관 및 미술관과의 교류·협조

6. 박물관 및 미술관 이용의 체계적 지도

7. 그 밖에 교육 지원 시설로서의 기능 수행에 필요한 업무

제6장 등록

제16조(등록 등) ① 박물관과 미술관을 설립·운영하려는 자는 그 설립 목적을 달성하기 위하여 필요한 학예사와 박물관자료 또는 미술관자료 및 시설을 갖추어 대통령령으로 정하는 바에 따라 국립 박물관 및 미술관은 문화체육관광부장관에게, 공립 박물관 및 미술관은 특별시장·광역시장·특별자치시장·도지사·특별자치도지사(이하 "시·도지사"라 한다)에게 등록하여야 한다. 다만, 사립·대학 박물관 및 미술관은 시·도지사에게 등

록할 수 있다. <개정 2009.3.5., 2016.5.29.>

② 제1항에 따라 등록하려는 자(이하 "신청인"이라 한다)는 대통령령으로 정하는 요건을 갖추어 개관 전까지 등록 신청을 하여야 한다. <개정 2016.5.29.>

③ 문화체육관광부장관 또는 시·도지사는 제2항에 따른 등록신청을 받은 경우 신청일부터 40일 이내에 등록심의를 거쳐 그 결과를 신청인에게 통보하여야 한다. <개정 2016.5.29.>

④ 제3항에 따른 등록, 심의방법 및 절차 등에 필요한 사항은 대통령령으로 정한다. <신설 2016.5.29.>

제17조(등록증과 등록 표시) ① 문화체육관광부장관 또는 시·도지사는 제16조제3항에 따른 등록심의 결과가 결정된 때에는 박물관 또는 미술관 등록원부에 필요한 사항을 기재하고, 신청인에게 문화체육관광부령으로 정하는 바에 따라 박물관 등록증 또는 미술관 등록증(이하 "등록증"이라 한다)을 발급하여야 한다. <개정 2016.5.29.>

② 등록증을 받은 박물관 또는 미술관(이하 "등록 박물관·미술관"이라 한다)은 국민의 박물관·미술관 이용 편의를 위하여 대통령령으로 정하는 바에 따라 옥외 간판, 각종 문서, 홍보물, 박물관·미술관 홈페이지 등에 등록 표시를 하여야 한다. <개정 2016.5.29.>

제17조의2(변경등록) ① 등록 박물관·미술관은 등록 사항에 변경이 발생하면 대통령령으로 정하는 바에 따라 문화체육관광부장관 또는 시·도지사에게 지체 없이 변경 등록을 신청하여야 한다.

② 제1항에 따른 변경 등록의 허용 범위 및 절차 등에 필요한 사항은 대통령령으로 정한다.

③ 문화체육관광부장관 또는 시·도지사는 제1항 및 제2항에 따른 변경 등록 시에 변경 사항이 대통령령으로 정하는 등록 요건을 충족시키지 못하거나 제2항에 따른 허용 범위 및 절차를 지키지 아니한 경우에는 제28조에 따라 시정 요구를 하여야 한다.

[본조신설 2016.5.29.]

제17조의3(등록 사실의 통지) 시·도지사는 신규로 등록하거나 변경 등록한 박물관이나 미술관이 발생하였을 경우에 매 반기별로 그 등록 또는 변경 등록 사실을 문화체육관광부장관에게 통지하여야 한다.

[본조신설 2016.5.29.]

제18조(사립 박물관·사립 미술관의 설립 계획 승인 등) ①시·도지사는 사립 박물관 또는 사립 미술관을 설립하려는 자가 신청하면 대통령령으로 정하는 바에 따라 박물관이나 미술관의 설립 계획을 승인할 수 있다.

②제1항에 따라 설립 계획의 승인을 받은 자가 그 설립 계획 중 대통령령으로 정하는 중요한 사항을 변경하려면 시·도지사의 변경 승인을 받아야 한다.

③시·도지사는 제1항과 제2항에 따라 설립 계획을 승인하거나 변경 승인하려면 미리 제20조제1항 각 호 해당 사항의 소관 행정기관의 장과 협의하여야 한다.

④시·도지사는 제1항에 따라 설립 계획의 승인을 받은 자의 사업 추진 실적이 극히 불량할 때에는 대통령령으로 정하는 바에 따라 그 승인을 취소할 수 있다.

⑤시·도지사는 제1항·제2항 및 제4항에 따라 설립 계획을 승인 또는 변경 승인하거나 승인을 취소한 때에는 지체 없이 제3항에 따른 협의 기관이나 이해관계가 있는 자에게 그 사실을 알려야 한다.

제19조(유휴 공간 활용) ①지방자치단체의 장은 그 소유의 유휴 부동산 또는 건물을 「공유재산 및 물품 관리법」으로 정하는 바에 따라 박물관, 미술관 또는 문화의 집 등 지역 문화 공간으로 용도 변경하여 활용할 수 있다. <개정 2016.5.29.>

②지방자치단체의 장은 박물관, 미술관 또는 문화의 집 등을 설립·운영하려는 자가 제1항에 따른 유휴 부동산 또는 건물을 대여(貸與)할 것을 요청하면 유상 또는 무상으로 대여할 수 있다. 다만, 제1항의 유휴 부동산 또는 건물 중 폐교시설에 관하여는 「폐교재산의 활용촉진을 위한 특별법」이 정하는 바에 따른다. <개정 2016.5.29.>

제20조(다른 법률과의 관계) ①시·도지사가 제18조제1항과 제2항에 따라 사립 박물관 또는 사립 미술관 설립 계획을 승인하거나 변경 승인하는 경우 같은 조 제3항에 따라 다음 각 호의 어느 하나에 해당하는 사항에 관하여 소관 행정기관의 장과 협의를 한 때에는 그에 해당하는 허가·인가·지정을 받거나 신고나 협의(이하 이 조에서 "허가·인가 등"이라 한다)를 한 것으로 본다. <개정 2008.3.21., 2009.6.9., 2010.5.31., 2014.1.14.>

1. 「국토의 계획 및 이용에 관한 법률」 제56조제1항제1호 및 제2호에 따른 개발 행위의 허가, 같은 법 제86조에 따른 도시 계획 시설 사업 시행자의 지정, 같은 법 제88조에 따른 실시 계획의 인가

2. 「도로법」 제36조에 따른 도로공사 시행 또는 유지의 허가, 같은 법 제61조에 따른 도로의 점용허가

3. 「수도법」 제52조에 따른 전용상수도의 인가

4. 「하수도법」 제16조에 따른 공공하수도에 관한 공사 또는 유지의 허가

5. 「농지법」 제34조에 따른 농지전용의 허가 및 협의

6. 「산지관리법」 제14조 및 제15조에 따른 산지전용허가와 산지전용신고, 같은 법 제15조의2에 따른 산지일시사용허가·신고, 「산림자원의 조성 및 관리에 관한 법률」 제36조제1항·제4항에 따른 입목·벌채등의 허가·신고 및 「산림보호법」 제9조제1항 및 제2항제1호·제2호에 따른 산림보호구역(산림유전자원보호구역은 제외한다)에서의 행위의 허가·신고와 같은 법 제11조제1항제1호에 따른 산림보호구역의 지정해제

②제18조제1항에 따라 사립 박물관이나 사립 미술관 설립 계획의 승인을 받은 자가 그 승인 내용을 다른 목적으로 용도 변경한 때 또는 제22조에 따라 폐관 신고를 하거나 제29조에 따라 등록이 취소된 경우에는 제1항 각 호의 허가나 인가는 취소된 것으로 본다. <개정 2016.5.29.>

③제1항에 따라 소관 행정기관의 장이 협의에 응할 때 관련 법률에서 규정한 그 허가·

인가등의 기준을 위반하여 협의에 응할 수 없다.

제7장 관리와 운영·지원 <개정 2016.5.29.>

제21조(개관) 제16조제1항에 따라 등록한 박물관 또는 미술관은 연간 문화체육관광부령으로 정한 일수 이상 일반 공중이 이용할 수 있도록 개방하여야 한다. <개정 2008.2.29.>

제22조(폐관 신고) ①등록한 박물관이나 미술관을 운영하는 자가 박물관이나 미술관을 폐관하려면 대통령령으로 정하는 바에 따라 문화체육관광부장관 또는 시·도지사에게 신고하여야 한다. <개정 2009.3.5.>

②문화체육관광부장관 또는 시·도지사는 제1항에 따라 신고를 받으면 그 등록을 취소하여야 한다. <개정 2009.3.5.>

제23조(자료의 양여 등) ①박물관이나 미술관은 상호간에 박물관자료나 미술관자료를 교환·양여(讓與) 또는 대여하거나 그 자료의 보관을 위탁할 수 있다.

②국가나 지방자치단체는 박물관자료나 미술관자료로 활용할 수 있는 자료를 「국유재산법」, 「지방재정법」 또는 「물품관리법」에 따라 박물관이나 미술관에 무상이나 유상으로 양여·대여하거나 그 자료의 보관을 위탁할 수 있다.

③박물관이나 미술관은 제2항에 따라 박물관자료나 미술관자료를 대여받거나 보관을 위탁받은 경우에는 선량한 관리자의 주의 의무를 다하여야 한다.

④국가나 지방자치단체는 제2항에 따라 자료의 보관을 위탁할 경우에는 예산의 범위에서 그 보존·처리 및 관리에 필요한 경비를 지원할 수 있다.

제24조(경비 보조 등) ①국가나 지방자치단체는 제18조제1항에 따라 사립 박물관이나 사립 미술관 설립 계획의 승인을 받은 자에게는 설립에 필요한 경비를, 등록한 박물관이나 미술관에 대하여는 운영에 필요한 경비를 예산의 범위에서 각각 보조할 수 있다.

②정부는 국영 수송 기관에 의한 박물관자료나 미술관자료의 수송에 관하여 운임이나 그 밖의 요금을 할인하거나 감면할 수 있다.

③ 다른 법률에 따라 설립 또는 운영에 필요한 경비 등의 지원을 받고 있는 시설에 대하여는 제1항 또는 제2항에 따른 지원을 하지 아니할 수 있다. <신설 2009.3.5.>

제25조(관람료와 이용료) ①박물관이나 미술관은 관람료, 그 밖에 박물관자료나 미술관자료의 이용에 대한 대가를 받을 수 있다.

②공립 박물관이나 공립 미술관의 관람료, 그 밖에 박물관자료나 미술관자료의 이용에 대한 대가는 지방자치단체의 조례로 정한다.

제8장 평가와 지도·감독 <개정 2016.5.29.>

제26조(박물관 및 미술관의 평가인증) ① 문화체육관광부장관은 박물관 및 미술관의 운영의 질적 수준을 향상시키기 위하여 제16조에 따라 등록한 후 3년이 지난 국·공립 박물관 및 미술관에 대하여 평가를 실시하여야 한다.

② 문화체육관광부장관은 제1항에 따른 평가결과를 대통령령으로 정하는 바에 따라 공표하고, 관계 행정기관의 장에게 행정기관평가에 반영하도록 협조 요청할 수 있다.

③ 문화체육관광부장관은 제1항에 따른 평가결과에 따라 우수한 박물관 및 미술관을 인증할 수 있다.

④ 문화체육관광부장관은 제3항에 따른 인증 박물관 또는 미술관(이하 "인증 박물관·미술관"이라 한다)에 대하여 문화체육관광부령으로 정하는 바에 따라 인증서를 발급하고 인증사실 등을 공표하여야 한다.

⑤ 제1항, 제3항 및 제4항에 따른 평가실시, 평가인증의 기준·절차 및 방법과 인증 유효기간, 인증표시 등에 필요한 사항은 대통령령으로 정한다.

[본조신설 2016.5.29.]

[종전 제26조는 제28조로 이동 <2016.5.29.>]

제27조(인증 박물관·미술관의 평가인증 취소) ① 문화체육관광부장관은 제26조제3항에 따른 인증 박물관·미술관이 다음 각 호의 어느 하나에 해당하는 경우에는 인증을 취소할 수 있다.

1. 거짓이나 부정한 방법으로 평가인증을 받은 경우

2. 제29조제1항에 따른 등록취소 및 제22조에 따른 폐관 신고를 받은 경우

3. 그 밖에 인증자격을 유지하기 어렵다고 문화체육관광부장관이 인정하는 경우

② 문화체육관광부장관은 제1항에 따라 인증을 취소한 경우에는 그 사실을 공표하여야 한다.

[본조신설 2016.5.29.]

[종전 제27조는 제29조로 이동 <2016.5.29.>]

제28조(시정 요구와 정관) ①문화체육관광부장관 또는 시·도지사는 박물관이나 미술관이 그 시설과 관리·운영에 관하여 이 법이나 설립 목적을 위반하면 시정할 것을 요구할 수 있다. <개정 2009.3.5.>

②제1항에 따른 시정 요구를 받은 박물관이나 미술관은 정당한 사유가 없는 한 이에 따라야 한다.

③문화체육관광부장관 또는 시·도지사는 제1항에 따라 시정 요구를 받은 박물관이나 미술관이 정당한 사유 없이 이에 따르지 아니하면 6개월 이내의 기간을 정하여 정관(停館)을 명할 수 있다. <개정 2009.3.5.>

④문화체육관광부장관 또는 시·도지사는 제1항에 따른 시정 요구를 위하여 필요하다고 인정하면 그 시설과 관리·운영에 관한 자료를 제출하게 할 수 있다. <개정 2009.3.5.>

[제26조에서 이동, 종전 제28조는 제30조로 이동 <2016.5.29.>]

제29조(등록취소) ①문화체육관광부장관 또는 시·도지사는 등록한 박물관이나 미술관

이 다음 각 호의 어느 하나에 해당하면 그 등록을 취소할 수 있다. 다만, 천재지변이나 그 밖의 부득이한 사유로 제3호에 해당하게 된 경우 6개월 이내에 그 사유가 해소된 때에는 그러하지 아니하다. <개정 2009.3.5., 2016.5.29.>

1. 속임수나 그 밖의 부정한 방법으로 등록을 한 경우
2. 제17조의2에 따른 변경 등록을 하지 아니한 경우
3. 제16조제2항에 따른 등록 요건을 유지하지 못하여 제4조에 따른 사업을 수행할 수 없다고 인정되는 경우
4. 제21조를 위반하여 제28조제1항에 따른 시정 요구를 받고도 이에 따르지 아니한 경우
5. 제28조제3항에 따른 정관명령을 받고도 박물관이나 미술관의 정관을 하지 아니한 경우
6. 그 밖에 이 법에 따른 박물관이나 미술관의 설립 목적을 위반하여 박물관자료나 미술관자료를 취득·알선·중개·관리한 경우

② 제1항에 따라 등록이 취소된 경우에 그 박물관 또는 미술관의 대표자는 7일 이내에 등록증을 문화체육관광부장관 또는 시·도지사에게 반납하여야 한다. <개정 2009.3.5.>

③ 제1항에 따라 박물관이나 미술관의 등록이 취소되면 취소된 날부터 2년 이내에 취소된 등록 사항을 다시 등록할 수 없다.

[제27조에서 이동, 종전 제29조는 제31조로 이동 <2016.5.29.>]

제30조(보고) ① 제16조에 따라 등록한 국립 박물관과 미술관의 장 또는 시·도지사는 매년 대통령령으로 정하는 바에 따라 해당 국립 박물관과 미술관 또는 관할 등록 박물관과 미술관의 관리·운영, 관람료와 이용료, 지도·감독 현황 등의 운영 현황을 다음 해 1월 20일까지 문화체육관광부장관에게 보고하여야 한다. <개정 2008.2.29., 2009.3.5.>

② 시·도지사는 제16조에 따른 박물관·미술관의 등록이나 제22조제2항 또는 제29조제1항에 따른 등록취소의 처분을 하면 그 처분을 한 날부터 7일 이내에 문화체육관광부장관에게 그 사실을 보고하여야 한다. <개정 2008.2.29., 2016.5.29.>

[제28조에서 이동, 종전 제30조는 제32조로 이동 <2016.5.29.>]

제31조(청문) 문화체육관광부장관 또는 시·도지사는 다음 각 호의 어느 하나에 해당하는 처분을 하려면 청문을 하여야 한다. <개정 2009.3.5., 2016.5.29.>

1. 제18조제4항에 따른 설립 계획의 승인취소

2. 제28조제3항에 따른 정관명령

3. 제29조제1항에 따른 등록취소

[제29조에서 이동, 종전 제31조는 제33조로 이동 <2016.5.29.>]

제9장 운영자문·협력 등 <신설 2016.5.29.>

제32조(중요 사항의 자문) ① 문화체육관광부장관은 다음 각 호의 사항에 관하여 필요한 경우 「문화재보호법」 제8조에 따라 설치된 문화재위원회에 자문을 할 수 있다. <개정 2008.2.29., 2013.12.30.>

1. 제9조제1항에 따른 박물관과 미술관 진흥을 위한 기본 시책

2. 제11조에 따른 관계 중앙행정기관의 장과의 협의에 관한 사항

3. 그 밖에 박물관 또는 미술관의 진흥에 관하여 자문할 필요성이 있다고 인정되는 사항

② 시·도지사는 다음 각 호의 사항에 관하여 「문화재보호법」 제71조제1항에 따라 설치된 시·도문화재위원회에 자문을 하거나 제34조제1항에 따라 설립된 박물관 협회나 미술관 협회에 자문을 할 수 있다. <개정 2013.12.30., 2016.5.29.>

1. 제9조제3항에 따른 박물관 및 미술관 진흥 계획

2. 박물관 또는 미술관의 등록과 그 취소에 관한 사항

3. 제18조에 따른 사립 박물관이나 사립 미술관 설립 계획 승인에 관한 사항

4. 사립 박물관 또는 사립 미술관에 대한 지원의 방향 및 지원사업의 평가에 관한 사항

5. 그 밖에 박물관 또는 미술관의 진흥에 관하여 자문할 필요성이 있다고 인정되는 사항

[제30조에서 이동, 종전 제32조는 제34조로 이동 <2016.5.29.>]

제33조(박물관·미술관 협력망) ① 문화체육관광부장관은 박물관 또는 미술관에 관한 자료의 효율적인 유통·관리 및 이용과 각종 박물관 또는 미술관의 상호 협력을 도모하기 위한 협력 체제로서 다음 각 호의 기능을 수행하는 박물관·미술관 협력망(이하 "협력망"이라 한다)을 구성한다. <개정 2008.2.29.>

1. 전산 정보 체계를 통한 정보와 자료의 유통

2. 박물관자료나 미술관자료의 정리, 정보처리 및 시설 등의 표준화

3. 통합 데이터베이스 구축, 상호 대여 체계 구비 등 박물관이나 미술관 운영의 정보화·효율화

4. 그 밖에 박물관이나 미술관의 상호 협력에 관한 사항

② 박물관이나 미술관은 그 설립 목적을 달성하기 위하여 「지방문화원진흥법」, 「도서관법」 및 「문화예술진흥법」에 따라 설립된 문화원·도서관·문화예술회관 등 다른 문화 시설과 협력하여야 한다.

③ 협력망의 조직과 운영을 위하여 필요한 사항은 대통령령으로 정한다.

[제31조에서 이동, 종전 제33조는 제35조로 이동 <2016.5.29.>]

제34조(협회) ① 문화체육관광부장관은 박물관 또는 미술관에 관한 정보 자료의 교환과 업무협조, 박물관이나 미술관의 관리·운영 등에 관한 연구, 외국의 박물관이나 미술관과의 교류, 그 밖에 박물관이나 미술관 종사자의 자질 향상을 위하여 필요한 경우 박물관 협회 또는 미술관 협회(이하 "협회"라 한다)의 법인 설립을 각각 허가할 수 있다. <개정 2007.7.27., 2008.2.29.>

②국가는 제1항에 따른 협회의 운영에 필요한 경비를 보조할 수 있다.

③협회에 관하여는 이 법에 규정된 것 외에는 「민법」 중 사단법인의 규정을 준용한다.

[제32조에서 이동 <2016.5.29.>]

제35조(국립박물관문화재단의 설립) ① 정부는 문화유산의 보존·계승 및 이용촉진과 국민의 문화향유 증진을 위하여 국립박물관문화재단(이하 "문화재단"이라 한다)을 설립한다.

② 문화재단은 법인으로 한다.

③ 문화재단에는 정관으로 정하는 바에 따라 임원과 필요한 직원을 둔다.

④ 문화재단은 다음 각 호의 사업을 한다.

1. 국립 박물관 공연장 운영

2. 문화예술 창작품 개발·보급

3. 문화관광상품의 개발과 제작 및 보급

4. 문화상품점, 식음료 매장, 그 밖의 편의 시설 등의 운영

5. 국가, 지방자치단체 및 공공기관 등으로부터 위탁받은 사업

6. 그 밖에 문화재단의 설립목적에 필요한 사업

⑤ 문화재단에 관하여 이 법에서 정한 것을 제외하고는 「민법」 중 재단법인에 관한 규정을 준용한다.

⑥ 정부는 예산의 범위에서 문화재단의 사업과 운영에 필요한 재정상의 지원을 할 수 있다.

⑦ 정부는 문화재단의 사업을 위하여 필요하다고 인정하는 경우 「국유재산법」에도 불구하고 국유재산을 문화재단에 무상으로 대부하거나 사용·수익하게 할 수 있다.

[본조신설 2010.6.10.]

[제33조에서 이동 <2016.5.29.>]

부칙<제14204호, 2016.5.29.>

제1조(시행일) 이 법은 공포 후 6개월이 경과한 날부터 시행한다.

제2조(국·공립 박물관 및 미술관 등록에 관한 경과조치) 이 법 시행 당시 설립 후 등록하지 못하고 있는 국·공립 박물관 및 미술관은 이 법 시행 후 1년 이내에 제16조의 개정규정에 따라 등록하여야 한다.

박물관 및 미술관 진흥법 시행령 (약칭: 박물관미술관법 시행령)

[시행 2017.1.1.] [대통령령 제27751호, 2016.12.30., 타법개정]

문화체육관광부(박물관정책과) 044-203-2640

제1조(목적) 이 영은 「박물관 및 미술관 진흥법」에서 위임된 사항과 그 시행에 필요한 사항을 규정함을 목적으로 한다.

제1조의2(박물관자료의 기준) 「박물관 및 미술관 진흥법」(이하 "법"이라 한다) 제2조제3호에서 "대통령령으로 정하는 기준"이란 다음 각 호와 같다.

1. 박물관의 설립목적 달성과 법 제4조의 사업 수행을 위하여 보존 또는 활용이 가능한 증거물일 것

2. 무형적 증거물의 경우 부호·문자·음성·음향·영상 등으로 표현된 자료나 정보일 것

[본조신설 2009.6.4.]

제2조(문화시설의 인정) ① 문화체육관광부장관이 법 제5조에 따라 법이 적용되는 문화시설을 인정하려면 법 제4조제1항 각 호에 따른 사업을 수행할 목적으로 설치·운영되는 동물원이나 식물원 또는 수족관 중에서 인정하여야 한다. <개정 2008.2.29., 2009.6.4.>

② 문화체육관광부장관은 제1항에 따라 법의 적용을 받는 문화시설을 인정하려면 「문화재보호법」에 따른 문화재위원회의 의견을 들을 수 있다. <개정 2008.2.29.>

제3조(학예사 자격요건 등) ① 법 제6조제3항 전단에 따른 박물관·미술관 학예사(이하 "학예사"라 한다)의 자격요건은 별표 1과 같다. <개정 2014.8.12.>

② 문화체육관광부장관은 신청인의 자격요건을 심사한 후 별표 1의 자격요건을 갖춘 자에게는 자격증을 내주어야 한다. <개정 2008.2.29.>

③ 학예사 자격요건의 심사, 자격증의 발급신청과 발급 등에 필요한 사항은 문화체육관

광부령으로 정한다. <개정 2008.2.29.>

제4조(준학예사 시험) ①법 제6조제3항 후단에 따른 준학예사 시험은 연 1회 실시하는 것을 원칙으로 한다. <개정 2008.2.29., 2009.1.14., 2014.8.12.>

② 문화체육관광부장관은 제1항에 따라 준학예사 시험을 실시할 때에는 준학예사 시험의 시행 일시 및 장소를 시험 시행일 90일 전까지 공고하여야 한다. <신설 2012.5.1.>

③ 제1항에 따른 준학예사 시험의 방법은 필기시험에 의하되, 공통과목은 객관식으로, 선택과목은 주관식으로 시행한다. <개정 2012.5.1.>

④ 준학예사 시험 과목은 다음 각 호와 같다. <개정 2012.5.1., 2016.11.29.>

1. 공통과목 : 박물관학 및 외국어(영어·불어·독어·일어·중국어·한문·스페인어·러시아어 및 이탈리아어 중 1과목 선택). 다만, 외국어 과목은 별표 1의2에 따른 외국어능력검정시험으로 대체할 수 있다.

2. 선택과목 : 고고학·미술사학·예술학·민속학·서지학·한국사·인류학·자연사·과학사·문화사·보존과학·전시기획론 및 문학사 중 2과목 선택

⑤ 준학예사 시험은 매 과목(제4항제1호 단서에 따라 외국어 과목을 외국어능력검정시험으로 대체하는 경우에는 해당 과목은 제외한다) 100점 만점을 기준으로 하여 매 과목 40점 이상과 전 과목 평균 60점 이상을 득점한 자를 합격자로 한다. <개정 2012.5.1., 2016.11.29.>

⑥ 준학예사 시험의 응시원서 제출과 합격증 발급, 그 밖에 시험을 실시하는 데에 필요한 사항은 문화체육관광부령으로 정한다. <개정 2008.2.29., 2012.5.1.>

제5조(학예사 운영 위원회) 문화체육관광부장관은 제3조에 따른 학예사 자격요건의 심사나 그 밖에 학예사 자격제도의 시행에 필요한 사항을 심의하기 위하여 그 소속으로 박물관·미술관 학예사 운영 위원회를 구성하여 운영할 수 있다. <개정 2008.2.29.>

제6조(박물관·미술관 운영 위원회) ①법 제7조제1항에 따라 등록한 국공립의 박물관 또는

미술관에 두는 박물관·미술관 운영 위원회(이하 "운영 위원회"라 한다)는 위원장 1명을 포함하여 10명 이상 15명 이내의 위원으로 구성한다.

② 운영 위원회의 위원장은 위원 중에서 호선(互選)한다.

③ 운영 위원회의 위원은 해당 박물관·미술관이 소재한 지역의 문화·예술계 인사 중에서 그 박물관·미술관의 장이 위촉하는 자와 그 박물관·미술관의 장이 된다.

④ 운영 위원회는 다음 각 호의 사항을 심의한다.

1. 박물관·미술관의 운영과 발전을 위한 기본방침에 관한 사항

2. 박물관·미술관의 운영 개선에 관한 사항

3. 박물관·미술관의 후원에 관한 사항

4. 다른 박물관·미술관과 각종 문화시설과의 업무협력에 관한 사항

제6조의2(수증심의위원회의 구성 등) ① 법 제8조제2항에 따른 수증심의위원회(이하 "수증심의위원회"라 한다)는 위원장 1명을 포함하여 3명 이상의 위원으로 구성한다.

② 수증심의위원회의 위원은 박물관 또는 미술관의 자료 등에 관하여 학식과 경험이 풍부한 사람 중에서 박물관 또는 미술관의 장이 위촉한다.

③ 수증심의위원회의 위원장은 박물관 또는 미술관의 장이 된다.

④ 위원회의 회의는 위원 과반수의 찬성으로 의결한다.

⑤ 박물관 또는 미술관의 장은 수증심의위원회의 심의를 거쳐 법 제8조제1항에 따른 기증품(이하 "기증품"이라 한다)을 기증받을지 여부를 결정한 후 기증을 하려는 자에게 서면으로 그 결과를 통보하여야 한다. 이 경우 기증받지 아니하는 것으로 결정하면 그 사유를 명시하여 즉시 해당 기증품을 반환하여야 한다.

⑥ 제1항부터 제5항까지에서 규정한 사항 외에 수증심의위원회의 운영 등에 필요한 사항은 박물관 또는 미술관의 장이 정한다.

[본조신설 2016.11.29.]

제6조의3(기증유물감정평가위원회의 구성 등) ① 법 제8조제3항에 따른 기증유물감정평가위원회(이하 "기증유물감정평가위원회"라 한다)는 위원장 1명을 포함하여 5명 이상의 위원으로 구성한다.

② 기증유물감정평가위원회의 위원은 박물관 또는 미술관 자료의 감정평가에 관하여 학식과 경험이 풍부한 사람 중에서 국립 박물관 또는 미술관의 장이 위촉한다.

③ 기증유물감정평가위원회의 위원장은 국립 박물관 또는 미술관의 장이 된다.

④ 위원회의 회의는 위원 과반수의 찬성으로 의결한다.

⑤ 제1항부터 제4항까지에서 규정한 사항 외에 기증유물감정평가위원회의 운영 등에 필요한 사항은 국립 박물관 또는 미술관의 장이 정한다.

[본조신설 2016.11.29.]

제7조(협의) ① 중앙행정기관의 장은 법 제11조제2항에 따라 국립박물관이나 국립미술관을 설립하려면 다음 각 호의 서류를 첨부하여 문화체육관광부장관에게 협의를 요청하여야 한다. <개정 2008.2.29.>

1. 사업계획서

2. 시설의 명세서 및 평면도

3. 박물관 자료 또는 미술관 자료 내역서

4. 조직 및 정원

② 지방자치단체의 장은 법 제12조제1항에 따라 공립박물관이나 공립미술관을 설립하려면 제1항 각 호의 서류를 첨부하여 문화체육관광부장관에게 협의를 요청하여야 한다. <개정 2008.2.29.>

제7조의2(공립 박물관의 설립타당성 사전평가) ① 지방자치단체의 장은 법 제12조의2제1항에 따라 공립 박물관의 설립타당성에 관한 사전평가(이하 "사전평가"라 한다)를 받으려면 문화체육관광부령으로 정하는 사전평가 신청서에 다음 각 호의 사항에 관한 서류를

첨부하여 문화체육관광부장관에게 제출하여야 한다.

1. 설립의 목적 및 필요성

2. 설립 추진계획 및 박물관 운영계획

3. 운영 조직 및 인력구성계획

4. 부지 및 시설 명세

5. 박물관 자료의 목록 및 수집계획

② 사전평가는 반기별로 실시한다.

③ 지방자치단체의 장은 상반기에 실시되는 사전평가를 받으려면 1월 31일까지, 하반기에 실시되는 사전평가를 받으려면 7월 31일까지 제1항에 따른 사전평가 신청서와 첨부 서류를 문화체육관광부장관에게 제출하여야 한다.

④ 문화체육관광부장관은 상반기에 실시되는 사전평가의 경우에는 4월 30일까지, 하반기에 실시되는 사전평가의 경우에는 10월 31일까지 해당 사전평가를 완료하여야 한다.

⑤ 문화체육관광부장관은 제4항에 따른 사전평가 결과를 사전평가 완료일부터 14일 이내에 해당 지방자치단체의 장 및 관계 중앙행정기관의 장에게 통보하여야 한다.

⑥ 제1항부터 제5항까지에서 규정한 사항 외에 사전평가의 운영 등에 필요한 사항은 문화체육관광부장관이 정한다.

[본조신설 2016.11.29.]

제8조(등록신청 등) ① 법 제16조제1항에 따라 박물관이나 미술관을 등록하려는 자는 등록신청서에 다음 각 호의 서류를 첨부하여 국립 박물관 및 미술관은 문화체육관광부장관에게, 공립·사립·대학 박물관 및 미술관은 관할 특별시장·광역시장·특별자치시장·도지사 또는 특별자치도지사(이하 "시·도지사"라 한다)에게 제출(전자문서에 의한 제출을 포함한다)하여야 한다. <개정 2007.12.31., 2009.6.4., 2016.11.29.>

1. 시설명세서

2. 박물관 자료 또는 미술관 자료의 목록

3. 학예사 명단

4. 관람료 및 자료의 이용료

② 제1항에 따른 신청을 받은 문화체육관광부장관 또는 시·도지사는 박물관 또는 미술관 자료의 규모와 가치, 학예사의 보유, 시설의 규모와 적정성 등에 대하여 심의한 후 박물관 또는 미술관의 등록 여부를 결정하여야 한다. <신설 2016.11.29.>

③ 문화체육관광부장관 또는 시·도지사는 제2항에 따라 등록을 하면 법 제17조제1항에 따라 문화체육관광부령으로 정하는 등록증을 내주어야 한다. <개정 2008.2.29., 2009.6.4., 2016.11.29.>

제9조(등록요건) ① 법 제16조에 따른 박물관 또는 미술관의 등록은 박물관 또는 미술관의 자료, 학예사, 시설의 규모 등에 따라 제1종 박물관 또는 미술관, 제2종 박물관 또는 미술관으로 구분하여 등록한다. <개정 2016.11.29.>

② 법 제16조제2항에서 "대통령령으로 정하는 요건"이란 별표 2에 따른 요건을 말한다. <신설 2016.11.29.>

[제10조에서 이동, 종전 제9조는 제10조로 이동 <2016.11.29.>]

제10조(변경 등록) ① 법 제17조제1항에 따라 등록증을 받은 박물관 또는 미술관(이하 "등록 박물관·미술관"이라 한다)은 다음 각 호의 어느 하나에 해당하는 등록 사항에 변경이 발생하면 법 제17조의2제1항에 따라 그 등록 사항이 변경된 날부터 14일 이내에 문화체육관광부장관 또는 시·도지사에게 변경 등록을 신청하여야 한다.

1. 명칭, 설립자 또는 대표자

2. 종류

3. 소재지

4. 설립자 또는 대표자의 주소

5. 시설명세서

6. 박물관 자료 또는 미술관 자료의 목록

7. 학예사 명단

8. 관람료 및 자료의 이용료

② 제1항에 따라 변경 등록을 신청하려는 등록 박물관·미술관은 문화체육관광부령으로 정하는 변경등록 신청서에 다음 각 호의 서류를 첨부하여 문화체육관광부장관 또는 시·도지사에게 제출(전자문서에 의한 제출을 포함한다)하여야 한다.

1. 등록증(제1항제1호부터 제4호까지의 변경에 한정한다)

2. 변경 사항을 증명하는 서류

③ 문화체육관광부장관 또는 시·도지사는 제1항에 따른 변경 등록의 신청이 있는 날부터 30일 이내에 변경 사항이 기재된 등록증을 내주어야 한다.

[전문개정 2016.11.29.]

[제9조에서 이동, 종전 제10조는 제9조로 이동 <2016.11.29.>]

제11조(등록표시) 제8조제2항에 따라 등록증을 받은 박물관과 미술관은 법 제17조제2항에 따라 옥외간판 등에 "문화체육관광부장관 또는 ○○시·도 등록 제○○호"를 표시하여야 한다. <개정 2009.6.4.>

제12조(사립박물관 또는 사립미술관의 설립계획 승인신청) ①법 제18조제1항에 따라 사립박물관 또는 사립미술관의 설립계획을 승인받으려는 자는 설립계획 승인 신청서에 다음 각 호의 서류를 첨부하여 시·도지사에게 제출(전자문서에 의한 제출을 포함한다)하여야 한다. <개정 2007.12.31.>

1. 사업계획서

2. 토지의 조서(위치·지번·지목·면적, 소유권 외의 권리명세, 소유자의 성명·주소, 지상

권·지역권·전세권·저당권·사용대차 또는 임대차에 관한 권리, 토지에 관한 그 밖의 권리를 가진 자의 성명·주소를 적은 것)

3. 건물의 조서(위치·대지지번·건물구조·바닥면적·연면적, 소유권 외의 권리명세, 소유자의 성명·주소, 전세권·저당권·사용대차 또는 임대차에 관한 권리, 건물에 관한 그 밖의 권리를 가진 자의 성명·주소를 적은 것)

4. 위치도

5. 개략설계도

6. 박물관 자료 또는 미술관 자료의 목록과 내역서

② 법 제18조제2항에 따라 설립계획의 변경승인을 받으려는 자는 설립계획 변경승인 신청서에 문화체육관광부령으로 정하는 서류를 첨부하여 시·도지사에게 제출(전자문서에 의한 제출을 포함한다)하여야 한다. <개정 2007.12.31., 2008.2.29.>

제13조(중요 사항의 변경) 법 제18조제2항에서 "대통령령으로 정하는 중요한 사항"이란 승인된 해당 설립계획 중 다음 각 호의 어느 하나에 해당하는 사항을 말한다.

1. 박물관·미술관의 명칭 및 별표 2에 따른 종류·유형

2. 박물관·미술관의 설립위치 및 면적

3. 전시실·야외전시장 또는 수장고(收藏庫) 시설의 위치 및 면적

4. 전시실·야외전시장 또는 수장고 시설을 제외한 시설의 면적(해당 면적의 10분의 1 이상의 면적을 변경하는 경우로 한정한다)

5. 사업시행기간(해당 사업시행기간을 3개월 이상 연장하는 경우로 한정한다)

제14조(설립계획 승인 등의 협의) ①시·도지사는 법 제18조제3항에 따라 소관 행정기관의 장에게 설립계획의 승인 또는 변경승인의 협의를 요청하는 때에는 각각 제12조제1항 또는 같은 조 제2항에 따른 서류의 사본을 첨부하여야 한다.

② 제1항에 따라 협의를 요청받은 소관 행정기관의 장은 특별한 사유가 없으면 협의요

청을 받은 날부터 30일 이내에 의견을 통보하여야 한다.

제15조(설립계획 승인의 취소) 법 제18조제4항에 따라 시·도지사는 제12조에 따른 설립계획의 승인 또는 변경승인을 받은 자가 그 승인내용을 1년 이내에 추진하지 아니하거나 정당한 사유 없이 6개월 이상 사업추진을 중단하면 시정을 명할 수 있으며, 시정명령에 따르지 아니하면 그 승인을 취소할 수 있다.

제16조(대관 및 편의시설) ① 등록한 박물관 또는 미술관은 필요한 경우 그 설립목적에 지장을 주지 아니하는 범위에서 그 시설의 일부를 대관(貸館)할 수 있다. <개정 2015.1.6.>

② 등록한 박물관 또는 미술관은 그 설립목적을 달성하기 위하여 필요한 범위에서 매점·기념품 판매소, 그 밖의 편의시설을 설치하여 운영할 수 있다.

제17조(폐관신고) 등록한 박물관 또는 미술관을 폐관한 자는 법 제22조제1항에 따라 폐관 즉시 폐관신고서에 등록증을 첨부하여 문화체육관광부장관 또는 시·도지사에게 신고하여야 한다. <개정 2009.6.4.>

제17조의2(박물관 및 미술관의 평가인증) ① 문화체육관광부장관은 법 제26조제1항에 따라 박물관 및 미술관에 대한 평가를 실시하려면 해당 연도의 평가대상을 매년 1월 31일까지 고시하여야 한다.

② 문화체육관광부장관은 다음 각 호의 기준에 따라 평가를 실시한다.

1. 설립 목적의 달성도

2. 조직·인력·시설 및 재정 관리의 적정성

3. 자료의 수집 및 관리의 충실성

4. 전시 개최 및 교육프로그램 실시 실적

5. 그 밖에 박물관 또는 미술관 운영의 적정성을 평가하는 데 필요하다고 인정되어 문화체육관광부장관이 정하는 사항

③ 문화체육관광부장관은 평가에 필요한 자료를 해당 박물관 및 미술관에 요청할 수 있다.

④ 문화체육관광부장관은 해당 박물관 및 미술관에 대한 평가 결과를 해당 연도의 12월 31일까지 해당 지방자치단체의 장, 박물관 및 미술관의 장에게 통보하고, 그 평가결과를 문화체육관광부 홈페이지 등에 공표하여야 한다.

⑤ 법 제26조제3항에 따른 인증의 유효기간은 2년으로 한다.

⑥ 법 제26조제4항에 따른 인증 박물관·미술관은 옥외간판, 각종 문서, 홍보물 및 박물관 또는 미술관 홈페이지 등에 해당 인증사실 및 내용을 표시할 수 있다.

⑦ 제1항부터 제6항까지에서 규정한 사항 외에 평가 실시 및 평가인증의 운영 등에 필요한 사항은 문화체육관광부장관이 정하여 고시한다.

[본조신설 2016.11.29.]

제18조(시정요구 및 정관) ①문화체육관광부장관 또는 시·도지사는 법 제28조제1항에 따라 시정을 요구하려면 해당 박물관이나 미술관이 위반한 내용, 시정할 사항과 시정기한 등을 명확하게 밝혀 서면으로 알려야 한다. <개정 2009.6.4., 2016.11.29.>

② 문화체육관광부장관 또는 시·도지사는 법 제28조제3항에 따라 정관(停館)을 명하려면 그 사유와 정관기간 등을 명확하게 밝혀 서면으로 알려야 한다. <개정 2009.6.4., 2016.11.29.>

제19조(공고) 문화체육관광부장관 또는 시·도지사는 다음 각 호의 사항이 발생하면 7일 이내에 공고하여야 한다. <개정 2009.6.4., 2016.11.29.>

1. 법 제16조제1항에 따른 박물관 또는 미술관의 등록

2. 법 제18조제1항에 따른 사립박물관 또는 사립미술관 설립계획의 승인

3. 법 제18조제4항에 따른 사립박물관 또는 사립미술관 설립계획승인의 취소

4. 법 제29조제1항에 따른 박물관 또는 미술관 등록의 취소

제20조(협력망 구성 등) ① 법 제33조제1항에 따른 박물관·미술관 협력망은 박물관 협력망과 미술관 협력망으로 구분한다. <개정 2016.11.29.>

② 박물관 협력망과 미술관 협력망에 각각 중앙관과 지역대표관을 두되, 박물관 협력망의 중앙관은 국립중앙박물관과 국립민속박물관이, 미술관 협력망의 중앙관은 국립현대미술관이 되며, 박물관 협력망과 미술관 협력망의 지역대표관은 시·도지사가 지정하여 중앙관에 통보한다.

③ 문화체육관광부장관은 법 제33조제1항에 따른 박물관·미술관 협력망의 기능을 효율적으로 수행하기 위하여 협력망 운영계획을 수립하여 시행할 수 있다. <개정 2008.2.29., 2016.11.29.>

제21조(고유식별정보의 처리) 문화체육관광부장관(해당 권한이 위임·위탁된 경우에는 그 권한을 위임·위탁받은 자를 포함한다) 또는 시·도지사(해당 권한이 위임·위탁된 경우에는 그 권한을 위임·위탁받은 자를 포함한다)는 다음 각 호의 사무를 수행하기 위하여 불가피한 경우 「개인정보 보호법 시행령」 제19조제1호 또는 제4호에 따른 주민등록번호 또는 외국인등록번호가 포함된 자료를 처리할 수 있다. <개정 2016.11.29.>

1. 법 제6조제3항 전단에 따른 학예사 자격 취득 신청의 접수, 자격요건의 심사 및 자격증 발급

2. 법 제6조제3항 후단에 따른 준학예사 시험의 관리에 관한 사무

3. 법 제16조제1항 및 제17조의2제1항에 따른 박물관·미술관 등록 및 변경등록에 관한 사무

4. 법 제18조제1항 및 제2항에 따른 사립 박물관 또는 사립 미술관 설립 계획의 승인 또는 변경 승인에 관한 사무

[본조신설 2014.8.12.]

제22조(규제의 재검토) 문화체육관광부장관은 제13조에 따른 설립계획 중 변경승인을

받아야 하는 중요 사항에 대하여 2017년 1월 1일을 기준으로 3년마다(매 3년이 되는 해의 1월 1일 전까지를 말한다) 그 타당성을 검토하여 개선 등의 조치를 하여야 한다. <개정 2016.12.30.>

[본조신설 2014.12.9.]

부칙<제27751호, 2016.12.30.>(규제 재검토기한 설정 등을 위한 가맹사업거래의 공정화에 관한 법률 시행령 등 일부개정령)

제1조(시행일) 이 영은 2017년 1월 1일부터 시행한다. <단서 생략>

제2조부터 제12조까지 생략

별표 / 서식

[별표 1] 학예사 등급별 자격요건(제3조 관련)

[별표 1의2] 외국어 과목을 대체하는 외국어능력검정시험의 종류 및 기준점수(등급)표 (제4조제4항제1호 관련)

[별표 2] 박물관 또는 미술관 등록요건(제9조 관련)

학예사 등급별 자격요건(제3조 관련)

등급	자격요건
1급 정학예사	2급 정학예사 자격을 취득한 후 다음 각 호의 기관(이하 "경력인정대상기관"이라 한다)에서의 재직경력이 7년 이상인 자 1. 국공립 박물관 2. 국공립 미술관 3. 삭제<2015.10.6.> 4. 삭제<2015.10.6.> 5. 삭제<2015.10.6.> 6. 박물관·미술관 학예사 운영 위원회가 등록된 사립박물관·사립미술관, 등록된 대학박물관·대학미술관 및 외국박물관 등의 기관 중에서 인력·시설·자료의 관리실태 및 업무실적에 대한 전문가의 실사를 거쳐 인정한 기관
2급 정학예사	3급 정학예사 자격을 취득한 후 경력인정대상기관에서의 재직경력이 5년 이상인 자
3급 정학예사	1. 박사학위 취득자로서 경력인정대상기관에서의 실무경력이 1년 이상인 자 2. 석사학위 취득자로서 경력인정대상기관에서의 실무경력이 2년 이상인 자 3. 준학예사 자격을 취득한 후 경력인정대상기관에서의 재직경력이 4년 이상인 자
준학예사	1. 「고등교육법」에 따라 학사학위 이상을 취득하고 준학예사 시험에 합격한 자로서 경력인정대상기관에서의 실무경력이 1년 이상인 자 2. 「고등교육법」에 따라 3년제 전문학사학위를 취득하고 준학예사 시험에 합격한 사람으로서 경력인정대상기관에서의 실무경력이 2년 이상인 사람 3. 「고등교육법」에 따라 2년제 전문학사학위를 취득하고 준학예사 시험에 합격한 사람으로서 경력인정대상기관에서의 실무경력이 3년 이상인 사람 4. 제1호부터 제3호까지의 규정에 따른 학사 또는 전문학사학위를 취득하지 아니하고 준학예사 시험에 합격한 자로서 경력인정대상기관에서의 실무경력이 5년 이상인 자

※ 비고

1. 삭제<2009.1.14>

2. 실무경력은 재직경력·실습경력 및 실무연수과정 이수경력 등을 포함한다.

3. 등록된 박물관·미술관에서 학예사로 재직한 경력은 경력인정대상기관 여부에 관계없이 재직경력으로 인정할 수 있다.

[별표 1의2] <신설 2016. 11. 29.>

외국어 과목을 대체하는 외국어능력검정시험의 종류 및 기준점수(등급)표
(제4조제4항제1호 관련)

구분	시험의 종류		기준점수
1. 영어	가. 토플 (TOEFL)	미국의 교육평가원(Education Testing Service)에서 시행하는 시험(Test of English as a Foreign Language)으로서 그 실시방식에 따라 피.비.티.(PBT: Paper Based Test), 시.비.티.(CBT: Computer Based Test) 및 아이.비.티.(IBT: Internet Based Test)로 구분한다.	PBT 490점 이상 CBT 165점 이상 IBT 58점 이상
	나. 토익 (TOEIC)	미국의 교육평가원(Education Testing Service)에서 시행하는 시험(Test of English for International Communication)을 말한다.	625점 이상
	다. 텝스 (TEPS)	서울대학교 영어능력검정시험(Test of English Proficiency, Seoul National University)을 말한다.	520점 이상
	라. 지텔프 (G-TELP)	미국의 국제테스트연구원(International Testing Services Center)에서 주관하는 시험(General Tests of English Language Proficiency)을 말한다.	Level 2의 50점 이상
	마. 플렉스 (FLEX)	한국외국어대학교 어학능력검정시험(Foreign Language Efficiency Examination)을 말한다.	520점 이상
2. 불어	가. 플렉스 (FLEX)	한국외국어대학교 어학능력검정시험(Foreign Language Efficiency Examination)을 말한다.	520점 이상
	나. 델프 (DELF)달프 (DALF)	알리앙스 프랑세즈 프랑스어 자격증시험 델프(Diploma d'Etudes en Langue Francaise), 달프(Diploma approfondi de Langue Francaise)를 말한다.	DELF B1 이상
3. 독어	가. 플렉스 (FLEX)	한국외국어대학교 어학능력검정시험(Foreign Language Efficiency Examination)을 말한다.	520점 이상
	나. 괴테어학검 정시험 (Goethe Zer- tifikat)	독일문화원 독일어능력시험(Goethe-Zertifikat)를 말한다.	GZ B1 이상

4. 일본어	가. 플렉스 (FLEX)	한국외국어대학교 어학능력검정시험(Foreign Language Efficiency Examination)을 말한다.	520점 이상
	나. 일본어 능력시험 (JPT)	일본순다이학원 일본어능력시험(Japanese Proficiency Test)를 말한다.	510점 이상
	다. 일본어 능력시험 (JLPT)	일본국제교류기금 및 일본국제교육지원협회 일본어능력시험(Japanese Language Proficiency Test)를 말한다.	N2 120점 이상
5. 중국어	가. 플렉스 (FLEX)	한국외국어대학교 어학능력검정시험(Foreign Language Efficiency Examination)을 말한다.	520점 이상
	나. 한어수평 고시(신HSK)	중국국가한반 한어수평고시(신HSK)를 말한다.	4급 194점 이상
6. 한문	가. 한자능력 검정	한국어문회에서 시행하는 한자시험을 말한다.	4급 이상
	나. 상공회의소 한자	대한상공회의소에서 시행하는 한자시험을 말한다.	3급 이상
7. 스페인 어	가. 플렉스 (FLEX)	한국외국어대학교 어학능력검정시험(Foreign Language Efficiency Examination)을 말한다.	520점 이상
	나. 델레 (DELE)	스페인 문화교육부 스페인어 자격증시험 델레(Diplomas de Espanol como Lengua Extranjera)를 말한다.	B1 이상
8. 러시아 어	가. 플렉스 (FLEX)	한국외국어대학교 어학능력검정시험(Foreign Language Efficiency Examination)을 말한다.	520점 이상
	나. 토르플 (TORFL)	러시아 교육부 러시아어능력시험 토르플(Test of Russian as a Foreign Lan-guage)를 말한다.	기본단계 이상
9. 이탈리 아어	가. 칠스 (CILS)	이탈리아 시에나 외국인 대학에서 시행하는 이탈리아어 자격증명시험(Certi-cazione di Italiano come Lingua Straniera)를 말한다.	B1 이상
	나. 첼리 (CELI)	이탈리아 페루지아 국립언어대학에서 시행하는 이탈리아어 자격증명시험(Cer-tificato di Conoscenza della Lingua Italiana)를 말한다.	Level 2 이상

비고

1. 위 표에서 정한 시험의 종류 및 기준점수는 준학예사 시험예정일부터 역산(逆算)하여 3년이 되는 해의 1월 1일 이후 실시된 시험으로서, 시험 접수마감일까지 점수가 발표된 시험에 대해서만 인정한다.

2. 시험 응시원서를 제출할 때에는 위 표에서 정한 기준점수를 확인할 수 있어야 한다.

[별표 2] <개정 2016. 11. 29.>

박물관 또는 미술관 등록요건(제9조 관련)

1. 공통요건

가. 「화재예방, 소방시설 설치·유지 및 안전관리에 관한 법률」 제9조제1항에 따른 소방
   시설의 설치

나. 「화재예방, 소방시설 설치·유지 및 안전관리에 관한 법률」 제21조의2제3항에 따른 피
   난유도 안내정보의 부착(「소방시설 설치·유지 및 안전관리에 관한 법률」 제20조제2
   항 전단에 따른 소방안전관리대상물에 해당하는 박물관 또는 미술관으로 한정한다)

다. 박물관 또는 미술관 자료의 가치는 다음의 기준에 따라 평가한다.

   1) 자료의 해당 분야에의 적합성

   2) 자료 수집의 적정성

   3) 자료의 학술적·예술적·교육적·역사적 가치

   4) 자료의 희소성

   5) 그 밖에 박물관 또는 미술관의 자료가 해당 박물관 또는 미술관에서 소장할 가치
      가 있다고 판단할 수 있는 기준으로서 문화체육관광부장관 또는 시·도지사가 정
      하는 기준

2. 개별요건

가. 제1종 박물관 또는 미술관

유형	박물관자료 또는 미술관자료	학예사	시설
종합 박물관	각 분야별 100점 이상	각 분야별 1명 이상	1) 각 분야별 전문박물관의 해당 전시실　2) 수장고(收藏庫) 3) 작업실 또는 준비실　4) 사무실 또는 연구실 5) 자료실·도서실·강당 중 1개 시설 6) 도난 방지시설, 온습도 조절장치

전문 박물관	100점 이상	1명 이상	1) 100제곱미터 이상의 전시실 또는 2,000제곱미터 이상의 야외전시장 2) 수장고 3) 사무실 또는 연구실 4) 자료실·도서실·강당 중 1개 시설 5) 도난 방지시설, 온습도 조절장치
미술관	100점 이상	1명 이상	1) 100제곱미터 이상의 전시실 또는 2,000제곱미터 이상의 야외전시장 2) 수장고 3) 사무실 또는 연구실 4) 자료실·도서실·강당 중 1개 시설 5) 도난 방지시설, 온습도 조절장치
동물원	100종 이상	1명 이상	1) 300제곱미터 이상의 야외전시장(전시실을 포함한다) 2) 사무실 또는 연구실 3) 동물 사육·수용 시설 4) 동물 진료·검역 시설 5) 사료창고 6) 오물·오수 처리시설
식물원	실내: 100종 이상 야외: 200종 이상	1명 이상	1) 200제곱미터 이상의 전시실 또는 6,000제곱미터 이상의 야외전시장 2) 사무실 또는 연구실 3) 육종실 4) 묘포장 5) 식물병리시설 6) 비료저장시설
수족관	100종 이상	1명 이상	1) 200제곱미터 이상의 전시실 2) 사무실 또는 연구실 3) 수족치료시설 4) 순환장치 5) 예비수조

나. 제2종 박물관 또는 미술관

유형	박물관자료 또는 미술관자료	학예사	시설
자료관·사료관·유물관· 전시장·전시관·향토관· 교육관·문서관·기념관· 보존소·민속관·민속촌· 문화관 및 예술관	60점 이상	1명 이상	1) 82제곱미터 이상의 전시실 2) 수장고 3) 사무실 또는 연구실·자료실·도서실 및 강당 중 1개 시설 4) 도난 방지시설, 온습도 조절장치

문화의 집	도서·비디오테이프
	및 콤팩트디스크
	각각
	300점 이상
			1) 다음의 시설을 갖춘 363제곱미터 이상의 문화공간
			  가) 인터넷 부스(개인용 컴퓨터 4대 이상 설치)
			  나) 비디오 부스(비디오테이프 레코더 2대 이상 설치)
			  다) 콤팩트디스크 부스(콤팩트디스크 플레이어 4대 이상 설치)
			  라) 문화관람실(빔 프로젝터 1대 설치)
			  마) 문화창작실(공방 포함)
			  바) 안내데스크 및 정보자료실
			  사) 문화사랑방(전통문화사랑방 포함)
			2) 도난 방지시설

박물관 및 미술관 진흥법 시행규칙 (약칭: 박물관미술관법 시행규칙)

[시행 2017.1.1.] [문화체육관광부령 제281호, 2016.12.28., 타법개정]

문화체육관광부(박물관정책과) 044-203-2645

제1조(목적) 이 규칙은 「박물관 및 미술관 진흥법」과 같은 법 시행령에서 위임된 사항과 그 시행에 필요한 사항을 규정함을 목적으로 한다.

제2조(학예사 자격요건 심사 및 자격증 발급 신청서 등) ① 「박물관 및 미술관 진흥법」(이하 "법"이라 한다) 제6조제3항에 따른 박물관·미술관 학예사(이하 "학예사"라 한다)의 등급별 자격을 취득하려는 자는 별지 제1호서식의 학예사 자격요건 심사 및 자격증 발급 신청서에 다음 각 호의 서류 중 해당 서류와 반명함판 사진 2장을 첨부하여 문화체육관광부장관에게 제출하여야 한다. <개정 2008.3.6., 2014.8.28., 2016.11.29.>

1. 해당 기관에서 발급한 재직경력증명서 또는 실무경력확인서

2. 학예사 자격증 사본

3. 최종학교 졸업증명서 또는 최종학교 학위증 사본

4. 삭제 <2016.11.29.>

② 제1항제1호에 따른 재직경력증명서와 실무경력확인서는 각각 별지 제2호서식과 별지 제3호서식에 따른다.

③ 「박물관 및 미술관 진흥법 시행령」(이하 "영"이라 한다) 제3조제2항에 따른 학예사 자격증은 별지 제4호서식에 따른다. <개정 2014.8.28.>

제3조(응시원서 및 응시수수료) ① 영 제4조에 따른 준학예사 시험에 응시하려는 자는 별지 제5호서식의 준학예사 시험 응시원서를 작성하여 문화체육관광부장관에게 제출하여야 한다. <개정 2008.3.6., 2008.8.27., 2014.8.28.>

1. 삭제 <2008.8.27.>

2. 삭제 <2008.8.27.>

② 법 제6조제4항에 따른 준학예사 시험의 응시수수료는 실비(實費) 등을 고려하여 문화체육관광부장관이 정하여 고시한다. <개정 2014.8.28.>

③ 준학예사 시험에 응시하려는 사람이 납부한 응시수수료에 대한 반환기준은 다음 각 호와 같다. <신설 2011.3.17.>

1. 응시수수료를 과오납한 경우: 그 과오납한 금액의 전부

2. 시험 시행일 20일 전까지 접수를 취소하는 경우: 납입한 응시수수료의 전부

3. 시험관리기관의 귀책사유로 인해 시험에 응시하지 못한 경우: 납입한 응시수수료의 전부

4. 시험 시행일 10일 전까지 접수를 취소하는 경우: 납입한 응시수수료의 100분의 50

제4조(박물관·미술관 학예사 운영 위원회의 구성 및 운영) ① 영 제5조에 따른 박물관·미술관 학예사 운영 위원회는 박물관·미술관계 및 학계 등의 인사 중에서 문화체육관광부장관이 위촉하는 15명 이내의 위원으로 구성한다. <개정 2008.3.6., 2016.11.29.>

② 제1항에 따른 박물관·미술관 학예사 운영 위원회는 다음 각 호의 사항을 심의한다.

1. 준학예사 시험의 기본 방향

2. 학예사 자격 취득 신청자의 등급별 학예사 자격요건의 심사

3. 영 별표 1에 따른 경력인정 대상기관의 인정

4. 삭제 <2009.6.3.>

제4조의2(기증의 절차 등) ① 법 제8조제1항에 따른 기증품(이하 "기증품"이라 한다)을 기증하려는 자는 기증품과 별지 제5호의2서식의 기증서약서를 박물관 또는 미술관의 장에게 제출하여야 한다.

② 박물관 또는 미술관의 장은 영 제6조의2제5항에 따라 기증품을 기증받는 것으로

결정하면 해당 기증품에 관한 사항을 별지 제5호의3서식의 기증품 관리대장에 기록·관리하여야 한다.

③ 박물관 또는 미술관의 장은 기증받는 것으로 결정한 기증품의 명칭·수량·크기 및 사진을 박물관 또는 미술관의 홈페이지 등에 게시하여야 한다.

[본조신설 2016.11.29.]

제4조의3(공립박물관 사전평가 신청서) 영 제7조의2제1항에 따른 사전평가 신청서는 별지 제5호의4서식에 따른다.

[본조신설 2016.11.29.]

제5조(등록 신청서 등) ① 영 제8조제1항에 따른 박물관 또는 미술관 등록 신청서는 별지 제6호서식에 따르고, 등록 신청서에 첨부하는 서류의 서식은 다음 각 호와 같다.

1. 시설명세서 : 별지 제7호서식

2. 박물관 자료 또는 미술관 자료의 목록 : 별지 제8호서식

3. 학예사 명단 : 별지 제9호서식

4. 관람료 및 자료의 이용료 : 별지 제10호서식

② 영 제8조제3항에 따른 박물관 또는 미술관 등록증은 별지 제11호서식에 따른다. <개정 2016.11.29.>

제6조(변경등록 신청서 등) ①영 제10조제2항에 따른 변경등록 신청서는 별지 제6호서식에 따른다. <개정 2016.11.29.>

② 삭제 <2016.11.29.>

제7조(사립박물관 또는 사립미술관 설립계획 승인 신청서) ① 영 제12조에 따른 사립박물관 또는 사립미술관의 설립계획 승인 신청서와 설립계획 변경승인 신청서는 별지 제12호서식에 따른다.

②영 제12조제2항에서 "문화체육관광부령으로 정하는 서류"란 설립계획 승인사항

의 변경을 증명하는 서류를 말한다. <개정 2008.3.6.>

제8조(개방일수) 법 제16조제1항에 따라 등록한 박물관 또는 미술관은 법 제21조에 따라 연간 90일 이상 개방하되, 1일 개방시간은 4시간 이상이 되도록 하여야 한다.

제9조(폐관신고) 영 제17조에 따른 박물관 또는 미술관의 폐관신고서는 별지 제13호서식에 따른다.

제9조의2(인증서) 법 제26조제4항에 따른 인증서는 별지 제13호의2서식에 따른다.

[본조신설 2016.11.29.]

제10조(등록박물관 및 등록미술관의 운영현황 보고서) 법 제28조에 따른 등록박물관 및 등록미술관의 운영현황 보고서는 별지 제14호서식에 따른다.

제11조(규제의 재검토) ① 문화체육관광부장관은 다음 각 호의 사항에 대하여 다음 각 호의 기준일을 기준으로 3년마다(매 3년이 되는 해의 기준일과 같은 날 전까지를 말한다) 그 타당성을 검토하여 개선 등의 조치를 하여야 한다. <개정 2015.12.30.>

1. 제2조에 따른 학예사 자격요건 심사 및 자격증 발급 신청서 제출 등: 2014년 1월 1일

2. 제3조에 따른 응시원서 제출 및 응시수수료 납부: 2014년 1월 1일

3. 삭제 <2016.12.28.>

② 문화체육관광부장관은 제8조에 따른 개방일수에 대하여 2016년 1월 1일을 기준으로 2년마다(매 2년이 되는 해의 1월 1일 전까지를 말한다) 그 타당성을 검토하여 개선 등의 조치를 하여야 한다. <신설 2015.12.30.>

[본조신설 2013.12.31.]

부칙<제281호, 2016.12.28.>(2016년도 재검토형 일몰규제 일괄 개정을 위한 게임산업진흥에 관한 법률 시행규칙 등 일부개정령)

이 규칙은 2017년 1월 1일부터 시행한다.

별표 / 서식

[별지 제1호서식] 학예사 자격요건 심사 및 자격증 발급 신청서

[별지 제2호서식] 재직경력증명서

[별지 제3호서식] 실무경력확인서

[별지 제4호서식] 박물관·미술관 학예사 자격증

[별지 제5호서식] 응시원서

[별지 제5호의2서식] 기증서약서

[별지 제5호의3서식] 기증품 관리대장

[별지 제5호의4서식] 공립박물관 설립타당성 사전평가신청서

[별지 제6호서식] [박물관, 미술관(등록, 변경등록)] 신청서

[별지 제7호서식] 박물관(미술관) 시설명세서

[별지 제8호서식] 박물관 자료 또는 미술관 자료의 목록

[별지 제9호서식] 학예사 명단

[별지 제10호서식] 관람료 및 자료의 이용료

[별지 제11호서식] 박물관(미술관) 등록증

[별지 제12호서식] [사립박물관 설립계획, 사립미술관 설립계획(승인, 변경승인)]신청서

[별지 제13호서식] (박물관, 미술관) 폐관신고서

[별지 제13호의2서식] (박물관, 미술관) 평가인증서

[별지 제14호서식] 등록박물관·등록미술관 운영현황보고

박물관 윤리강령(국제박물관협의회_ICOM Korea)

번역 : ICOM Korea

국제박물관협의회(ICOM) 전문직 윤리강령은 1986년 11월 4일 아르헨티나 부에노스아이레스에서 개최된 제15차 총회에서 만장일치로 채택되었다. 2001년 7월 6일 스페인 바르셀로나에서 개최된 제20차 총회에서 국제박물관협의회(ICOM) 박물관 윤리강령으로 개명되어 수정되었으며 2004년 10월 8일 대한민국 서울에서 개최된 제21차 총회에서 개정되었다.

1. 박물관은 인류의 자연과 문화유산을 보전, 해석하고 장려한다.

원칙 : 박물관은 유형·무형의 자연과 문화유산에 대한 책임을 져야 한다. 박물관의 전략적 지도감독에 관여하는 관리주체는 박물관의 역할수행을 위한 인적, 물적, 재정적 자원뿐만 아니라 위와 같은 유산을 보호하고 장려해야 할 일차적 책임을 지닌다.

기관으로서의 적격성

1.1 합법적 설립의 문서화

관리주체는 박물관의 법적 지위, 사명, 영속성 및 비영리적 성격을 명확하게 명시하여 공표한 성문화된 정관, 규칙 또는 국내법에 따라 작성된 공문서를 박물관이 가지고 있음을 확인해야 한다.

1.2 사명, 목적, 정책에 대한 성명서

관리주체는 박물관의 사명, 목적, 정책 및 관리주체의 역할과 구성에 대한 성명서를 작성, 공표하고 이에 따라 업무를 수행해야 한다.

물적 자원

1.3 건물

관리주체는 박물관의 사명에 명시된 기본적 역할을 충실히 수행하는 데 적합한 환경이 구비된 알맞은 건물을 갖추고 있어야 한다.

1.4 접근성

관리주체는 박물관과 소장품을 적당한 시간과 정기적인 기간에 모든 사람들이 이용 가능하도록 해야 한다. 특별한 요구사항이 있는 사람에게는 개별적인 배려가 있어야 한다.

1.5 후생 및 안전

관리주체는 후생, 안전, 그리고 접근 가능성에 대한 기관의 기준이 박물관 직원 및 방문객에게 공히 적용되도록 해야 한다.

1.6 재난대비보호

관리주체는 자연재해 및 인재에 대비하여 일반인과 박물관 직원, 소장품, 그밖의 자원을 보호하기 위한 정책을 개발하고 유지해야 한다.

1.7 보안요건

관리주체는 진열, 전시, 작업실 및 수장고 보관, 그리고 이동중에 발생할 수 있는 도난이나 훼손에 대비하여 소장품을 보호할 수 있는 적절한 보안책을 마련해야 한다.

1.8 보험 및 손해보상

소장품을 위해 상업적 보험을 이용하는 경우, 관리주체는 그러한 보험이 적절한지 여부, 이송 또는 대여 중인 소장품과 박물관의 책임 하에 있는 기타 물건까지 포함하고 있는지를 확인해야 한다. 손해보상을 받는 경우, 박물관 소유가 아닌 모든 박물관자료까지도 적절히 보상받을 수 있도록 해야 한다.

재정적 자원

1.9 자금운용

관리주체는 박물관 활동을 수행하고 개발하기 위한 자금이 충분한지를 확인해야 한다. 모든 자금에 대해서는 전문적인 회계처리가 수반되어야 한다.

1.10 수입산출에 대한 정책

관리주체는 본래의 운영활동이나 외부로부터 기인하여 산출된 수입에 대해 명문화된 정책을 갖고 있어야 한다. 자금의 출처와 관계없이 박물관은 수행하고 있는 프로그램, 전시 활동 등의 내용과 총체성에 대한 관리를 유지해야 한다. 수입 산출 활동이 기관이나 공공성에 대한 규범에 위반하여 이루어져서는 안 된다.(6.6 참조)

직원

1.11 고용정책

관리주체는 인사에 관한 모든 활동이 적절하고 합법적인 절차뿐만 아니라. 박물관의 정책에 따라 이루어지고 있음을 확인해야 한다.

1.12 관장 임명

박물관의 관장은 매우 중요한 직책이다. 따라서 관리주체가 관장을 임명할 때에는 해당 역할을 효율적으로 이행하는 데 필요한 지식과 능력을 고려해야 한다. 이와 같은 자질에는 높은 수준의 윤리적 품행이 겸비된 지적 능력과 전문지식이 포함되어야 한다.

1.13 관리주체와의 소통

박물관의 관장은 해당 관리주체와 소통할 수 있는 직접적인 경로를 가지며 직접적인 보고 의무를 지닌다.

1.14 박물관 직원의 자질

모든 책무를 완수하는 데 필요한 전문적 지식을 갖춘 자질 있는 인력을 고용해야 한다.(2.19; 2.24; 8장 참조)

1.15 직원의 훈련

효율적인 업무능력을 유지하기 위하여 모든 박물관 직원의 평생교육과 업무능력 계발을 위한 적절한 기회를 마련해야 한다.

1.16 윤리적 상충

관리주체는 박물관 직원에게 본 윤리강령의 조항, 국내법 또는 기타 전문분야의 윤리강령과 상충될 수 있는 방법으로 업무지시를 내려서는 안 된다.

1.17 박물관 직원과 자원봉사자

관리주체는 자원봉사자와 박물관직 종사자간의 긍정적인 관계를 활성화하는 성문화된 자원봉사정책을 마련하고 있어야 한다.

1.18 자원봉사자와 윤리

관리주체는 자원봉사자가 박물관 활동 및 개인활동을 할 때 ICOM 박물관 윤리강령과 기타 적용 가능한 강령 및 법령을 충분히 숙지하고 있도록 해야 한다.

2. 소장품을 관리하는 박물관은 사회의 공익과 발전을 위해 이를 보관한다.

원칙 : 박물관은 자연, 문화, 과학 유산 보호에 기여하기 위하여 소장품을 수집, 보존, 장려할 의무가 있다. 소장품은 중요한 공공 유산임과 동시에 법적으로 특별한 지위를 가지며 국제적 법령에 의해 보호받는다. 정당한 소유권, 영속성, 문서 및 정보 관리, 접근성 그리고 책임 있는 처분 등을 포함하는 책무는 이와 같은 공적인 의무에 내재되어 있다.

소장품 취득

2.1 소장품 정책

박물관의 관리주체는 소장품의 취득, 관리, 이용 등을 명시하는 문서화된 소장품 정책을 채택하여 공표해야 한다. 본 정책은 소장품 목록에 수록되지 않거나, 보존 처리 또는 전시되지 않는 박물관자료의 기준을 명확히 해야 한다.(2.7; 2.8 참조)

2.2 합법적 소유권

박물관이 합법적 소유권을 가진다는 요건이 충족되지 않는 경우, 어떠한 박물관자료도 구입, 기증, 대여, 유증 또는 교류를 통해 수집될 수 없다. 일정한 국가 내에서 법률상 소유자임을 증명하는 자료가 반드시 합법적인 소유권을 의미하는 것은 아니다.

2.3 출처와 주의 의무

박물관자료를 취득하는 경우에는 구입, 기증, 대여, 유증, 교류 등을 목적으로 제공된 해당 자료들이 불법적인 소유에 기인한 것이 아니며, 또는 (박물관소재국을 포함하여) 합법적으로 소유되었던 출처지 국가나 제2의 국가에서 불법적으로 유출되지 않았음을 사전에 확인하기 위한 모든 노력이 기울여져야 한다. 이와 같은 주의의 의무를 통하여 박물관자료의 발굴이나 제작 시점 이후의 모든 내력을 입증해야 한다.

2.4 인가받지 않았거나 비학리적인 현지 조사에서 기인한 박물관자료

박물관은 인가받지 않았거나 비학리적인 현지 조사, 기념물, 고고학 또는 지질학적 유적지, 생물종 또는 자연 서식지에 대한 의도적인 파괴 혹은 훼손이 수반되어 얻어졌다고 믿을 만한 합리적인 이유가 있는 박물관자료를 취득하지 않아야 한다. 이와 마찬가지로, 해당 토지의 소유자 또는 점유자, 적법한 관계당국이나 정부기관에 박물관자료의 발견에 대한 보고가 이행되지 않았다면 그것을 취득할 수 없다.

2.5 문화적으로 민감한 박물관자료

사람의 인골이나 신성한 의미를 지닌 박물관자료는 안전하게 보관되고 삼가 신중하게 관리할 수 있는 경우에만 취득될 수 있다. 이는 전문적인 규범과 함께, 박물관자료가 유래되었다고 알려진 지역 사회, 민족 또는 종교 단체 구성원들의 이해관계와 믿음에 부합하여 이루어져야 한다.(3.7; 4.3 참조)

2.6 보호 대상 생물학적 지질학적 박물관자료

박물관은 야생 동식물 보호나 자연사 보존에 관한 지방, 국가, 지역, 국제적 법령이나 협정을 위반하여 수집, 매매, 또는 양도된 생물학적 지질학적 박물관 자료를 취득해서는 안 된다.

2.7 살아있는 소장품

소장품이 살아 있는 동식물 표본을 포함하는 경우, 야생 동식물 보호나 자연사 보존에 관한 지방, 국가, 지역, 국제적 법령이나 협정뿐만 아니라 표본들이 연유한 자연적 사회적 환경에 대한 특별한 고려가 있어야 한다.

2.8 활용을 위한 소장품

박물관자료가 유형물로서의 기능보다 문화, 과학 또는 기술적 과정의 보전에 중점이 주어지거나, 통상적인 이용 혹은 교육 목적으로 구성된 경우 박물관의 소장품 정책에는 활용을 위한 소장품 유형에 대한 특별한 고려 사항이 포함될 수 있다.

2.9 소장품 정책 범주 이외의 취득

박물관의 문서화된 소장품 정책 이외의 범주에 속하는 박물관자료의 취득은 예외적인 상황 하에서만 허용된다. 관리주체는 이에 대한 전문적인 견해와 모든 이해 당사자들의 의견을 참작해야 한다. 여기에는 문화 및 자연 유산의 맥락을 포함한 박물관자료의 중요성, 다른 박물관이 이러한 박물관자료를 취득하는 것에 대한 특정한 이해관계 등이 고려되어야 한다. 그러나 이러한 조건 하에서도 합법적 소유권을 갖지 않은 박물관자료는 취득되어서는 안 된다.(3.4 참조)

2.10 관리주체 임원 또는 박물관 직원의 제공에 의한 취득

관리주체의 임원, 박물관 직원 혹은 그들의 가족 친지나 동료들이 제공하고자 하는 박물관자료에 대해서는 그것이 판매, 기증 또는 세금수혜와 관련한 기증인지 등에 관계없이, 특별한 주의가 필요하다.

2.11 최후의 보관소

본 윤리강령의 어떠한 조항도 박물관이, 법적 책임 관할지역 내에서 출처가 불분명하거나 부정하게 수집 혹은 발견된 박물관자료에 대한, 인가된 보관소의 역할을 하는 것을 제한할 수 없다.

소장품 처분

2.12 처분에 대한 법적 혹은 기타 권한

박물관이 처분을 허가하는 법적 권한을 가졌거나 혹은 처분 조건에 해당할 수도 있는 박물관자료를 취득하였다면, 이와 관련한 법적 또는 기타 준수 사항과 절차가 완전하게 이행되어야 한다. 박물관자료의 취득이 의무 사항이었거나 다른 규제 사항이 있는 경우, 그러한 규제 사항을 준수하는 것이 불가능하다거나 이러한 준수 행위가 기관에 불리하다는 것이 명백하지 않는 한 그러한 조건들은 지켜져야 한다. 적절한 경우, 법적 절차를 통해 조건 변경을 요청할 수 있다.

2.13 박물관 소장품에서의 처분

박물관 소장품에서 박물관자료를 처분할 때에는 박물관자료의 중요도, 특성(새롭게 구할 수 있는 것인지 아닌지), 법적 지위 그리고 처분 행위로 인해 잃을 수도 있는 공적 신인도 등에 대한 충분한 이해가 반드시 있어야만 처분이 가능하다.

2.14 처분에 대한 책임

관장 및 해당 소장품의 담당 학예직원이 실무를 담당하는 박물관에서의 처분에 관한 결정은 관리주체의 책임 하에 이루어져야 한다. 활용을 위한 소장품에 대해서는

특별한 절차가 적용될 수 있다.(2.7, 2.8 참조)

2.15 소장품에서 처분된 박물관자료의 처리

각 박물관은 기증, 양도, 교환, 매각, 반환 혹은 훼손 등으로 인해 박물관자료를 영구적으로 처분하기 위한 인가된 방법이 정의된 정책을 마련해야 하며, 수령기관에는 제한없는 소유권을 양도하도록 해야 한다. 박물관은 모든 처분 결정, 관련 박물관자료, 박물관자료의 처분에 대한 일체의 정보를 갖고 있어야 한다. 필수적인 전제로서, 처분된 박물관자료가 우선적으로 다른 박물관에 제공되어야 한다.

2.16 소장품 처분에 따른 수입

박물관 소장품은 공적 위탁 상태에 있으므로 현금 변환이 가능한 자산으로 다루어서는 안 된다. 박물관 소장품에서 처분되는 박물관자료로부터 발생한 현금이나 보상은 전적으로 소장품을 위해 사용되어야 하고 대개 동일한 종류의 소장품 취득에 사용되어야 한다.

2.17 처분된 소장품의 구입

박물관 직원, 관리주체 혹은 그들의 가족 친지나 동료들은 그들이 책임지고 있던 소장품에서 처분한 박물관자료를 구매할 수 없다.

소장품 관리

2.18 소장품의 영속성

박물관은 소장품(영구 및 임시 모두)과 적절히 기록된 관련 정보가 현재 활용이 가능한지 그리고 실제적으로 안전한 조건 하에 현재의 지식과 자원을 고려하여 다음 세대에 물려줄 수 있는지를 확인할 수 있는 정책을 수립하여 실행해야 한다.

2.19 소장품에 대한 책임의 위임

소장품 관리에 관한 직업적 책임은 적절한 지식과 기술을 겸비한 직원 혹은 충분히

지도받은 직원에게 맡겨져야 한다.(8.11참조)

2.20 소장품에 관한 문서 및 정보 관리

박물관 소장품은 인정된 업무 기준에 따라 문서화되어 관리되어야 한다. 작성된 자료에는 박물관자료의 감정, 설명, 관련 자료, 출처, 상태, 취급방법 및 현재의 위치 등이 포함되어야 한다. 이러한 정보는 안전한 환경에서 보관되어야 하며, 박물관 직원이나 적법한 이용자가 사용할 수 있는 정보검색 시스템에 의해 지원되어야 한다.

2.21 재난 대비 보호

무력 충돌 및 전쟁, 기타 인재 또는 자연 재해가 발생할 경우 소장품을 보호하기 위한 정책 개발에 세심한 주의를 기울여야 한다.

2.22 소장품 및 관련 정보 자료의 보안

박물관은 소장품 정보 자료가 일반인에게 공개될 경우, 민감한 개인 신상 관련 정보나 기밀 사안들이 노출되는 것을 방지하기 위해 관리 감독권을 행사해야 한다.

2.23 예방 보존

예방 보존은 박물관 정책과 소장품 보호에 있어서 중요한 요소이다. 소장품이 수장고 및 전시실 내에 있거나 운송 중인 경우 보호를 위해 안전한 환경을 조성하고 유지하는 것은 박물관직 종사자의 필수적인 임무이다.

2.24 소장품 보존과 수복

박물관은 박물관자료가 언제 보존·수복 처리 및 보존 전문가·수복 전문가의 작업이 필요한지를 정하기 위해 소장품의 상태를 세심하게 관찰해야 한다. 주된 목적은 박물관자료의 안정화이어야 한다. 모든 보존 처리 절차는 상세히 기록되어야 하며, 처리 절차는 가능한 한 역으로 복원될 수 있어야 한다. 그리고 모든 변경 작업 결과는 원래의 박물관자료와 명백하게 구별 가능하여야 한다.

2.25 살아 있는 동물의 후생

살아있는 동물을 관리하는 박물관은 동물의 보건과 후생에 대해 전적으로 책임을 져야 한다. 동물뿐만 아니라 직원 및 관람객의 보호를 위하여 수의학 전문가에게 승인받은 안전 수칙을 마련하고 이행해야 한다. 유전자 조작 여부도 명백히 확인 가능해야 한다.

2.26 박물관 소장품의 사적 이용

박물관 직원, 관리주체, 그들의 가족 친지나 동료 및 그 외 사람들은 박물관 소장품을 한시적일지라도 사적인 용도로 도용할 수 없다.

3. 박물관은 지식을 확립하고 증진시키기 위한 주요한 증거들을 보유한다.

원칙 : 박물관은 소장품에 있는 주요한 증거들의 관리, 접근성, 그리고 해석과 관련된 모든 면에 특별한 책임이 있다.

주요한 증거

3.1 주요한 증거로서의 소장품

박물관의 소장품 정책은 주요한 증거로서의 소장품에 대한 중요성을 명백하게 나타내야 한다. 그러나 소장품 정책이 현대의 지적 경향이나 현재 박물관에서의 관행에 의해 결정되어서는 안 된다.

3.2 소장품의 유용성

박물관은 소장품과 모든 관련 정보를 보안과 안전상 일어날 수 있는 문제들을 최소화하면서, 가능한 한 자유롭게 이용될 수 있도록 해야 하는 특별한 책임이 있다.

박물관의 수집 활동과 연구

3.3 현지 수집 활동

현지 수집 활동을 하는 박물관은 학문적 기준과 적용 가능한 국내 및 국제법과 협약에 입각해서 정책을 개발해야 한다. 현지 조사는 문화 및 자연 유산을 개발하기 위한 노력뿐만 아니라 지역사회의 의견, 환경자원, 그리고 그들의 문화적 풍습에 대한 존중과 고려가 있어야만 수행될 수 있다.

3.4 주된 증거의 예외적인 수집 활동

예외적으로, 출처가 불분명한 박물관자료일지라도 학문에 기여하는 바가 본래부터 현저하여 그것을 보존하는 것이 공공의 관심사가 되는 경우가 있다. 이러한 박물관자료를 박물관 소장품으로 수용하는 문제는 국내 혹은 국제적인 편견을 배제하고 관련 분야 전문가들이 결정해야할 사안이다.(2.11 참조)

3.5 연구

박물관 직원이 수행하는 연구는 박물관의 사명과 목적에 부합해야 하고, 기존의 법적, 윤리적, 학술적 관례를 따라야 한다.

3.6 파괴 분석

파괴 분석 기법이 시행되는 경우, 분석된 자료에 대한 모든 기록과 분석 결과, 출판물을 비롯한 연구 결과는 해당 박물관자료에 대한 영구적인 기록물에 포함되어야 한다.

3.7 사람의 인골 및 신성한 의미를 지닌 박물관자료

사람의 인골 및 신성한 의미를 지닌 박물관자료에 대한 연구는 그것이 유래되었다고 알려진 공동사회, 민족, 또는 종교 단체 구성원들의 이해관계와 믿음을 고려하고 전문적인 규범에 부합하는 방식으로 이루어져야 한다.(2.5; 4.3 참조)

3.8 연구 자료에 대한 권리 보유

박물관 직원이 발표나 현지 조사 기록을 위해 자료를 준비하는 경우, 해당 작업의 모든 권리 사항에 대해 연구지원 박물관의 분명한 동의를 얻어야 한다.

3.9 전문성 공유

박물관직 종사자들은 그들의 지식과 경험을 관련분야의 동료, 학자, 학생들과 공유해야 할 의무가 있다. 후자는 가르침을 준 사람들에 대한 경의와 감사를 표시하고, 다른 사람들에게 도움이 될 수 있는 기술상의 진보와 경험을 지속하여 전달해야 한다.

3.10 박물관과 타 기관 간의 협력

박물관 직원은 유사한 관심과 수집활동을 하는 기관과의 협력 및 자문에 대한 필요성을 인지하고 인정하여야 한다. 이는 특히 고등교육기관 및 장기적인 보안책 없이 중요 소장품들을 양산할 수 있는 연구를 하는 공익사업체와 협력할 때에 더욱 그러하다.

4. 박물관은 자연과 문화 유산에 대한 올바른 인식, 이해, 관리를 위한 기회를 제공한다.

원칙 : 박물관은 교육적 역할을 개발하고 박물관이 이바지하는 지역 사회 혹은 공동체로부터 광범위한 이용자의 관심을 이끌어야 할 중요한 의무가 있다. 지역사회와의 상호작용 및 그들의 유산을 진흥하는 것은 박물관의 교육적 역할에서 매우 중요한 부분이다.

진열 및 전시

4.1 진열, 전시 및 특별 활동

진열과 임시 전시(실물 또는 전자 전시) 등은 명문화된 박물관의 사명, 정책, 목적에 부합해야 하며 소장품의 상태 수준이나 적절한 보호, 보존 등에 저촉되지 않아야 한다.

4.2 전시의 해석

박물관은 진열과 전시에서 전달하는 정보가 사실에 입각하여 정확히 표현되어 있는지, 또한 전시 내용과 관련된 공동체나 신앙에 대한 존중이 적절하게 내포되고 있는지를 확인해야 한다.

4.3 민감한 박물관자료의 전시

사람의 인골 및 신성한 의미를 지닌 박물관자료는 그것이 유래되었다고 알려진 공동사회, 민족 또는 종교단체 구성원들의 이해관계와 믿음을 고려하고 전문적인 규범에 부합하여 전시되어야 한다. 이러한 박물관자료는 모든 인류가 가지고 있는 인간의 존엄성에 대한 배려와 함께 훌륭한 미적 감각을 활용하여 전시되어야 한다. 배려와 함께 훌륭한 미적 감각을 활용하여 전시되어야 한다.

4.4 공개 전시의 철수

사람의 유골 및 신성한 의미를 지닌 박물관자료를 해당 공동체에서 철수하도록 요청 받을 때에는 세심한 주의와 민감성을 가지고 신속하게 처리하여야 한다. 그러한 박물관자료의 반환 요청 역시 유사하게 처리하여야 한다. 박물관의 정책은 이러한 요청에 대응하는 절차를 명백하게 규정하고 있어야 한다.

4.5 출처가 불분명한 박물관자료의 전시

박물관은 출처가 의문스럽거나 출처 파악을 위한 정보가 부족한 박물관자료를 전시하거나 활용하지 않아야 한다. 이러한 전시나 활용은 문화재의 부정한 거래를 묵과하거나 원인을 제공하는 행위로 보일 수 있다.

기타 자원

4.6 출판

매체를 불문하고 박물관이 발간하는 모든 정보는 근거가 충분함과 동시에 정확해야 하며, 관련 학문 분야, 사회, 신앙에 대한 책임 있는 고찰을 해야 한다. 박물관의 출판물은 해당 기관의 기준에 저촉되지 않아야 한다.

4.7 복제

박물관은 소장품 내 박물관자료의 재현품, 모사품 혹은 복제품을 제작할 경우 진품의 총체적 완전성을 중요시해야 한다. 모든 복제품들은 복제본으로 영구히 표시되어야 한다.

5. 박물관은 공공 서비스와 공익을 위한 기회를 제공하는 자원을 보유한다.

원칙 : 박물관은 더욱 널리 응용할 수 있는 전문성, 기술, 그리고 물적 자원 등의 폭넓은 다양함을 활용한다. 이러한 활용은 확대된 개념의 박물관 활동으로서 자원의 공유나 서비스의 제공으로 이어질 수 있으며, 이는 명문화된 박물관의 사명에 저촉되지 않게 운영되어야 한다.

감정 업무

5.1 불법적이거나 부정한 방법으로 취득된 박물관자료의 감정

박물관이 감정 업무를 제공하는 경우 그것을 통해 박물관이 직간접적인 이득을 취한다고 여겨지는 행동을 해서는 안 된다. 불법적이거나 부정하게 취득, 양도, 반입혹은 반출되었다고 믿어지거나 의심되는 박물관자료의 감정과 진위 여부는 적절한관계 당국에 보고되기 전까지 공개되어서는 안 된다.

5.2 진위 여부와 감정 평가

감정 평가는 박물관 소장품의 보험가입을 목적으로 할 때 이루어질 수 있다. 그 외박물관 자료의 금전적 가치에 대한 의견은 다른 박물관, 소관 사법기관, 정부 또는기타 공공기관의 공식 요구가 있을 때에만 제시할 수 있다. 그러나 박물관이 수혜기관이 되는 경우 박물관자료의 감정 평가는 독립적으로 이루어져야 한다.

6. 박물관은 그들이 봉사하는 지역사회뿐만 아니라, 박물관의 소장품이 유래한 지역사회와도 긴밀히 협력하여 활동한다.

원칙 : 박물관 소장품은 해당 소장품이 유래한 지역사회의 문화 및 자연 유산을 반영한다. 이러한 유산들은 자산으로서의 일반적인 특성을 넘어서 국가, 지역, 지방, 민족, 종교 및 정치적 정체성과 밀접한 관계가 있을 수 있다. 그리하여 박물관의 정책은 그러한 상황에 따라 적절히 대처하는 것이 중요하다.

소장품의 출처지

6.1 협력

박물관은 박물관자료가 유래한 국가와 지역사회의 박물관 및 문화기관과의 지식, 정보, 소장품의 교류 등을 활성화하여야 한다. 또한 중요한 유산 등을 소실한 국가 혹은 지역 내 박물관과의 협력 관계를 발전시킬 수 있는 가능성을 검토하여야 한다.

6.2 문화재의 반환

박물관은 박물관자료가 유래한 국가 또는 민족과 문화재 반환에 관한 대화를 개진할 준비가 되어있어야 한다. 이는 정부나 정치적 차원의 활동에 앞서, 적용 가능한 해당국의 법령 및 국제적 법령 뿐만 아니라 과학적, 전문적, 인도주의적 원칙에 근거하여 공명정대한 방법으로 이행되어야 한다.

6.3 문화재의 원상 회복

박물관자료가 유래한 국가 또는 민족이, 국제 및 국내 법령을 위반하여 반출 또는 양도된 것으로 확실시 되는 박물관자료의 반환을 요청하고 그것이 실제 요청 국가 또는 민족의 문화적 자연적 유산인 경우, 관련 박물관은 법이 허용하는 한 해당 박물관자료의 반환에 협력하기 위한 신속하고 책임 있는 조치를 취해야 한다.

6.4 피점령국에서 유래한 문화재

박물관은 피점령국 영토에서 유래한 문화재의 구입이나 취득을 금지하고 박물관자료의 반입, 반출 및 양도를 규제하는 모든 법과 협약을 전적으로 준수해야 한다.

지역사회에 대한 존중

6.5 현대의 지역사회

박물관 활동이 현대의 지역사회 혹은 그 유산과 관련하고 있는 경우 박물관자료의 취득은 기존 소유자나 정보제공자에게 철저한 신뢰를 제공하고 충분한 설명과 상호 간의 동의에 기반을 두며 이루어져야 한다. 해당 지역사회가 희망하는 바를 존중하는 것은 매우 중요하다.

6.6 지역사회 참여 활동을 위한 자금 운용

박물관이 현대의 지역사회 참여 활동을 위한 자금을 마련하고자 할 때에는 지역사회의 이해관계에 저촉되어서는 안 된다.(1.10 참조)

6.7 현대 지역사회에서 유래한 소장품의 이용

현대 지역사회에서 유래한 소장품을 박물관이 이용하려면 인간의 존엄성과 그 박물관자료를 사용하는 전통과 문화를 존중해야 한다. 이와 같은 소장품은 다양한 사회, 다양한 문화, 다양한 언어적 표현을 지지함으로써 인류의 복지, 사회의 발전, 관용 및 존중을 증진시키기 위하여 활용되어야 한다.(4.3 참조)

6.8 지역사회의 지원 단체

박물관은 지역사회의 지원을 얻기 위한 우호적인 환경을 조성하고(예: 박물관친구들, 기타 지원 단체), 그들의 기여에 감사하며, 지역사회와 박물관 직원들 간의 조화로운 관계를 증진해야 한다.

7. 박물관은 합법적으로 운영되어야 한다.

원칙 : 박물관은 국제, 지역, 국가 그리고 지방의 법령과 조약의 의무 사항을 반드시 준
수하여야 한다. 또한 관리주체는 박물관과 소장품, 박물관 운영에 관련하여 법적 구
속력이 있는 신탁이나 조건에 따라야 한다.

법적 체계

7.1 국내 법령

박물관은 모든 국내법 및 지방 법령을 준수하고 박물관 운영에 영향을 미칠 수 있는
다른 국가의 법령도 중요시 하여야 한다.

7.2 국제 법령

박물관 정책은 ICOM 박물관 윤리강령을 해석하는 기준으로서 다음의 국제법령
을 인정하여야 한다.

· 무력 충돌 및 전쟁 시 문화재 보호를 위한 협약 (1954년 "헤이그협약" 제1차 의정서,
1999년 제2차 의정서)

· 문화재의 불법 반출입 및 소유권 양도의 금지와 예방 수단에 관한 협약(UNESCO,
1970)

· 멸종 위기에 처한 야생 동식물의 국제 거래에 관한 협약(워싱턴, 1973)

· 생물 다양성에 관한 협약(UN, 1992)

· 도난당했거나 불법적으로 반출된 문화재에 관한 협약(UNIDROIT, 1995)

· 수중문화재 보호 협약(UNESCO, 2001)

· 무형문화유산 보호 협약(UNESCO, 2003)

8. 박물관은 전문적으로 운영되어야 한다.

원칙 : 박물관직 종사자는 공인된 규범과 법령을 준수해야 하고 해당 직업의 품격과 명

예를 유지해야 한다. 또한 불법적이거나 비윤리적인 업무 행위로부터 일반 대중을 보호해야 한다. 박물관의 사회적 기여에 대한 일반인의 이해를 돕기 위해 박물관은 박물관직의 사명, 목적, 포부를 대중에게 교육시키고 알리는 데 모든 기회를 활용해야 한다.

직업적 품행

8.1 관련 법령의 숙지

모든 박물관직 종사자는 관련 국제법, 국내법, 지방 법령, 그리고 임용 조건 등을 숙지하고 있어야 한다. 그리하여 부적절한 행위로 여기어 질 수 있는 상황을 미연에 방지해야 한다.

8.2 직업적 의무

박물관직 종사자는 그들이 소속된 기관의 정책과 절차를 따라야 할 의무가 있다. 그러나 박물관, 박물관직, 직업윤리 등에 해가 된다고 여겨지는 관행에 대해서는 정당하게 반대할 수 있다.

8.3 직업적 품행

동료 직원과 소속 박물관에 대해 성실한 태도를 갖는 것은 중요한 직업적 의무이다. 이는 직업 전반에 걸쳐 적용될 수 있는 기본적인 윤리 원칙의 준수에 기반을 두어야 한다. 이러한 윤리원칙은 ICOM 박물관 윤리강령의 조항에 위배되지 않아야 하며 박물관 업무와 관련있는 다른 강령이나 정책에 대해서도 인지하고 있어야 한다.

8.4 학술적 과학적 책임

박물관직 종사자는 소장품의 고유 정보에 대한 조사, 보존 그리고 이용을 증진해야 한다. 그러므로 박물관직 종사자는 학술적·과학적 정보 자료의 손실을 초래할 수 있는 활동이나 상황을 멀리하고 삼가야 한다.

8.5 불법 시장

박물관직 종사자는 자연 및 문화 유산의 부정한 거래 혹은 매매를 직간접적으로 옹호해서는 안 된다.

8.6 기밀성

박물관직 종사자는 업무상 취득한 기밀정보를 보호해야 한다. 더욱이 감정을 목적으로 박물관에 들여온 박물관자료의 정보는 기밀이며 소유자의 특별한 허락 없이 다른 기관 및 개인에게 공표되거나 전달되어서는 안 된다.

8.7 박물관 및 소장품 보안

박물관 직원은 박물관 혹은 개인 소장품들의 보안 관련 정보나 업무수행 중 방문한 장소에 대해 철저히 기밀을 유지해야 한다.

8.8 기밀유지 의무의 예외

도난, 부정 획득 혹은 불법 양도의 가능성이 있는 문화재에 대해 조사할 때에는 경찰이나 해당 기관에 협조해야 하는 법적 의무가 기밀 유지에 우선한다.

8.9 개인의 자주성

직업 종사자들이 개인의 자주성에 대한 방편을 마련할 권리가 있지만, 개인적 용무나 직업적인 이해관계가 소속 기관으로부터 전적으로 분리될 수는 없다는 것을 명심해야 한다.

8.10 직업적 관계

박물관직 종사자는 소속된 박물관의 내부 및 외부의 많은 사람들과 업무관계를 형성한다. 그리고 다른 사람들을 위하여 직업으로서의 서비스를 효과적이고 높은 수준으로 제공하여야 한다.

8.11 직업적 자문

바람직한 의사결정을 명확히 내리는 데 필요한 전문성이 박물관 내에서 부족한 경우, 해당 박물관의 내부 혹은 외부의 동료들에게 자문을 구하는 것은 직업적인 의무이다.

이해의 상충

8.12 선물, 후원, 대부 혹은 기타 사적 이익

박물관 직원은 직무 관계상 제공될 수도 있는 선물, 후원, 대부 혹은 기타 사적인 이익을 받아들여서는 안 된다. 가끔 직업적 예의로서 선물을 주고받는 경우가 있지만 이는 반드시 해당 기관의 이름으로 이루어져야 한다.

8.13 외부 고용 또는 업무적 이해관계

박물관직 종사자들은 개인의 자주성에 대한 방편을 마련할 권리가 있지만, 개인적 용무나 직업적인 이해관계가 소속기관으로부터 전적으로 분리될 수는 없다는 것을 명심해야 한다. 그들은 다른 유급 고용직을 맡는다든지 박물관의 이해와 상충되거나 그렇게 보일 수 있는 외부의 임무를 받아들여서는 안 된다.

8.14 자연과 문화 유산의 거래

박물관직 종사자는 직간접적으로 자연과 문화 유산의 거래(영리를 위한 매매)에 관여해서는 안 된다.

8.15 거래 업자와의 상호 관계

박물관직 종사자는 거래업자, 경매인 혹은 타인으로부터, 박물관자료의 구입이나 처분을 유도하거나 공식적인 업무에 영향력을 행사하기 위한 선물, 접대, 기타 어떠한 형태의 보상도 받아서는 안 된다. 더욱이 박물관직 종사자는 특정 거래업자, 경매인 또는 감정인을 일반인에게 소개해서는 안 된다.

8.16 개인적인 수집 활동

박물관직 종사자는 박물관자료를 취득하거나 개인적인 수집 활동을 하는 데 있어서 소속된 기관과 경쟁을 해서는 안 된다. 모든 개인적인 수집 활동에 관련하여 당사자와 관리주체 간의 합의가 공식적으로 이루어져야 하고, 합의사항은 성실히 이행되어야 한다.

8.17 ICOM의 명칭과 로고의 사용

본 기관의 명칭, 약칭 및 로고는 영리를 목적으로 하는 사업이나 상품의 장려 또는 승인에 이용되어서는 안 된다.

8.18 기타 이해의 상충

개인과 박물관 간의 이해가 상충되는 경우, 박물관의 이익이 우선되어야 한다.

* 용어해설

감정 평가(Appraisal)

박물관자료의 진위 여부와 평가. 어떤 국가에서는 기증이 신청된 박물관자료에 대해 세금 수혜액을 산정하기 위한 평가를 의미하는 용어로 사용된다.

이해의 상충(Conflict of Interest)

업무 환경에서 원칙의 충돌을 불러일으킬 수 있는 사적인 이해의 공존을 의미하며 이로 인해 의사 결정의 객관성을 제한하거나 제한할 가능성이 있다.

보존 전문가·수복 전문가(Conservator·Restorer)

문화재의 기술적 조사, 보전, 보존 및 수복 활동을 수행할 자격이 있는 박물관 인력 혹은 개인 인력.(더 자세한 정보는 ICOM News Vol.39 No.1(1986) pp.5-6 참조)

문화 유산(Cultural Heritage)

미학적, 역사적, 과학적 혹은 정신적 중요성이 인정되는 사물이나 개념.

거래(Dealing)

개인 혹은 기관의 이익을 위해 박물관자료를 매매하는 것.

주의 의무(Due Diligence)

일단의 행동을 결정하기 전에 사실을 확립하기 위해 취해지는 모든 노력. 특히, 박물관자료를 취득하거나 취득하기 전, 제공된 박물관자료의 출처와 내력을 확인하는 것.

관리주체(Governing Body)

박물관의 존속, 전략적 발전 및 자금 운용에 대한 의무가 있음이 박물관의 설립법령에 명시되어 있는 사람이나 조직.

수입 산출 활동(Income-generating Activities)

기관의 이익을 위하여 재정적 수입이나 이득을 갖고자 하는 의도로 이루어지는 활동.

법적 소유권(Legal Title)

해당 국가 내의 재산 소유에 대한 법적 권리. 어떤 국가에서는 이것이 부여된 권리인 경우가 있으므로 주의 의무의 요구 사항에 부합하기에는 충분하지 않을 수 있다.

최소한의 규범(Minimum Standard)

모든 박물관과 박물관직 종사자들이 추구하고 있다고 합리적으로 기대할 수 있는 규범. 어떤 국가들은 자체적인 최소한의 규범에 대한 성명서를 가지고 있다.

박물관(Museum)

박물관은 사회와 사회의 발전에 이바지하고, 공중에게 개방되는 비영리의 항구적인 기관으로서, 학습과 교육, 위락을 위하여 인간과 인간의 환경에 대한 유형·무형의 증거를 수집, 보존, 연구, 교류, 전시한다.

cf. 대한민국 법령에서의 박물관 정의: 문화·예술·학문의 발전과 일반공중의 문화 향수 증진에 이바지하기 위하여 역사·고고·인류·민속·예술·동물·식물·광물·과학·기술·산업 등에 관한 자료를 수집·관리·보존·조사·연구·전시하는 시설.

박물관직 종사자(Museum Professional)

박물관직 종사자는 (유급·무급에 관계없이) ICOM 정관 2.1, 2.2항에서 정의한 박물관의 인력으로 구성되며, 이들은 전문적 교육을 받았거나 박물관의 관리와 운영에 관련된 분야에서 동등한 실무 경력을 갖고, ICOM 박물관 윤리강령을 준수하며 ICOM 정관에서 정의된 박물관에서 일하는 개인을 의미한다. 그러나 박물관과 박물관 활동을 위해 필요한상업적인 물건 및 장비를 판촉하거나 매매하는 사람은 제외한다.

자연 유산(Natural Heritage)

과학적으로 중요하거나 숭고함이 표명되는 자연물, 현상 혹은 개념.

비영리 기관(Non-profit Organisation)

수입(잉여금 혹은 이익금 포함)이 전적으로 기관과 기관 운영을 위해서만 사용되는, 합법적으로 설립된 법인 혹은 비법인 기관. '비영리 목적(not-for-profit)'이라는 용어도 동일한 의미이다.

출처(Provenance)

발견되거나 창작된 시점에서부터 현재까지의 박물관자료에 관한 모든 내력 및 소유권 전반을 가리키는 용어로서 진위 여부와 소유권을 결정한다.

합법적 소유권(Valid Title)

발견되거나 생산된 이후의 출처가 모두 확인되는 박물관자료의 소유에 대한 명백한 권리.

박물관자료(Item; Material; Object; Specimen)

박물관이 수집·관리·보존·조사·연구·전시하는 역사·고고·인류·민속·예술·동물·식물·광물·과학·기술·산업 등에 관한 인간과 환경의 유형적 증거물로서 학문적·예술적 가치가 있는 자료.

국제연합교육과학문화기구(UNESCO)

박물관 및 컬렉션의 보호와 증진, 다양성과
사회적 역할에 관한 권고

(Recommendation concerning
the Protection and Promotion of Museums and Collections,
their Diversity and their Role in Society)

2015년 11월 20일, 파리
번역 : ICOM Korea

총회는,

박물관이 객관적 진리의 제한 없는 추구와 생각 및 지식의 자유로운 교류를 통해 문화의 폭넓은 확산에 기여하고, 인류에게 정의, 자유, 평화를 교육하고, 인류의 지적, 도덕적 연대를 위한 기반을 강화하며, 모든 인류를 위한 완전하고 평등한 교육 기회를 보장하는 등 헌장이 정하는 UNESCO의 기본 책무 가운데 일부를 공유한다는 점을 고려하고,

헌장에 명시된 UNESCO의 기능 가운데 하나가, 회원국의 요청에 따라 교육 활동 개발에 협력하고, 인종 또는 성별 뿐 아니라 어떠한 경제적, 사회적 차별 없이 누구나 평등한 교육 기회를 제공받아야 한다는 이상을 증진하기 위해 국가들 간의 협력을 제도화 하고, 대중교육 및 문화를 확산시키고 새롭게 진작시키며, 동시에 지식을 유지, 증진, 보급하는 데 있음을 또한 고려하고,

시·공간에 따른 문화다양성의 중요성과 이를 통해 인간과 사회가 얻을 수 있는 혜택, 문화 다양성을 유지하면서 공동체와 인간, 그리고 각 국가에 이익이 되도록 국내 및 국제 개발 정책에 전략적으로 통합해야 할 필요성을 인식하고,

동산이던 부동산의 형태이던 문화 및 자연, 유형 및 무형 유산의 보존과 연구, 전승은 모든 사회뿐 아니라 문화 간 대화와 사회적 결속, 그리고 지속 가능한 발전에 매우 중요하다는 사실을 확인하며,

제11차 UNESCO 총회(1960년 12월 14일, 파리)에서 채택된 '1960년 박물관을 만인에게 이용하게 하는 가장 유효한 방법에 관한 권고'에 규정된 대로 박물관이 이러한 책무를 수행하는 데 효과적으로 기여할 수 있음을 다시 한 번 확인하고,

세계인권선언, 특히 제27조와 '경제적·사회적 및 문화적 권리에 관한 국제규약(International Covenant on Economic, Social and Cultural Rights)', 특히 제13조 및 제15조에 규정된 대로 박물관과 컬렉션이 인권 강화에 기여함을 더불어 확인하고,

유산의 보호기관으로서 박물관의 고유한 가치와 창의성을 촉진하고, 창조 및 문화 산업 그리고 향유의 기회를 제공함으로써 세계시민들의 물질적, 정신적 복지에 기여하는 박물관의 역할이 갈수록 확대되는 점을 고려하고,

모든 회원국은 관할 영토 내의 문화와 자연, 유형과 무형, 동산과 부동산 유산을 어떠한 상황에서도 보호하고, 이를 위해 박물관의 활동과 컬렉션의 역할을 지원해야 하는 책임이 있음을 고려하고,

UNESCO 및 타 기구들이 채택한 박물관과 컬렉션의 역할을 주제로 하는 협약, 권고, 선언을 포함한 국제 표준 법규가 존재하고 유효하다는 것에 주목하고,

'박물관을 모든 사람들이 이용하게 하는 가장 유효한 방법에 관한 권고'가 1960년에 채택된 이래로 박물관의 역할과 다양성에 영향을 미쳐온 사회경제적, 정치적 변화의 중요도를 고려하고,

유형 및 무형의 문화와 자연유산을 위한 박물관 및 컬렉션의 역할과 관련된 임무와 책임에 대한 기존의 표준과 원칙에 의한 보호가 강화되기를 기대하며,

'박물관 및 컬렉션의 보호와 증진, 다양성과 사회적 역할에 관한 권고'와 관련된 제안을 고려하여,

UNESCO의 권고안은 다양한 이해당사자에게 원칙과 정책에 대한 가이드라인을 제시할 뿐 구속력 없는

규범임을 상기하면서

2015년 11월 17일 본 권고를 채택한다.

총회는 회원국이 관할권 내의 영토에서 시행에 필요한 법률이나 기타 조치를 통해서 본 권고에 명시되어 있는 원칙과 규범에 따라 다음과 같은 사항을 적용할 것을 권고한다.

서문

1. 문화 및 자연 다양성의 보호와 증진은 21세기가 직면하고 있는 주요한 과제이다. 이러한 관점에서 박물관과 컬렉션은 유형 또는 무형의 자연 및 인류 문화에 대한 증거를 보존할 수 있는 가장 기본적인 수단이다.

2. 박물관은 문화 전승, 문화 간 대화, 학습, 토론, 훈련을 위한 공간이며, 동시에 정규 및 비정규교육과 평생학습 등 교육, 사회 결속 및 지속 가능한 발전에 있어서 중요한 역할을 한다. 박물관은 문화 및 자연 유산의 가치와 보호 및 전승에 기여하여야 하는 책임에 대한 대중의 인식을 증진하는 막대한 잠재력을 지니고 있다. 또한 박물관은 특히 문화 및 창조 산업, 관광산업 등을 통해서 경제 발전을 지원한다.

3. 본 권고는 박물관 및 컬렉션의 보호 및 증진의 중요성을 회원국에게 환기시키며, 이를 통해 유산을 보전, 보호하고, 문화 다양성을 보호, 증진하며, 과학 지식을 전승하고, 교육 정책, 평생학습과 사회적 결속을 개발하며, 창조 산업 및 관광 경제를 발전시킴으로써 지속 가능한 발전의 파트너가 되도록 한다.

I. 박물관의 정의 및 다양성

4. 본 권고에서 '박물관'이란 "교육, 연구, 향유를 목적으로 인류 및 환경의 유형 및 무형의 유산을 수집, 보존, 연구, 소통, 전시하고, 사회 및 그 발전을 위해 봉사하고 대중에게 개방된 항구적 비영리 기관이다." 라고 정의한다. 이와 같이 박물관은 인류의 자연과 문화 다양성을 대표하는 기관으로서 유산의 보호, 보전, 전승에 있어 필수적인 역할을 한다.

5. 본 권고에서 '컬렉션'이란 "과거와 현재의 유형 및 무형의 자연유산과 문화재의 총체"라고 정의한다. 모든 회원국은 본 권고의 목적을 달성하기 위해 각기 법률의 틀 안에서 '컬렉션'이 의미하는 범위를 정해야 한다.

6. 본 권고에서 '유산'이란 소유권과 무관하게 사람들이 정체성, 믿음, 지식, 전통과 생활환경을 반영하고 표현하는 것으로 선택하고 동일시하는 일련의 유형 및 무형의 가치와 표현으로 정의되며, 현 세대가 보호하고 고양하고 미래세대에 전승할 가치가 있다. '유산'이라는 용어는 또한 UNESCO 문화 관련 협약에 포함된 바 유형 및 무형의 문화유산과 자연유산, 문화재, 문화 전시물 등으로 정의된다.

II. 박물관의 주요 기능

보전

7. '유산의 보전' 은 이용이나 보관에 있어 컬렉션의 완전성을 확보하는 것으로, 박물관 전시물에 대한 보안과 예방 및 수리 보존, 복원 외에 컬렉션의 취득과 위험 분석 및 관리 대응 능력, 비상 계획들을 포함하는 컬렉션 관리 활동을 포괄한다.

8. 박물관에서 컬렉션 관리의 핵심은 전문적 소장 목록의 작성 및 유지와 정기적인 컬렉션 관리이다. 소장 목록은 박물관을 보호하고 불법 거래를 예방하고 저지하며, 사회에서 박물관의 역할을 충실히 이행하도록 도와주는 필수적인 도구이다. 아울러 컬렉션의 이동을 확실하게 관리할 수 있도록 한다.

연구

9. 컬렉션 연구를 포함한 모든 연구 활동은 박물관의 또 다른 주요한 기능이다. 연구는 박물관이 다른 주체와 협력하여 수행될 수 있다. 오직 이러한 연구를 통해 얻어진 지식을 통해서만 박물관의 잠재적인 기능이 실현되고 대중에게 제공될 수 있다. 박물관이 현대적 맥락에서 역사를 재구성할 수 있는 기회를 제공하고, 컬렉션을 해석, 설명, 제시하는 것은 박물관의 가장 중요한 기능이기 때문에 연구가 매우 중요하다.

소통

10. 소통은 박물관이 수행하여야 하는 또 다른 중요한 기능이다. 회원국은 박물관이 특정 전문 분야의 컬렉션이나 기념물 그리고 유적에 관한 지식을 적극적으로 해석, 보급하도록 하고, 가능한 전시회를 적절하게 조직하도록 장려해야 한다. 더불어, 박물관이 사회에서 적극적인 역할을 수행하도록 장려하여야 하며, 예를 들어 공개 행사를 조직하고, 관련 문화 활동에 참여하며, 물질적 형태와 디지털 형태 모두를 통해 대중과 상호작용을 하는 등의 가능한 모든 소통 수단을 이용할 수 있도록 장려해야 한다.

11. 소통 정책은 반드시 통합과 접근 그리고 사회적인 포용을 고려해야 하고, 박물관을 방문하지 않는 집단을 포함한 대중과 협력을 통해서 수행되어야 한다. 박물관의 활동 또한 대중과 공동체가 선호하는 활동으로 강화되어야 한다.

교육

12. 교육은 박물관의 또 다른 주요한 기능이다. 박물관은 교육 기관들, 특히 학교와 협력하여 지식과 교육적, 교육학적 프로그램을 개발 및 전승하여 정규 및 비정규 교육과 평생학습을 수행한다. 박물관의 교육프로그램은 우선적으로 다양한 관람객에게 컬렉션과 관련된 주제와 대하여 배움의 기회를 제공하고 시민생활의 기여하며, 더불어 유산의 보존 및 창의성 개발의 중요성에 대한 인식을 제고하는 데 기여한다. 박물관은 또한 관련된 사회적 주제에 대한 이해를 돕는 지식과 경험을 제공할 수 있다.

III. 현 사회의 박물관 관련 이슈

세계화

13. 세계화로 컬렉션, 전문 인력, 방문객, 아이디어의 이동성의 확대가 상당히 가능하게 되었고, 이는 박물관의 확대된 접근성 및 동질화라는 긍정적 영향과 부정적 영향을 동시에 미치고 있다. 회원국들은 세계화된 이 시대에 박물관의 역할을 축소하지 않고 박물관과 컬렉션의 특징인 다양성과 정체성을 보호하도록 장려해야 한다.

박물관과 경제 및 삶의 질

14. 회원국들은 박물관이 사회에서 경제주체로서 소득 창출 활동에 기여할 수 있음을 인식해야 한다. 더불어, 박물관은 관광 경제에 도움을 주며, 생산적인 프로젝트로 공동체와 박물관이 소재한 지역에서 삶의 질의 향상에 기여할 수 있다. 보다 일반적으로는 취약인구의 사회 포용 정도를 높일 수도 있다.

15. 수입원을 다양화하고 자생력을 키우기 위해 많은 박물관들은 선택에 의하든 필요에 의하든, 소득 창출 활동을 확대해가고 있다. 회원국은 박물관의 중요한 기능을 훼손할 정도로 소득 창출에 우선순위를 두어서는 안 된다. 회원국은 박물관의 주요 기능이 사회적으로 중요하지만 그 가치를 경제적인 측면으로만 설명할 수 없음을 분명히 인식해야 한다.

사회적 역할

16. 회원국들은 1972년 '칠레 산티아고 선언(Declaration of Santiago de Chile)'에서 강조한 박물관의 사회적 역할을 지지해야 한다. 모든 국가는 박물관이 사회의 주요한 역할을 하며, 사회 통합 및 결속의 요소로서 중요하다는 것을 알아야한다. 이러한 관점에서 박물관은 불평등이 조장되거나 사회적 결속이 와해되는 것과 같은 커다란 변화에 직면한 공동체를 도울 수 있다.

17. 박물관은 모든 사회 구성원들을 만족시켜야 하는 필수적인 공공장소이며, 따라서 사회적 유대 및 결속의 발전, 시민의식의 형성, 집단정체성을 반영하는 등의 중요한 역할을 수행하는 곳이다. 박물관은 모두에게 개방된 장소이어야 하고, 취약집단을 포함한 모든 구성원들이 물리적, 문화적으로 접근할 수 있어야 한다. 박물관은 역사적, 사회적, 문화적, 학문적 이슈를 토론하고 성찰하는 공간이어야 한다. 박물관은 또한 인권과 성 평등을 존중하도록 촉진해야 한다. 회원국은 박물관이 이 모든 역할을 수행할 수 있도록 장려해야 한다.

18. 박물관 컬렉션에 원주민의 문화유산이 포함되어 있는 경우, 회원국은 컬렉션 관리, 그리고 필요한 경우 해당 법률과 정책에 따른 반환 및 환수와 관련하여, 그 박물관과 원주민 간의 대화와 건설적 관계 구축을 촉진시키거나 장려하기 위해 필요한 적절한 조치를 취해야 한다.

박물관과 정보통신기술((ICTs)

19. 정보통신기술(ICTs)의 발달로 인한 변화는 유산의 보전, 연구, 생성, 전승 및 관련 지식의 확산 측면에서 박물관에게 새로운 기회를 준다. 회원국은 박물관이 지식을 공유하고 보급할 수 있도록 지원하고, 박물관이 주요 기능을 개선하는데 필요하다고 판단되면 이러한 기술에 접근할 수 있는 방법을 확보해 주어야 한다.

IV. 정책

일반 정책

20. 문화 및 자연유산과 관련된 기존의 국제규약은 유산의 보호 및 증진, 대중의 보편적인 유산접근성이라는 점에서 박물관의 중요성 및 사회적 역할을 인정하고 있다. 이와 관련하여 회원국은 관할권 또는 통제권 하에 있는 영토에 소재한 박물관 및 컬렉션이 이들 규약에 따른 보호 및 증진 방안을 통해 혜택을 받을 수 있도록 적절한 조치를 취하여야 한다. 또한 회원국은 어떠한 상황에서라도 문화 및 자연유산의 보호를 위한 박물관의 역량을 강화하기 위해 적절한 조치를 취해야 한다.

21. 회원국은 관련된 국제규약의 원칙을 박물관이 이행할 수 있도록 보장해야 한다. 박물관은 유형, 무형의 문화 및 자연 유산의 보호 및 증진을 위한 국제규약의 원칙을 준수해야 한다. 아울러 문화재의 불법거래를 방지하기 위한 국제규약의 원칙을 준수해야 하고, 이 문제와 관련한 노력에 협조해야 한다. 박물관은 전문적인 박물관 공동체가 정한 윤리 및 전문직 표준을 고려해야 한다. 회원국은 관할권 내에서 박물관의 사회적 역할이 법과 전문직 표준에 부합되게 수행될 수 있도록 보장해야 한다.

22. 회원국은 박물관의 주요 기능에 적합할 수 있도록 지원하고 발전시킴으로써 관할 및 통제권 하에 있는 박물관의 보호 및 증진을 위해 정책을 채택하고, 적절한 조치를 강구해야 한다. 이러한 관점에서 박물관이 기능을 적합하게 수행할 수 있도록 필요한 인적, 물적, 재정적 자원을 개발해야 한다.

23. 박물관과 박물관이 소장한 유산의 다양성은 가장 중요한 가치이다. 회원국은 박물관이 국내 및 국제 박물관 공동체에서 정하여 추진하는 수준 높은 기준에 부합되도록 권장하면서, 동시에 이러한 다양성의

보호 및 증진을 위해 노력해야 한다.

기능적 정책

24. 회원국은 박물관이 유산을 보호하고 다음 세대로 전승할 수 있도록 지역의 사회 및 문화적 맥락에 적합한 적극적인 보전, 연구, 교육 및 소통 정책을 지원해야 한다. 이러한 관점에서 박물관, 공동체, 시민사회, 대중 사이의 협력과 참여 노력이 적극 장려되어야 한다.

25. 회원국은 관할권 내에 설립된 박물관이 국제기준에 따른 소장 목록이 우선적으로 작성될 수 있도록 적절한 조치를 취하여야 한다. 이런 관점에서 박물관 컬렉션의 디지털화는 매우 중요하지만 디지털화가 컬렉션 보존을 대체하는 것으로 간주해서는 안 된다.

26. 박물관의 기능, 보호와 증진, 그리고 다양성과 사회적 역할의 우수 사례는 국내 및 국제 박물관 네트워크에서 인정받고 있다. 우수 사례는 관련 분야의 혁신을 반영하며 지속적으로 갱신되어 왔다. 이러한 관점에서, 국제박물관협의회(ICOM)가 채택한 '박물관윤리강령(Code of Ethics for Museum)'은 가장 폭넓게 공유되고 있는 기준이다. 회원국은 윤리 강령, 우수 사례 등의 채택 및 보급 증진을 장려하고, 표준이나 박물관 정책 및 국내 법률을 개발할 때 이를 기준으로 삼도록 권장한다.

27. 회원국은 관할권 내의 박물관에 필요한 전문성을 갖춘 자격 있는 인력이 고용될 수 있도록 적절한 조치를 취하여야 한다. 효과적인 인력 관리를 위해서 박물관의 전 직원을 대상으로 지속적인 교육과 전문성 개발을 위한 적절한 기회를 제공하도록 해야 한다.

28. 박물관의 효과적인 운영은 공적 및 민간 자금, 그리고 적절한 동반자 관계로부터 직접적인 영향을 받는다. 회원국은 명확한 비전, 적합한 계획과 자금 조성, 다양한 재원 조달 장치 사이의 조화로운 균형을 담보함으로써 박물관이 주요 기능을 충실히 이행하면서 본연의 목적인 사회의 이익을 실현하도록 지원해야 한다.

29. 박물관의 운영은 신기술과 일상생활에서 증가하는 신기술의 역할에 의해 영향을 받는다. 신기술은 전 세계적으로 박물관을 홍보할 수 있는 큰 잠재력을 지녔다. 그러나 그런 신기술이나 신기술을 효과적 이용 가능하게 하는 지식과 기술에 접근하지 못하는 사람들과 박물관의 입장에서 신기술은 오히려

잠재적인 장벽이 된다. 회원국은 관할권 또는 통제권 내에 설립된 박물관이 이런 기술에 접근할 수 있도록 노력해야 한다.

30. 박물관의 사회적 역할은 유산의 보전과 함께 박물관의 근본 목적에 해당한다. 1960년 '박물관을 만인에게 유용하게 하는 가장 유효한 방법에 관한 권고'의 정신은 박물관이 사회에 영구적 공간으로 되었다는 점에서 중요하다. 회원국은 관할권 내의 박물관 설립에 관련된 법률을 만들 때 이러한 원칙을 포함하도록 한다.

31. 박물관 분야와 기관 간의 문화, 유산, 교육에 대한 협력은 박물관의 다양성과 사회적 역할을 보호하고 증진하기 위한 가장 효과적이고 지속 가능한 방법이다. 따라서 회원국은 즉 그러한 협력, 국제 전시, 교류, 그리고 컬렉션의 교환과 이동을 촉진하는 전문적 네트워크와 협회에 참여하는 것을 포함하여 박물관과 각계각층의 문화, 학술 기관 사이의 협력과 제휴 관계를 권장해야 한다.

32. 제5항에서 정의한 컬렉션이 박물관이 아닌 다른 기관에 소장되어 있더라도, 국가 유산의 일관성을 유지하고 문화 다양성을 더 잘 대표할 수 있도록 보호, 증진해야 한다. 회원국은 해당 컬렉션의 보호, 연구, 증진, 그리고 컬렉션에 대한 접근을 촉진하기 위해 협력해야 한다.

33. 회원국은 관할권 내에 소재한 박물관들이 이러한 권고를 발전시켜 수행할 수 있도록 공적 계획과 정책 활동을 기획하기 위한 법적, 기술적, 재정적인 측면에서 적절한 조치를 취하여야 한다.

34. 박물관 활동 및 서비스를 개선하는 데 기여하기 위해 회원국은 관람객 개발을 위한 포괄적인 정책 수립을 지원하도록 권장한다.

35. 회원국은 본 권고를 보다 더 발전적으로 이행하고 특히 개발도상국의 박물관 및 컬렉션에 혜택이 돌아가도록 UNESCO를 포함한 양자 간 또는 다자 간 장치를 통하여 역량 강화와 전문 인력 훈련을 위해 국제 협력을 증진해야 한다.

박물관 및 컬렉션과 직접 또는 간접적으로 관련이 있는 국제규약을 소개하면 다음과 같다.

무력 충돌 시 문화재 보호를 위한 협약(The Convention for the Protection of Cultural Property in the Event of Armed Conflict, 1954년) 및 2건의 부속의정서(1954년 및 1999년)

문화재의 불법적인 반출입 및 소유권 양도의 금지와 예방수단에 관한 협약(The Convention on the Means of Prohibiting and Preventing the Illicit Import, Export and Transfer of Ownership of Cultural Property, 1970년)

세계문화유산 및 자연유산의 보호에 관한 협약(The Convention Concerning the Protection of the World Cultural and Natural Heritage, 1972년)

생물다양성협약(The Convention on Biological Diversity, 1992년)

도난 또는 불법적으로 반출된 문화재 반환에 관한 유니드로 협약(The UNIDROIT Convention on Stolen or Illegally Exported Cultural Objects, 1995년)

수중 문화유산 보호에 관한 협약(The Convention on the Protection of the Underwater Cultural Heritage, 2001년)

무형문화유산 보호 협약(The Convention for the Safeguarding of Intangible Cultural Heritage, 2003년)

문화적 표현의 다양성 보호와 증진 협약(The Convention on the Protection and Promotion of the Diversity of Cultural Expression, 2005년)

경제적·사회적 및 문화적 권리에 관한 국제규약(The International Covenant on Economic, Social and Cultural Rights, 1966년)

고고학적 발굴에 적용되는 국제적 원칙에 관한 권고(The Recommendation on International

Principles Applicable to Archaeological Excavations, UNESCO, 1956년)

박물관을 만인에게 이용하게 하는 가장 유효한 방법에 관한 권고(The Recommendation concerning the Most Effective Means of Rendering Museums Accessible to Everyone, UNESCO, 1960년)

문화재의 불법적인 반출입 및 소유권 양도의 금지와 예방수단에 관한 권고(The Recommendation on the Means of Prohibiting and Preventing the Illicit Export, Import and Tranfser of Ownership of Cultural Property UNESCO, 1964년)

문화 및 자연유산의 국가적 보호에 관한 권고(The Recommendation concerning the Protection, at National Level, of the Cultural and Natural Heritage, UNESCO, 1972년)

문화재의 국제교류에 관한 권고(The Recommendation concerning the International Exchange of Cultural Property, UNESCO, 1976년)

동산 문화재 보호에 관한 권고(The Recommendation for the Protection of Movaleb Cultural Property, UNESCO, 1978년)

전통문화 및 민속보호에 관한 권고(The Recommendation on the Safeguarding of Traditional Culture and Folklore, UNESCO, 1989년)

세계인권선언(The Universal Declaration of Human Rights, 1949년)

UNESCO 국제문화협력의 원칙 선언(The UNESCO Declaration of Principles of International Cultural Cooperation, 1966년)

유네스코 문화다양성 선언(The UNESCO Universal Declaration on Cultural Diversity 2001년)

문화유산의 고의적 파괴에 관한 유네스코 선언(The UNESCO Declaration concerning the

Intentional Destruction of Cultural Heritage, 2003년)

유엔 선주민권리선언(The United Nations Declaration on the Rights of Indigenous Peoples, 2007년)

2) 이것은 시간과 공간의 관점에서 그 다양성과 온갖 다양한 형태로 이루어지는 박물관 현상을 국제적인 수준에서 통합하는 국제박물관협의회(International Council of Museums, ICOM)가 결정한 박물관의 정의이다. 이 정의에 따르면 박물관은 공적 또는 사적 비영리 기관이나 조직이다.

3) 이것은 국제박물관협의회(ICOM)의 정의를 부분적으로 반영한 것이다.

4) 이것은 유럽의회 문화재의 사회적 가치에 관한 기본협약(Council of Europe Framework Convention on the Value of Cultural Heritage for Society)이 정한 정의를 부분적으로 반영한 것이다.

박물관학의
기초 진화하는 지식의 시스템

지은이 | 키어스튼 F. 라탐, 존 E. 시몬스
옮긴이 | 배기동

펴낸이 | 최병식
펴낸날 | 2019년 1월 15일
펴낸곳 | 주류성출판사
주   소 | 서울특별시 서초구 강남대로 435(서초동 1305-5) 주류성빌딩 15층
전   화 | 02-3481-1024(대표전화) 팩스 | 02-3482-0656
홈페이지 | www.juluesung.co.kr

값 20,000원

ISBN 978-89-6246-385-9 93060